U0026381

牟宗三先生全集⑩

政道與治道

牟宗三　著

《政道與治道》全集本編校說明

方穎嫻、司徒港生、謝大寧

　　牟宗三先生在《民主評論》第5卷第14/15期（1954年7月20日/8月5日）發表〈政道與治道〉一文，並在文前提到：「吾所擬寫《論治道》一書，本文是其首章。」「論治道」即牟先生最初為《政道與治道》所擬的書名。繼此文之後，他陸續發表下列諸文：

〈論中國的治道〉，收入張其昀等：《中國政治思想與制度史論集》第1冊（臺北：中華文化出版事業社，1954年11月）

〈理性之運用表現與架構表現〉，《民主評論》第6卷第19期（1955年10月5日）

〈論政治神話之根源〉，《民主評論》第8卷第21期（1957年11月5日）

〈論政治神話之形態〉，《民主評論》第8卷第24期（1957年12月20日）

〈論政治神話與命運及預言〉，《民主評論》第9卷第3期（1958年2月5日）

〈政治如何能從神話轉為理性的〉，《民主評論》第9卷第11/12期（1958年6月5/20日）

〈道德判斷與歷史判斷〉,《東海學報》第1卷第1期（1959年6月）

　　另有〈理性之內容的表現與外延的表現〉一文,據牟先生在《政道與治道》初版序文中所言,亦曾在雜誌上發表,但編校人始終未能找到。

　　其後,牟先生又撰寫〈社會世界實體性的律則與政治世界規約性的律則〉一文,與上述九篇論文合編為《政道與治道》一書,於1961年2月由台北廣文書局出版。1980年4月此書改由臺灣學生書局出版,在此新版中增加其〈從儒家的當前使命說中國文化的現代意義〉一文,作為序言。此一版式沿用至今,未再變更。本書之編校工作以臺灣學生書局1996年4月增訂版為依據。

新版序
——從儒家的當前使命說中國文化的現代意義

此文是在東海大學「中國文化研討會」上的一篇講辭，由
朱建民同學筆錄而成。其中關於現代化的基本觀念卽基於
此書。今値此書重版，卽以此文作新版序，期讀者可先有
一鳥瞰，然後再深入此書之義理。　　　　——著者誌

一　儒家的常道性格

　　首先，我們要表明儒家的義理與智慧具有「常道」的性格。儒
家，從古至今，發展了幾千年，它代表一個「常道」——恆常不變
的道理。中國人常說「常道」，它有兩層意義；一是恆常不變，這
是縱貫地講它的不變性；一是普遍於每一個人都能夠適應的，這是
橫地、廣擴地講它的普遍性，卽說明這個道理是普遍於全人類的。
「常道」沒有什麼特別的顏色，就如同我們平常所說的「家常便
飯」；它不是一個特殊的理論、學說，儒家的學問不可視爲一套學
說、一套理論，也不是時下一般人所說的某某主義、某某 ism，這
些都是西方人喜歡用的方式。凡是理論、學說，都是相對地就著某
一特點而說話；局限於某一特點，就不能成爲恆常不變的、普遍的

道理。儒家的學問更不可視爲教條（dogma），西方的宗教有這種
教條主義的傾向，可是儒家的「家常便飯」絕不可視爲獨斷的教
條。又有一些人講孔子，常爲了要顯示孔子的偉大，而稱孔子是個
偉大的教育家、政治家、外交家、哲學家、科學家、……，把所有
的「家」都堆在孔夫子身上。依這種方式來了解孔子、了解聖人，
是拿鬥富的心理來了解聖人。表面上看來，似乎是推尊孔子，實際
上是糟蹋孔子。事實上，沒有一個人能成爲那麼多的專家。凡是拿
這種心理來了解孔子，都是不善於體會聖人的生命，不能體會聖人
之所以爲聖人的道理安在。

常道不可捨棄

　　我們今天把儒家的「發展」與「使命」連在一起講，而講演的
重點則在使命上。使命是就著眼前說，在這個時代中，儒家擔負什
麼樣的使命、責任。然而儒家並非今天才有，因此在談它的使命之
前，我們亦當該照察它過去的發展。在過去兩千多年歷史中的發
展，儒家這個學問既然是個常道，則在每一個時代中，當該有其表
現。發展到今天，儒家這個學問又負有什麼責任呢？這是個嚴重問
題，在今天問這個問題，要比以往任何時代都來得嚴重。何以會如
此呢？因爲我們今天談儒家的使命，似乎還可再反問一下：儒家本
身今天是否還能存在呢？能存在，才能談使命。若自身都不能存
在，還談什麼使命呢？若是儒家本身都若有若無，幾乎不能自保，
所謂「泥菩薩過江，自身難保」，還談什麼當前的使命、責任呢？
　　在以往的時代中，沒有這個問題；但是在今天這個時代，就有
這個問題。以往一般人，不論是士、農、工、商提起聖人，沒有不

尊重的，提到聖人之道，每個人都能表現相當的敬意，沒有不肅然
起敬的。不但整天捧著聖賢之書的讀書人是如此表現，即使是農、
工、商，亦莫不如此。但是在今天講聖人之道，就沒有這個便利。
今天這個時代，先不談農、工、商，即使是讀書人亦很少有尊重聖
人之道的，亦很少有了解聖人之道的。在以往，從小即讀《四
書》、《五經》，今天的讀書人卻是愈往上讀，離開《四書》、
《五經》愈遠。知識份子把儒家這個常道忘掉了，很難接得上去。
事實上，也許農、工、商對於聖人之道還客氣些，還保留一些尊
重，知識份子反而不見得有此「雅量」。因此，在今天講儒家在當
前的使命，尤其成了個嚴重問題。要是大家都把聖人之道忘掉了，
認為它是不適應時代的落伍之學，那麼這種被時代拋棄的學問還談
什麼當前的時代使命呢？

　　我認為這只是這個時代所表現的一個不正常的變態現象；落實
地看，並不如此，所以我們仍可講儒家在當前的使命。我之所以要
指出這些不正常的現象，乃是要大家正視、嚴重考慮「儒家本身存
亡」的問題。儒家這個常道落到今天這種若有若無的地步，幾乎被
世人忘卻、拋棄，這是不合理的。既然是常道，怎能被忘掉！怎能
若有若無！常道而被埋沒，這是任何人良心上過不去的。假若良心
上過得去，這就不是常道。既然是常道，我們就不能讓它被埋沒下
去。這是就儒家本身存在的問題而言。另外就其牽涉到外界的作
用、使命來講儒家在當前的使命，也是比其他任何一個時代都難
講。因為現在來說儒家的使命，不只涉及它本身存亡的問題，還得
涉及到其他的一些特殊問題，才能顯出「使命」的意義。尤其是牽
涉到現代化的問題。

中國從清末民初即要求現代化，而有人以為傳統儒家的學問對現代化是個絆腳石。因此，似乎一講現代化，就得反傳統文化，就得打倒孔家店。事實上，儒家與現代化並不衝突，儒家亦不只是消極地去「適應」、「湊合」現代化，它更要在此中積極地盡它的責任。我們說儒家這個學問能在現代化的過程中積極地負起它的責任，即是表明從儒家內部的生命中即積極地要求這個東西，而且能促進、實現這個東西，亦即從儒家的「內在目的」就要發出這個東西，要求這個東西，所以儒家之於現代化，不能看成是「適應」的問題，而應看成是「實現」的問題，唯有如此，方能講「使命」。

二 儒家第一階段的發展

我們在此先照察一下儒家在過去兩千多年中的「發展」。大體說來，可分成兩個階段，今天則屬儒家學術的第三階段。這是個大分期的說法。

儒家學術的第一階段，是由先秦儒家開始，發展到東漢末年。兩漢的經學是繼承先秦儒家的學術而往前進的表現，而且在兩漢四百年中，經學盡了它的責任，盡了它那個時代的使命。從漢武帝復古更化說起，建造漢代大帝國的一般趨勢，大體是「以學術指導政治，以政治指導經濟」，經學處於其中，發揮了它的作用。因此，不能輕視漢代的經學，它在那個時代，盡了它的責任、使命；盡得好不好，是否能完全合乎理想，則是另外的問題，至少在漢朝那種局面下，儒家以經學的姿態出現，而盡了它的使命。

先秦儒家與先秦諸子齊頭並列，至漢朝，以經學的姿態表現，

一直發展到東漢末年，即不能再往前進了。漢朝大帝國亦不能再往前發展了。這已是絕路，任何人出來也沒辦法；照前人的說法，即是「氣數」盡了。當時郭林宗即謂：「大廈將傾，非一木之所能支也。」此即表示那個時代要「峰迴路轉」了；順著以前所定的那個模型，已走到盡頭了。「氣數」不是可以隨便說的，一個力量興起，必得維持相當長的時間，才能說氣數。在東漢末年那個關節上，說「氣數」才有意義，說「峰迴路轉」也才有意義，在此方顯出無限的蒼涼之感、沈穆的悲劇意味。若只是一些小彎曲，亦用不上「峰迴路轉」這種形容，必在看看就是死路，然而卻絕處逢生，在絕望至死之際，忽有一線生機開出，這才是「柳暗花明又一村」。這種情形好比修道人所說的大死大生。

這個「峰迴路轉」，開了另一個時代，即是魏晉南北朝隋唐這一個長時期。照中國文化的主流，照儒家的學術而言，這一大段時間算是歧出，岔出去了，繞出去了。儒家的學術在這個時代中，暗淡無光彩。魏晉盛行玄學，乃依先秦原有的道家而來；儘管道家是中國原有的，但不是中國文化生命的主流，因此仍屬中國文化之「旁支」。玄學雖屬歧出者，但仍是繼承中國原有的道家，至於東晉以下，歷經南北朝、隋，以至唐朝前半段，這一個長期的工作則在於吸收佛教，消化佛教。佛教則純屬外來者，當時即初以道家為橋樑來吸收佛教。

南北朝兩百多年，中國未得統一。南朝宋、齊、梁、陳，北朝則是五胡亂華，在這兩百多年的混亂中，處在當時的人，不是很好受的。我們今天處在這個動亂的時代中，由民國以來，至今不過六十多年，這六十幾年的不上軌道、種種不正常的現象，在歷史上看

來,並不算一回事。所以大家處在這個時代中,應該有絕對地肯定的信念,這種不正常的現象總是會過去的。

從南北朝到隋唐,佛教不但被吸收進來,而且被中國人消化了。這等於消化另一個文化系統,並不是一件簡單的事。在長期的吸收、消化中,佛教幾乎成了中國文化中很重要的一部份,充實我們文化生命的內容。佛教在中國文化中發生了很大的作用,這是事實;至於進一步衡量這個作用的價值、利弊,則屬另一個問題,我們今天暫不討論。

文化生命不可摧殘

從魏晉開始,乃中國文化的歧出。所謂「柳暗花明又一村」的「又一村」即指的是此一歧出的階段——魏晉、南北朝到隋唐。到了唐末五代,這也是中國歷史中最黑暗的一個時期。五代不過佔五十多年,卻有梁、唐、晉、漢、周五個朝代。每個做皇帝的,原先都想萬世一系地往下傳,而今每個朝代卻至多不過十幾年,可見五代這段時期是個很差勁的時代,更重要的是這個時代的人喪盡了廉恥。所以,一個民族糟蹋文化生命,同時就牽連著糟蹋民族生命。什麼叫做糟蹋文化生命呢?在這裡所表現的即是人無廉恥。五代人無廉恥,代表人物即是馮道,亦如今日大陸上有所謂的「四大不要臉」,其中領銜的即是郭沫若與馮友蘭。你想,誰願意不要臉呢?誰能沒有一點廉恥之心呢?唐末五代的人難道就自甘下賤嗎?但是,五代這個局面就把人糟蹋得無廉恥。大陸上,黃帝的子孫,那能沒有廉恥之心呢?為什麼能夠出現「四大不要臉」呢?難道說郭沫若、馮友蘭就願意不要臉嗎?這都是毛澤東糟蹋的!這都是共產

主義糟蹋的！才使得人無廉恥。這「四大不要臉」不過是因為他們較有名氣，易受注意，而特別舉出來。事實上，豈只這四個人而已，一般人誰敢有廉恥之心呢？共黨在內部批鬥時，常以「風派」抨擊他人；其實，那一個人不是風派呢？在共產黨的統治下，今天鄧小平要現代化，誰敢說不現代化？以前毛澤東要文化大革命，誰又敢說不文革？誰敢出來說句反面的話？他們還對那些投機的人名之曰「風派」，事實上，那個不投機呢？這句話在自由世界說，是有意義的；在那個極權的世界說，是沒有意義的。有的人聽了這些話，還以為共產黨在講氣節，講廉恥。「氣節」、「廉恥」，在自由世界的人才有資格說，這些名詞也才有意義；在那個專制暴虐的政權下，說這些話都是沒有意義的，完全不能表意的。

又如共產黨以前在海外宣傳大陸沒有失業，而謂在共產主義統治下沒有失業，在資本主義的社會中則到處有失業問題。頭腦簡單的人聽了，還誤生幻想，以為不錯。其實，這只是耍文字語言的魔術，專門騙那些頭腦簡單的人。試問，你有不失業的自由嗎？你有不工作的自由嗎？在自由世界，才有失業、不失業的分別，才可說有氣節、講廉恥。因為人們有自由，法律上保障人的獨立人格，承認人的尊嚴。有了自由，人即須負責任。再深一層說，人有道德意志、自由意志，才能談有氣節、有廉恥的問題。在大陸上，誰敢說我有自由意志呢？所以，共產黨耍的那些文字魔術，都是沒有意義的話。偏偏有些人利用這個機會，去捧葉劍英、鄧小平。其實，說穿了，一丘之貉。當年鄧小平做副總理的時候，還不是順著毛澤東的話轉，還不是一樣地拍馬屁。根本的關鍵在於共產黨的本質即是徹頭徹尾地摧殘、斲喪人的廉恥。孟子說得好：「所欲有甚於生

者，所惡有甚於死者。」然而，說是這樣說，現實上人到了生死關頭，誰不害怕呢？要承認人有自由意志，才能表現「所欲有甚於生者，所惡有甚於死者」；假定人沒有自由意志，連這句話都不能表現。你想死，我還不讓你死呢！以前的人可以出家，今天在大陸上，往那裡出家呢？以前的人可以不作官，今天連不作官的自由也沒有了。你沒有不參加政治的自由，你沒有不參加人民公社的自由，你也沒有不接受政治洗腦的自由。在那種統治下，人喪失了自由，想要「所欲有甚於生者，所惡有甚於死者」，你都做不到。

中華民族發展到今天，大陸的同胞被共產黨圈在人民公社，不能講廉恥，不能講氣節。這個就是作賤人的生命，作賤文化生命，同時亦即作賤我們這個民族生命。這個生命被繼續作賤下去，是個很可悲的現象。問題即在於共產黨能夠作賤到什麼一個程度？人性究竟還有沒有甦醒的一天？人性能否覺悟，而發出力量把共產主義衝垮？有沒有這麼一天呢？我個人對此一問題，不表悲觀，但也不表樂觀，我希望大家注意到這是一個很艱難的問題，需要隨時警覺的。說起來，「人之初，性本善」，在太平年間這樣說是容易的，若是現實上沒有表現出善，我就通過教育等方法使你容易表現；但是這句話在今天的大陸，就不那麼容易。不過，人性總有復甦的一天，至於拉到多麼長的一段時間就很難說。我說這個意思，就是要加重這個觀念——文化生命不能隨意摧殘；摧殘文化生命，同時就影響民族生命。文化生命不能摧殘太甚，一個民族是禁不起這樣摧殘的。就好像一個人得些小病是無所謂的，生長中的痛苦是不可免的，但是大病就不能多患。又如一個人的命運不能太苦、人受點挫折、受點艱難困苦是好的，但是挫折太多，苦太重，就會影響人的

生命。

三　儒家第二階段的發展

　　上面說到唐末五代是中國歷史上最黑暗的一個時期，其黑暗之所以爲黑暗的原因，即在於無廉恥。說這層意思，也是要大家了解下一個階段——宋明理學。宋明理學是儒家學術發展的第二個階段，就是對著前一個時期的歧出而轉回到儒家的主流。理學本質的意義即在道德意識的復甦。何以宋人山來講學，特別注重道德意識這個觀念呢？

　　自淸朝以來，以至於民國以來，提到理學家，一般人就頭疼，如同孫悟空聽到金箍咒一樣。誰敢做理學家呢？可是只因爲自己做不到，就用種種譏諷的字眼來醜詆、笑罵，這是淸末以至於今的一個可怪的風氣。其實，道德意識有什麼毛病呢？宋明理學家主要就是要喚醒道德意識，這又有什麼不對呢？有什麼可以譏笑的呢？宋明理學家之所以重視道德意識，主要即因他那個社會背景、時代背景就是唐末五代的那個「無廉恥」。人到了無廉恥的地步，人的尊嚴亦復喪盡，這就成了個嚴重問題。亦即謂文化生命沒有了，就影響你的自然生命。這句話，大家聽起來似乎覺得有些因果顛倒。其實不然。一般說民族生命、自然生命沒有了，就影響文化生命；我現在倒過來說，文化生命摧殘得太厲害，你的自然生命也沒有了，一樣的受影響。抗戰以前，共產黨在江西盤據了一段時間，等到剿共把他們驅逐出去以後，這些地區好幾年不能復興，即是被共匪摧殘得太慘。所以，一個地方窮，不要緊，只要有人去努力開墾，明

天就富了；若是把人的生命糟蹋了，沒有人種田，則成了嚴重問題。

　　我舉這個例，即說明文化生命摧殘太甚，自然生命也不會健康旺盛。所以今天大陸上，共產黨摧殘文化生命，使人成為白癡，成為無廉恥，究竟將來影響到什麼程度，就很難說。想起來，這是個很可怕的現象。一個不正常、變態的暴力，若想把它恢復過來，並不容易。

　　甚至到最後，他們本身亦不會覺悟，有個結果，就是發瘋。在過去也有這種經驗，老輩的人說過，當年太平天國洪秀全、楊秀清等人打到南京，本來就已不正常了，但他們還有戰鬥力，還是不好對付，殘暴地用兒童作衝鋒隊，這和共產黨用人海戰術一樣地可惡。到了太平天國覆亡後，轉成捻匪，結果那些殘眾都發瘋。當年聽老輩談這些事，心中就有非常多的感觸。一個太平天國鬧了一下，就糟蹋中華民族如此之甚，而今共產黨統治大陸同胞、黃帝的子孫，以那種方式來統治，統治那麼久，對中華民族生命的摧殘當然更甚。這不是個大悲劇嗎？聖人說要悲天憫人，這才是可悲的事。所以，廉恥不可喪盡，不可任意地斷喪。人的生命不可完全感性化，完全形軀化，完全軀殼化。完全感性化，完全軀殼化，就是老子所說的「五色令人目盲，五音令人耳聾，五味令人口爽，馳騁畋獵令人心發狂。」人的生命不能完全感性化，即表示隨時需要文化生命來提住。代表文化生命的廉恥、道德意識，更不可一筆抹殺，不可過於輕忽。所以理學家出來，儘量弘揚儒家，對治唐末五代的無廉恥而講儒家的學問。至此，經過魏晉南北朝、隋唐這一長時期的歧出，儒家學問再回到它本身，歸其本位，而轉回來的重點

則落在道德意識上。

儒家的學問原講「內聖外王」，宋明儒則特重「內聖」這一面。「內聖」是個老名詞，用現代的話說，即是內在於每一個人都要通過道德的實踐做聖賢的工夫。說到聖賢，一般人感覺高不可攀，甚至心生畏懼；實則道德實踐的目標即是要挺立自己的道德人格、道德人品，這是很平易近人的，沒有什麼可怕。我們對「內聖」一詞作一確定的了解，即是落在個人身上，每一個人都要通過道德的實踐，建立自己的道德人格，挺立自己的道德人品。這一方面就是理學家講學的重心。可是儒家原先還有「外王」的一面，這是落在政治上行王道之事。內聖外王原是儒家的全體大用、全幅規模，大學中的格致誠正修齊治平即同時包括了內聖外王；理學家偏重於內聖一面，故外王一面就不很夠，甚至弘揚不夠。這並不是說理學家根本沒有外王，或根本不重視外王，實則他們亦照顧到外王，只是不夠罷了。

我們今天說宋明儒雖亦照顧到外王而不夠，這個「不夠」，是我們在這個時代「事後諸葛亮」的說法。在當時，理學家那個時代背景下，他們是否一定覺得不夠呢？這就很難說。固然理學家特別重視內聖的一面，然他們特別重視於此，總有其道理；在他們那個時代中，或許他們亦不以為這種偏重是不夠的。外王方面，在那種社會狀況、政治形態下，也只好如此，不能再過份的要求。我們得反省一下，外王方面開不出來，是否屬於理學家的責任呢？政權是皇帝打來的，這個地方是不能動的，等到昏庸的皇帝把國家弄亡了，卻把這個責任推給朱夫子，朱夫子那能承受得起呢？去埋怨王陽明，王陽明那能擔當得起呢？所以，批評理學家外王面不夠，這

個夠不夠的批評是否有意義，也得仔細考慮一下。在那個時代，那種政治形態下，也只好這樣往前進了。外王方面夠不夠，不是理學家所能完全決定的；不是他能完全決定的，也就表示不是他能完全負這個責任的。我們把這個責任推到理學家的身上，這是「君子責備賢者」的批評，這是高看、高抬知識份子，這也就是唐君毅先生所說的：只有知識份子才有資格責備知識份子，只有王船山、顧亭林才有資格責備王陽明。只有在這層意義下，我們才能責備理學家，謂之講學偏重之過，不應只空談心性，仍應注意外王、事功。這還是在講學問之風向的問題上說的。

四　儒家的當前使命──開新外王

以現在的觀點衡之，中國文化整個看起來，外王面皆不夠。就整個中國文化的發展來看，以今日的眼光衡之，確實在外王面不夠，顧亭林那些人的要求外王、事功，也是對的。今天仍然有這個要求。可歎的是，今天不僅外王面不夠，內聖面亦不夠，儒家本身若有若無。但是儒家若為常道，則人類的良心不能讓這個常道永遠埋沒下去，這得訴諸每個人的一念自覺。

儒家學術第三期的發展，所應負的責任即是要開這個時代所需要的外王，亦即開新的外王。「新外王」是什麼意義呢？外王即是外而在政治上行王道，王道則以夏、商、周三代的王道為標準。照儒家說來，三代的王道並非最高的理想，最高的境界乃是堯、舜二帝禪讓，不家天下的大同政治。儒家的政治理想乃以帝、王、霸為次序。帝指堯、舜，堯、舜是否真如儒家所言，吾人不必論之，但

此代表了儒家的理想則無疑，以堯、舜表現或寄託大同理想。三代則屬小康之王道。春秋時代的五霸則屬霸道，以齊桓公、晉文公為代表。從前論政治，即言皇王帝霸之學。在帝上再加上一個皇，即指三皇而言，此當又是一層境界了，這且不說。齊桓、晉文的境界雖然不高，但比得秦漢以後的君主專制要好；君主專制以打天下為取得政權的方法，在層次上是很低的。當初商鞅見秦孝公，先論三皇五帝之道，孝公不能入耳；而後言王道，仍嫌迂闊；再而言霸道，終大喜。可見前人對於政治理想是有一定的次序。秦孝公之喜霸道，乃因它能立竿見影，馬上見效，而儒家的學問往往不能滿足這一方面外王、事功的要求。早在春秋戰國，即有墨家因此而批評儒家為無用。司馬談論六家要旨中，亦批評儒家云：「博而寡要，勞而少功」。後來南宋陳同甫與朱子爭辯，亦是基於要求外王、事功的精神。而實際上，要求外王中，就涵著要求事功的精神。陳同甫以為事功乃賴英雄，而講英雄主義，重視英雄生命，推崇漢高祖、唐太宗。此雖可有廣義的事功，而不必合於王道。到了明末，顧亭林責備王學無用，亦是秉持事功的觀念而發。而後有顏李學派的徹底實用主義。一般人斥儒家之無用、迂闊，評之曰：「無事袖手談心性，臨難一死報君王」，以為不究事功者最高的境界亦不過是此一無奈的結局。這些都是同一要求事功的意識貫穿下來的，這是一個由來已久的老傳統，在中國文化中是一條與儒家平行的暗流，從墨子開始，一直批評儒家的不足。這個要求事功的傳統再轉而為清朝乾嘉年間的考據之學，則屬要求事功觀念的「變型」。乾嘉年間的考據之學以漢學為號召，自居為「樸學」，以此為實用之學，以理學為空談、無用，骨子裡還是以有用、無用的事功觀念為

背景。

何以謂「樸學」為要求事功觀念的「變型」呢？因為他們雖然批評理學無用，而其本身實際上更開不出事功來。這些考據書生沒有一個能比得上陸象山、朱夫子、王陽明；這些理學家都有幹才，都會做事，只是不掌權而已。然而考據家假「樸學」之名，批評理學無用，背後的意識仍是有用、無用，即可謂之乃事功觀念的變型。事實上，這種變型更是無用，故實非事功精神之本義。由此轉而到民國以來，胡適之先生所談的實用主義，以科學的方法講新考據，實仍屬此一傳統，背後仍是要求有用，責斥無用。我們可以看出，儒家這條主流，旁邊有條暗流，這條暗流一直批評儒家無用而正面要求事功。這個傳統從墨子說起，一直說到胡適之所倡的新考據的學風，可謂源遠流長。但是這裡面有個根本的錯解。吾人須知若是真想要求事功，要求外王，唯有根據內聖之學往前進，才有可能；只根據墨子，實講不出事功，依陳同甫的英雄主義亦開不出真事功。希望大家在這裏要分辨清楚。

中國人傳統的風氣，尤其是知識份子，不欣賞恰當意義的事功精神，此乃反映中華民族的浪漫性格太強，而事功的精神不夠。事功的精神是個散文的精神，平庸、老實，無甚精彩出奇。蕭何即屬事功的精神，劉邦、張良皆非事功的精神，可是中國人欣賞的就是後者。蕭何的功勞很大，所謂「關中事業蕭丞相」，但因其屬事功精神，顯得平庸，故不使人欣賞。漢朝的桑弘羊，唐朝的劉晏皆為財政專家，屬事功精神，然而中國人對這一類人，在人格的品鑑上總不覺有趣味。事功的精神在中國一直沒有被正視，也沒有從學問的立場上予以正視、證成。中國人喜歡英雄，打天下、縱橫捭闔，

皆能使人擊節稱賞。由於中國人在性格上有這種傾向，所以毛澤東才能投這個機，就是因為他不守規矩，亂七八糟，而帶有浪漫的性格。再高一層，中國人欣賞聖賢人物，不論是儒家式的或道家式的。中國人的文化生命正視於聖賢、英雄，在此狀態下，事功的精神是開不出來的。事功的精神即是商人的精神，這種精神卑之無甚高論，境界平庸不高，但是敬業樂群，做事仔細精密，步步紮實。英美民族是個事功精神的民族，歐陸的德國則表現悲劇英雄的性格，瞧不起英美民族，但是兩次大戰戰勝的卻是這些卑之無甚高論的英美民族。所以這種事功精神是不能不正視的。

中國人的民族性格在某一方面就是缺乏這種英美民族的事功精神。英雄只能打天下，打天下不是個事功的精神，故不能辦事；聖賢的境界則太高，亦不能辦事。而中國人欣賞的就是這兩種人，所以事功的精神萎縮。這裏沒有一個學問來正視它，證成它，開出它，所以現在我們想要從儒家的立場來正視它。儒家最高的境界是聖賢，聖賢乃是通過一步步老老實實地做道德實踐、道德修養的工夫而達到的。儒家的立場是重視豪傑而不重視英雄，故從不高看漢高祖、唐太宗，故順著儒家理性主義的發展，在做事方面並不欣賞英雄，我們在這裡可以看出一個很好的消息。

但是在以前那種狀況下，儒家的理性主義既不能贊成英雄，故其理性主義在政治上亦無法表現。儒家的理性主義在今天這個時代，要求新的外王，才能充分地表現。今天這個時代所要求的新外王，即是科學與民主政治。事實上，中國以前所要求的事功，亦只在民主政治的形態下，才能夠充分的實現，才能夠充分的被正視。在古老的政治形態、社會形態下，瞧不起事功，故而亦無法充分實

現。這種事功的精神要充分地使之實現，而且在精神上、學問上能充分地證成之，使它有根據，則必得靠民主政治。民主政治出現，事功才能出現。若永停在打天下取得政權的方式中，中國的事功亦只能永停在老的形態中，而無法向前開展。這句話請諸位深長思之。

要求民主政治乃是「新外王」的第一義，此乃新外王的形式意義、形式條件，事功得靠此解決，此處才是眞正的理想主義。而民主政治即爲理性主義所涵蘊；在民主政治下行事功，這也是理性主義的正當表現。這是儒家自內在要求所透顯的理想主義──理性主義的理想主義。

另一面則是科學。科學是「新外王」的材質條件，亦即新外王的材料、內容。科學的精神即是個事功的精神，科學亦是卑之無甚高論的。英雄不能做科學家，聖人則超過科學家，故亦不能做科學家。天天講王陽明，講良知，是講不出科學的，因爲良知不是成功科學知識的一個認知機能。然而科學亦可與儒家的理性主義相配合，科學乃是與事功精神相應的理性主義之表現。科學亦爲儒家的內在目的所要求，儒家並不反對知識。在以前的社會中，那些老知識也就足夠應付了，然而今天的社會進步，往前發展，要求新知，亦屬應當的要求。儒家內在的目的即要求科學，這個要求是發自於其內在的目的。何以見得呢？講良知，講道德，乃重在存心、動機之善，然有一好的動機卻無知識，則此道德上好的動機亦無法表達出來。所以，良知、道德的動機在本質上即要求知識作爲傳達的一種工具。例如見人重病哀號，有好心救之，然卻束手無策，空有存心何用？要有辦法，就得有知識。所以有人說西醫中發明麻醉藥者

為大菩薩。菩薩講慈悲，然若只是空講慈悲，又有何用？發明麻醉藥，使人減少多少痛苦，不是大慈大悲的菩薩嗎？所以，不論佛教表現慈悲，或是儒家表現道德動機，要想貫徹其內在的目的，都得要求科學，肯定科學。

科學知識是新外王中的一個材質條件，但是必得套在民主政治下，這個新外王中的材質條件才能充分實現。否則，缺乏民主政治的形式條件而孤離地講中性的科學，亦不足稱為眞正的現代化。一般人只從科技的層面去了解現代化，殊不知現代化之所以為現代化的關鍵不在科學，而是在民主政治；民主政治所涵攝的自由、平等、人權運動，才是現代化的本質意義之所在。共產黨亦可講科學，然而他的極權專制卻是最落伍的。我們在此要爭取先聲。幾十年來，共產黨罵人反動、不革命，事實上，這些批評都是虛妄地倒打一耙。我們在此要把頭抬起來，要肯定我們才是理想所在，才是進步，才是現代化，才是眞革命，一革永革。我們要認清共產黨才是最頑固、最殘暴、最落伍、最反動的。他能代表個什麼理想呢？他那能有什麼現代化呢？所以不要被共產黨要弄的一些名詞迷惑。假如在這個時代，儒家還要繼續發展，擔負他的使命，那麼，重點即在於本其內在的目的，要求科學的出現，要求民主政治的出現——要求現代化，這才是眞正的現代化。

五 「中國文化」一詞的恰當意義

上面所談的，乃是儒家的發展及其當前使命；接下來，我們所要談的主題也與此類似，不過從另一個角度來看這個問題，範圍也

稍廣些，就是討論中國文化的現代意義。

在討論之前，我們先得對「中國文化」這一個名詞有較明確的了解。上面談過，中國文化的核心內容是以儒家爲主流所決定的一個文化方向、文化形態。我們現在講中國文化的現代意義，這裡提到的中國文化，並不是指以往隨著各時代所表現的那些文化現象、文化業績的一個總集、總和。以往過去的各時代各階段的文化業績，如各時代的風氣、風俗習慣，所表現的種種現象，事實上已經一逝不可復返了。我們不能夠只是懷念過去，抱著「數家珍」的心理。當然，「數家珍」亦非完全沒有意義、價值，但是我們今天所講則不在此。平常的講法容易將中國文化靜態化，靜態化而把中國文化推到過去某一個階段所表現的那一大堆。這樣想，即容易流於只留戀過去。然而過去再怎麼好，對現在亦無甚幫助，這樣講中國文化沒有多大意義，而且如此亦無法說中國文化的現代意義。

例如，若問清朝那些典章制度、風俗習慣在現代有何意義，討論起來甚麻煩，亦屬不相干的問題。又如問納蘭性德的詞在現代有何意義，雖非必不可討論，但無甚意義，亦不相干。如此討論下去，無窮無盡，繁複瑣碎不堪，實無甚價值。有些學者討論問題即落在此一方向，常說中國人以前如何，西方人又如何，以此宣揚過去文化的業績。這是在講歷史，數家珍。但對眼前的時代當作一個問題來看時，我們很容易看出這些說法的不中肯，對將來毫無交代。

許多外國人來中國，亦採此種錯誤的態度，而要來台灣「尋找」中國文化。看看台北的高樓大廈和紐約的似乎也差不多，中國文化在哪裡呢？於是中國朋友就帶他們去故宮博物院看骨董，去國

軍文藝活動中心看國劇。事實上，文化怎能是個具體的東西，而放在那裡讓人尋找的呢？以這種「考古」的態度來「尋找」中國文化是不對的。他們來此找尋中國文化，就如同去埃及看金字塔一般，希望找到個中國的「金字塔」來代表中國文化。可是大家要知道，我們的文化是個活的文化，還要繼續生長的，哪能視同於埃及的死文化？西方人這樣看，因其有優越感，中國人則不應該有此態度，隨順著西方人考古的態度而跟著轉，這是相當不利於我們的。西方人亦重視「漢學」，然而他們卻是以研究骨董的態度來看「漢學」。在這種態度下，「漢學」這個名詞亦包藏了不利於中國文化的輕視心理。可是有些中國人卻以西方人的態度為標準，甚至說世界上只有兩個半漢學家，而我們中國人只佔了半個，這是非常可惡的洋奴心理。所以，我們中國人在此一定要貞定住自己本身的存在價值，絕不能不自覺地順著這些怪現象往下滾。

我們不能採西方人考骨董的態度，亦不能採取以往那種「數家珍」的態度，然而我們當以何種態度來看中國文化的現代意義呢？

「中國文化」乃是以儒家作主流所決定的那個文化生命的方向以及文化生命的形態，所以我們講中國文化的現代意義，也即是在講這個文化生命的方向與形態的現代意義、現代使命。生命是一條流，有過去，有現在，有未來，過去、現在、未來是一條連續的流，依此，我們才能談這個問題。我們從堯、舜、禹、湯、文、武、周公、孔子，一代代傳下來的，不是那些業績，而是創造這些文化業績的那個文化生命的方向以及它的形態。形態即指這個文化生命以什麼方式、什麼姿態、什麼樣式來表現。這個樣式、這個姿態在春秋戰國時代已經表現了，盡了它的使命；在兩漢四百年亦表

現了，盡了它的使命；在魏晉南北朝隋唐，它也表現了，也盡了它
的使命；在宋明的階段亦復如此；在清朝三百年又以某種姿態出
現。這一條生命流在這兩千多年來的表現，都是彎彎曲曲的，當然
其中有正有邪，有向上有向下。雖是曲曲折折的，但總是一條生命
流往前進；只有從這個角度看，才能講這個生命的現代意義，亦即
它在這個時代當該做些什麼事情，當該如何表現。這個問題當該如
此來看，因為我們的文化不是個死的，而是個現在還活著的生命，
還需要奮鬥，要自己做主往前進。若是把我們的文化限在過去，而
只劃定為考古的範圍，直成了死的骨董，這樣不是把中國文化看成
活的文化，而是視之為死的文化。若是到處去「尋找」、「發現」
中國文化，這種態度根本上即是錯誤的，骨子裡即是認為中國文化
是死的，現在已不存在了。我們是個活的生命，我們生在現在，有
現在的一個奮鬥的方向，也應該有現代的表現，哪能以找骨董的方
式來找中國文化的代表呢？這個態度本身即是個輕視中國文化的態
度。想要了解中國文化，即應和中國人接近，了解中國人的生活方
式，如何地談天，如何地交朋友，如何地思考問題。若是到處參
觀，走馬看花，哪能了解中國文化？孔子、《論語》也不能看成骨
董，他還是個生命，是個現在還活著的生命、智慧，絕不可把他當
作骨董而看死了。

六　中國文化的現代意義──開出對列之局

我們了解中國文化是以儒家為主流所決定的生命方向後，即可
順著上面所講的儒家當前之使命來看這一個生命方向在現代應該以

那種姿態來表現。

中國文化的現代意義，亦即其本身的現代化，首先即是要求新外王。王道有其具體的內容，而不只是籠統地說仁義道德。黃梨洲曾云：「三代以上，藏天下於天下；三代以下，藏天下於篋篋。」這是一句原則性的話，不是籠統浮泛地說的，而且相當的深刻，且有真切感。這句話在今天看來，仍然有意義，而且意義更為顯明。「三代以上，藏天下於天下」，以今天的話說，即是個「開放的社會」（open society）。「三代以下，藏天下於篋篋」，即是家天下，以天下為個人的私產。這種情形在以往的君主專制下，還沒有今天共產黨做得那麼絕，共產黨算是做到家了。以往中國人的理想是「藏富於民」，而共產黨倒反過來把天下的財富集其一身，形成新階級；共產黨可說是家天下的極端，以前是要求藏富於民，現在則成了「藏富於幹部」。黃梨洲又云：「三代以上有法，三代以下無法。」三代以上有法度，這個法乃是保障「藏天下於天下」，這種法治是多麼的深刻，這才是真正的法治，法家所講的法比起來是差遠了。三代以下沒有真正的法度，有的只是皇帝個人的私法，就好像毛澤東私訂的法律。

民主政治能夠表現一些「藏天下於天下」的理想。儒家學術最內部的要求亦一向在於此，但是從未在現實上出現，而今天之現代化亦主要在要求此一理想的實現。此亦即是儒家當前使命所要求的「新外王」。民主政治是新外王的「形式條件」，事功在此形式條件的保障下才能充分實現，在民主政治下才有事功，才能讓你做事；除此之外，還需要科學知識作新外王的「材質條件」。新外王要求藏天下於天下、開放的社會、民主政治、事功的保障、科學知

識，這就是現代化。中國文化發展至今，仍是個活生生的文化，我們不可委順西方人輕視的態度而把自己的文化當成一個被西方人研究的古董。我們是個生命存在，仍得往前進，往前奮鬥，在我們前面有不斷來臨的問題有待我們解決，怎麼能採取那種看古董的態度來了解中國文化呢？我們要自己做主，要繼續生存下去，現代化是我們必得做的事。現代化雖先發自於西方，但是只要它一旦出現，它就沒有地方性；只要它是個真理，它就有普遍性；只要有普遍性，任何一個民族都當該承認它。中國的老名詞是王道、藏天下於天下，新名詞則是開放的社會、民主政治，所以，這是個共同的理想。故而民主政治雖先發自於西方，但我們也應該根據我們生命的要求，把它實現出來，這就是新外王的中心工作。對於這個觀念，當年孫中山先生辛亥革命時，非常清楚。以後漸漸變形、模糊，而被人忘掉了。當然，這與現實政治曲曲折折的影響有關，我們現在也不必去深究其原因。孫中山先生辛亥革命即是嚮往民主政治，所以孫先生雖出任第一任臨時大總統，但在正式選舉時，卻能讓給袁世凱，這就是中國政治現代化的第一步。這個第一步是從現實上的實行來說是第一步，然而這卻是儒家早已要求的理想。這種王道，黃梨洲已經說得非常清楚了。

五四運動以後，新文化運動正面喊出的口號即是要求科學與民主。當時是抓住了現代化的關鍵所在；當時除此正面的要求外，反面的口號則是反封建、反帝國主義。可是後來的發展，一直到今天大陸上的情況，科學也沒出來，民主政治也未實現。享受科學技術的現成的成就，大家都很高興，可是要腳踏實地的去了解科學，研究科學，則少有人肯為之。正面的兩個口號沒有發生作用，倒是反

面的兩個口號發生了作用。「反帝國主義」，大家容易了解，因為身受其害，對它有清楚的觀念。至於「反封建」，大家對於這個名詞似乎都有些觀念，但卻不清楚，說不出個所以然。最後，「反封建」倒成了個象徵的意義，象徵些什麼，代表些什麼？也很難說。實則這個名詞，不論從中國或西方歷史看來，都只是個借用的名詞。照西方來說，封建是羅馬帝國崩潰之後，各地方各民族退而求自保的時代。若是「反封建」是反這個封建，那麼羅馬帝國未崩潰之前，即不能算是封建；封建時代以後至於今，亦不算封建。那麼你反的又是什麼呢？難道是反羅馬帝國崩潰之後的那一個散落的狀態嗎？照中國講，封建是西周三百年周天子的封侯建國，作用乃是集體開墾，充實封地，以「拱」周室；封建在這裡帶有積極的意義，與西方的恰相反。然而中國自秦漢以後即無封建，那麼你反封建是反什麼呢？難道是反西周三百年嗎？我們在此可以看出，「反封建」並沒有一個清楚而確定的意義。其實，它只是一個籠統的象徵的觀念，實即反對一切「老的方式」，而以「封建」一詞代表之，概括之。當時的反封建就是反對過去那些古老的方式，而認為五四以前都屬於過去的、老的方式。

然而，什麼是「老的方式」呢？「老的方式」的內容是什麼呢？所要求的「新的方式」又是什麼呢？二者之間的對照與本質的差異點又在哪裡呢？

我們把新的方式、現代化的內容列舉出來，即是民主政治、事功、科學等。這一套即是西方自文藝復興以後所創造出的近代文明。整個這一套的內容中間有個共同的基本精神，我們可以用一個名詞來說明，即是 co-ordination，可以翻譯作「對列格局」，這就

是現代化最本質的意義。我們也可用《大學》所嚮往的治國平天下
的理想——「絜矩之道」來說明「對列格局」；絜者合也，矩即指
方形，絜矩之道即是要求合成一個方形，這樣才能平天下。亦可用
《易經》的「保合太和乃利貞」來說明，保合即是保持合作而成一
個方形，如此方能成個大諧和（太和）。若必欲比他人高，去征服
而使他人隸屬於我，即不能成「絜矩」，天下亦不能平。現在這個
時代，從希特勒、史達林，以至於毛澤東，都想把自己「首出庶
物」，把一切東西隸屬於自己，這樣天下永不能平，這是個很顯明
的道理。交朋友亦是如此，「與朋友交，久而敬之」。若不尊重對
方，這朋友交不下去。尊重對方，即是成兩端，兩兩相對，此即是
個「對列的格局」。唯有依絜矩之道，成個對列的方形之局，天下
才能平。若是一味講帝國主義的征服，是絕不能平天下的。

七　中國現代化的道路——轉理性的作用表現而
　　爲理性的架構表現

　　西方經過大憲章的奮鬥，一直奮鬥到今天，英美所表現的現代
化的精神，即是在爭這個對列之局。社會上不容許有特權的存在，
所以說自由、平等。講人權運動即是重視個體。每一個個體都是頂
天立地的，在社會上都是一個單位，你也是個單位，我也是個單
位，我怎能隸屬、臣服於你呢？一隸屬，一臣服，即不成對列之局
了。現代化主要即是要求對列之局。西方要求現代化是通過階級鬥
爭而出現的。階級在西方的歷史中原是有的，所謂四階級：僧侶階
級、貴族階級、第三階級（布爾喬亞——資產階級）、第四階級
（普羅里塔里亞——無產階級）。馬克斯所了解的不屬此類，他所

利用的乃是埃及法老政治的路線，不是西方自希臘以來正面要求自由、平等、博愛的階級鬥爭。社會上有不平，當然要鬥爭，然而先得問為什麼而鬥爭，當該是為了理想而鬥爭，不能說是為了形成「新階級」而鬥爭；為了報復，卻不是為了理想而革命，這是共產黨革命的根本錯解。

中國的階級分野不顯明，自春秋戰國的貴族政治崩潰以後，君主專制的形態在政治上雖不合理想，但是下面的社會卻沒有階級。隨著王朝的更替，固然有些特殊的勢力，但是不能成為一個固定的階級，所以會有「公侯將相本無種」這種話。中國的社會，基本上是屬於士農工商並列的形態，套用梁漱溟先生的話，即是「職業殊途，倫理本位」。士農工商只是職業的不同，不可視為階級。

同是要求現代化，西方與中國的源泉不同；西方是根據階級鬥爭而來，中國社會則只是「職業殊途，倫理本位」，階級的分野不清楚。中國以前取得政權的方式是靠打天下而來的，政權的泉源是非理性的，是皇帝打來的，旁人不能過問，所能過問的只是第二義以下的。除了政權來源這一方面不能觸及之外，中國以往在其他方面是非常自由、平等。我們可以說，中國以前只有「治權的民主」，而沒有「政權的民主」。從考進士、科甲取士等處，即可見治權是很民主的。但是，真正的民主政治是在「政權的民主」。唯有政權民主，治權的民主才能真正保障得住。以往沒有政權的民主，故而治權的民主亦無保障，只有靠著「聖君賢相」的出現。然而這種有賴於好皇帝、好宰相出現的情形是不可靠的，所以中國以前理性的表現只是作用的表現。在此作用的表現上雖是相當的民主、自由，然因政權不民主，此處的民主亦無真保障，所以還是得

要求現代化。

中國現代化的道路不能模倣西方通過階級鬥爭的方式，這是因為社會背景、歷史背景不同。民主政治的實現，並不是一件容易的事。西方亦是經過長期的奮鬥而後才達成這個政治的現代化，這是很可寶貴的。西方的社會原有階級的存在，社會中有些不同的力量，有些中流砥柱在那裡撐著，這樣的社會容易顯出絜矩之道，容易構成對列之局。階級並不一定就是壞的東西，照黑格爾的歷史哲學講，階級是從民族的生命中發出，在文化中有其作用的。（印度的階級則是死的，不能起作用。）中國自秦漢以後，把階級打散了，社會上沒有既成的力量，不容易成個對列之局。下面愈散漫，上面愈容易形成極權專制。當年孫中山先生亦感覺到這個問題，說中國人的自由太多了，如一盤散沙。（此嚴格講不是真正的自由。）所以我們要肯定社會的力量，此即是要顯個絜矩之道，對極權專制有個限制，不能讓他隨意揮灑。西方自大憲章以來，就是爭這個東西。中國本來早已有了治權的民主，但是因為政權不民主，則此一民主亦不可靠，所以我們現在再順著這個基礎往前推進一步，要求政權的民主，把理性的作用表現轉成理性的架構表現，亦即轉成對列格局的表現。這才是中國現代化的正當途徑，不可拿西方階級鬥爭的格式硬套在我們身上。

西方的政治現代化是靠著自然的歷史、社會作其憑藉而摩盪出來的，然而還是得經過長期的鬥爭。我們的社會沒有階級，歷史背景、社會背景和西方不同，所以出現這個東西非常困難，否則共產黨也出不來。共產黨是徹底反對這個東西的，他們是最反動的，他們要求的只是科技的現代化，而不是政治的現代化。這條路是很難

走的,然而我們非得往此走不可,再困難也得走,不能像共產黨一樣虛妄地跨過去;如此,即得靠文化的力量、思想的自覺。所以,知識份子思想上的自覺是很重要的,依此而發動文化的力量、教育的力量來創造這個東西;這就是我們現代化的道路。

可是,民國以來的知識份子,在這方面的思想自覺是很不夠的,否則,共產黨那能得逞呢?這裡需要很大的「克己復禮」,在此沒有很高的境界,卑之無甚高論,就談玄理說是不過癮的。但是我們就需要這個東西,所以要靠大家的自覺。平常大家也不聽這些,尤其新文化運動以後,社會上流行的都是社會主義的意識,自由、民主倒成了令人討厭的庸俗名詞,更被共產黨醜詆為小資產階級的專利品。我們今天遭受到共產黨這個挫折,從三十八年撤退到台灣,就是要徹底正視這個切身的問題,此即「民主建國」、「政治現代化」的工作。

現代化的基本精神是「對列格局」(co-ordination)之形成,而所謂反封建,即是反老的那一套。老的方式即是理性的作用表現所表現的方式,基本上亦可用 sub-ordination 這一個名詞來代表,亦即是個「隸屬」的方式。中國文化幾千年來的表現,一方面覺得也還不錯,「職業殊途,倫理本位」,治權民主。在這個制度的安排下,大體不錯,亦有相當的合理性,所以我們說中國早有了理性的作用表現;當然,一般人的表現有過與不及的地方,總是不可免的,那是另一回事。然而,另外一方面,我們又常感到中國文化的不夠,這個不夠的關鍵即在政權不民主,亦即缺乏理性的架構表現。在這種情形之下,整個文化在現實上的表現,大體上呈現的即是個 sub-ordination 的形態。這就是黑格爾所說的,東方世界只知

道一個人是自由的。這一個人即是皇帝。而即此一人是自由的,也不是真正的自由的,不是架構表現下之理性地自由的,只是情欲、氣質的奴隸,隨意揮灑的自由。此須了解黑格爾的歷史哲學所說自由之意義。以前的宰相代表治權,然而宰相有多大權力呢?今天要你做宰相,你就做,明天不要你做,把你殺掉,亦無可奈何,毫無辦法。中國傳統政治在現實上的表現,大體是個「隸屬」的方式,不能表現出絜矩之道。

我們離開這些現實的政治表現,再從文化理想、學術方面來看。中國以往的學術是向上講的,儒、釋、道三教講學問都是如此。儒家講成聖成賢,道家講成真人,成至人,佛家講成佛,成菩薩,這都是重個人修養的向上發展。在向上發展的方向中,對列之局是出不來的,所以中國人喜歡講「天地萬物一體」、「物我雙忘」。在第一關上,喜歡講「首出庶物」,把自己的主體性透出來,「先天而天弗違」。依儒家講,此乃是先見本體,有如禪宗所說的「截斷衆流」、「涵蓋乾坤」。先把主體透出來,這是講聖賢學問,往高處講的一定方式;這是講道德、宗教,不是在講政治,更不是要每個人都做皇帝。可是一般人不了解這個分際、分寸,而說凡講透顯主體者都是在幫助極權專制。所以首先得把問題的分際弄清楚。講道德、宗教不同於講政治,不可相混。而且,依著道德修養而言,「截斷衆流」、「涵蓋乾坤」的透顯主體只是初步,最高的境界乃是「隨波逐浪」。莊子亦是如此,往上透的時候說「天地與我並生,萬物與我為一」,但是《莊子‧齊物論》的思想並不是像毛澤東一樣,要天下人向他一個人看齊,而是天下一切事物一體平鋪,統統擺在那裡,這是個絕對的自由、絕對的平等。但是這

個絕對的自由、絕對的平等是在道德修養的境界上說的，它是修養的「境界」，不是政治。《莊子·逍遙遊》的「自由」、〈齊物論〉的「平等」，乃是超越意義的自由、平等，並非政治意義的自由、平等，二者的層次全然不同。當然，在最高的境界講自由、平等，據此而下，亦不會反對政治上的自由、平等。所以，道家是反共的一個最好的思想。從這裡可以很明顯的看出，儒、釋、道三教怎麼會幫助極權專制呢？這完全是錯誤的聯想。

中國人以前的理想在講道德宗教方面是往高處講，圓實處講。我們現在所講的下面這一層，亦即現代化的問題，在以前那種社會裡並不成個問題；依著它那種形態，在當時是夠了，也有相當的合理性，所以講學的重點不在科學知識，而在講超越科學知識的道德宗教。

但由於缺乏這一層，現代人即可責備以往之不足。以往兩千多年是以在道德宗教方面的表現為勝場，它所樹立的固是永恆的價值，但是現在我們知道，只在這方面表現是不夠的，學術還是要往前開，還是得順著顧（亭林）、黃（梨洲）、王（船山）的理想往前開外王。要求開出下一層來，則學術不能只往上講，還得往下講。民主政治、科學、事功精神、對列之局的這一層面，卑之無甚高論，境界不高。中國人原是浪漫性格強，欣賞英雄、聖賢，而不欣賞這種商人的事功精神。事功精神是個散文的精神，既不是詩，也不是戲劇，戲劇性不夠，也沒多大趣味。從哲學來講，事功精神屬於知性的層面，如黑格爾即名之曰散文的知性，或學究的知性。從人生境界來說，事功精神是個中年人的精神，忙於建功立業，名利心重，現實主義的情調強。而我們中國人要現代化，正是自覺地

要求這個事功精神，並且得從學術的立場，給予事功精神一個合理的安排、合理的證成。

八　中國文化主位性的維持

我們以上皆是從時代的觀點來看中國文化這條生命流在今日如何盡它的使命，由此而論其現代意義。然而我們仍當從另一個角度來看中國文化，亦即由其本身看，中國文化是否有其本身的主位性？此則不只是一個應付一時需要的問題，此乃永恆性的、高一層次的問題，不是方才所談那些新外王等的時代問題。

假如中國文化還有發展，還有他發展的動源，還有他的文化生命，那麼，我們不能單由民主政治、科學、事功這些地方來看中國文化的問題，而必得往後、往深處看這個文化的動源、文化生命的方向。這是從高一層次來看中國文化如何維持其本身之永恆性的問題，且是個如何維持其本身之主位性的問題。儒家是中國文化的主流，中國文化是以儒家作主的一個生命方向與形態，假如這個文化動源的主位性保持不住，則其他那些民主、科學等都是假的，即使現代化了，此中亦無中國文化，亦只不過是個「殖民地」的身份。所以，中國文化若想最後還能保持得住，還能往前發展，開無限的未來，只有維持住他自己的主位性始得。對於這個文化生命動源的主位性，我們要念茲在茲，把他維持住，才算是對得起中國文化。

這個中國文化維持其主位性的問題，在這個時代中，究竟表現在哪些方面呢？就是表現在這個文化的主流與其他幾個大教的比較問題上，亦即表現在「判教」的問題上。

　　此問題首先對基督教而言，其次對佛教而言，其次對道家而言。中國文化以儒家作主，這個文化生命主要的動向、形態是由儒家決定的。在以往幾千年中，道家並不能負這個責任，從印度傳來的佛教亦不能負這個責任。雖說中國人吸收了佛教、消化了佛教，佛教亦對中國文化有所影響，然而它卻始終不能居於主流的地位。主流的地位是在歷史上長期的摩盪中自然形成的，不是可以隨便拿掉或替代的，亦不是可以隨意放棄的。信仰自由是一回事，這是不能干涉的，然而生而為中國人，要自覺地去作一個中國人，存在地去作一個中國人，這則屬自己抉擇的問題，而不是信仰自由的問題。從自己抉擇的立場看，我們即應念茲在茲，護持住儒家為中國文化的主流。我個人並不反對基督教，亦不反對信仰自由，然而，現在每一個中國人在面臨這個問題時，都應該有雙重的身份，雙重的責任。首先，得了解儒家是中國文化的主流，這個主流是不能放棄的。若是基督教能使你的靈魂得到安寧，當然很好，我也不反對你信仰基督教。但是在這信仰的同時，身為中國的基督徒亦當自覺到自己有雙重的責任，雖然是信仰基督教但也絕不應反對中國文化的主流是儒家。我不反對基督教、天主教，可是我堅決反對他們拿著基督教、天主教來篡奪或改篡中國的文化，更不可把中國歷史黃帝、堯、舜、禹、湯、文、武、周公、孔子的傳統改成耶和華、摩西那一套。若是這樣子搞下去，這和共產黨把馬、恩、列、史掛在天安門上奉為老祖宗又有什麼兩樣？

　　我不像宋明儒那樣闢佛，我雖也辨儒佛同異，但並不反對、貶視佛教本身的價值，可是我反對以佛教來貶視儒家。以前內學院將孔子列為第七地菩薩，我就反對。佛家最高的是佛，儒家最高的是

聖人，聖人與佛都是無限性的格位，爲什麼一定要把孔子列爲佛家的第七地菩薩呢？這太沒道理。我不反對佛教，已經很客氣了，可是反過來，你卻要貶視儒家，這就不對。爲什麼一定要反對聖人之道呢？聖人之道有那裡對不起你呢？這樣還能算是存在的中國人嗎？

現代信基督教的人最怕人說他信的是洋教，而自辯曰宗教是普世的。事實上，上帝是普世的，基督教卻是西方歷史中發展出來的，這怎麼能是普世的？上帝是普世的，就好比孔子講道理也不是單對著山東人講，乃對著全人類講的。這個分際必得弄清楚，才不愧身爲一個現代的中國人；一方面不妨礙信仰自由，另一方面絕不抹殺儒家在中國文化中的主流地位。有人罵我們這是「本位主義」。然而，這種本位主義有什麼不好？每一個民族事實上都是本位主義，英國人以英國爲本位，美國人以美國爲本位，何以獨不許我們中國人以中國爲本位呢？若是這叫本位主義，又怎麼能反對呢？

九　結語

最後，我們做一個總結，來看今日中國知識份子所應做的工作。首先，要求現代化先得有現代化的頭腦，每一個概念各歸其自身，每一個概念都有恰當的意義，分際清楚而不混濫，事理明白而不攪和，這就是「正名」的工作。共產黨就是利用名不正來攪亂天下，形成「意底牢結」（ideology）的災害。這種大混亂是要不得的。通過正名的工作，每一個概念有一定的意義，道理的分際一點

不亂。這樣子，我們的生命得到一個大貞定。假如中國文化還能有貢獻於人類，我們即須如此來正視它的自性。

再進一步，和西方相摩盪，這是個最高的判教的問題。在此，每一個文化系統皆有其雙重性，一個是普遍性，一個是特殊性，每一個民族都該如此反省其自身的文化。只要它是個真理，它就有普遍性。但是真理並不是空掛著的，而必須通過生命來表現，通過一個生命來表現，就有特殊性。通過這雙重性來進行最高的判教，也可以漸漸地得到一個諧和。

序

　　本書集義共十篇。編為一章。其中九篇皆曾刊載於各雜誌。惟
第九章，乃新補入。蓋欲藉黃梨洲、王船山以及葉水心、陳同甫等
人當時之言論，以證吾此書之中心觀念何以較往賢為推進一步也。

　　本書中心問題有二：一為政道與治道之問題，而主要論點則在
政道如何轉出。二為事功之問題，用古語言之，即為如何開出外王
之問題。此兩問題成為中國文化生命中之癥結。相連而生，故亦相
隨而解。

　　此兩問題之具體誘發乃在吾之《歷史哲學》。該書縱貫言之，
以見吾華族文化生命之來龍去脈。而在發展中，實步步顯出此兩問
題之重要。惟縱貫言之，雖足提供具體之線索，而理論之說明，則
因受限制而不得暢所欲言，故單提直指而有本書之補充。讀此書
者，希亦取《歷史哲學》而觀之。

　　此兩問題之解答繫於理性之「架構表現」與「外延表現」之轉
出。而科學之問題亦於此中得解答。蓋政道之轉出，事功之開濟，
科學知識之成立，皆源於理性之架構表現與外延表現也。於以知中
國文化生命中，政道之不立、事功之萎縮、科學知識之停滯（停滯
於原始階段而不前），必有其故矣。中國文化生命實偏重在理性之

內容表現與運用表現也。此吾層層反省，提鍊總持，而說出者。幸讀者三致意焉。

解答之線索既得，則問題即在：如何能從運用表現轉出架構表現，而得其竟委？如何能將架構表現統攝于運用表現，而得其本源？（內容表現與外延表現亦類此。）此貫通開合之道，既足以貞定各層面之獨立性，又足以得其關聯性。非支解割截激越反動之論也。讀此書者，亦請會通《道德的理想主義》而觀之。

夫既曰外王，則其不能背乎內聖亦明矣。並列言之，曰政道，曰事功，曰科學。總持言之，皆賅於外王。內聖之學即儒家之「心性之學」。其直接之本分乃在道德宗教之成立。然儒教之為教與普通宗教本不同。其以道德實踐為中心，雖上達天德，成聖成賢，而亦必賅攝家國天下而為一，始能得其究極之圓滿。故政道、事功與科學，亦必為其所肯定而要求其實現。反之，政道、事功與科學，亦必統攝於心性之實學，而不能背離此本源。（「實學」一詞，取自熊先生。熊先生曰：「實學一詞，約言以二。一、指經世有用之學言；二、心性之學，為人極之所由立，尤為實學之大者。」見《讀經示要》頁142。）

然則，凡宣傳科學而必詆詆儒家內聖外王之教者，其人為無知。凡要求事功而反心性之學者，其人為鄙陋。是以墨子的狹隘的實用主義，無用也。顏李之直接的行動主義，許行之道也。法家以法為教，以吏為師之極權，乃傷生害性之物道，何有於事功？滿清之音讀訓詁，《說文》、《爾雅》之學，託漢學之名以張門戶，自鳴為實學、樸學，以排宋學，殊不知其為幫閒清客之污習，乃不實不樸之尤者。今之託科學方法，以從事無聊之小考據者，亦此類

耳。（考據本身無所謂，而必用以張門戶，排宋儒，堵塞孔孟之德
慧與志業，乃見其爲污賤。）善乎熊先生之言曰：「清代漢學之污
習不除，而欲實學興，眞才出，斷無是事。」（同上，頁143。）
又曰：「凡爲學術思想之領導者，其自造若達乎甚高甚深之境，則
其影響之及於人羣者，必大且善。如自造者太低太淺，則其影響之
及于人羣者，必浮亂惡劣。若羣衆習於浮亂日甚，將至不辨領導者
之好壞，而唯宜于惡勢蔓延，如是者其羣危。吾國自清世漢學家，
便打倒高深學術。至今猶不改此度，愚且殆哉！」（同上，頁142。）此
王船山所謂「害莫大於浮淺」也。以如此幫閒清客之污習，而又自
鳴爲博雅，自名爲實學、樸學、有用之學。其用果何在哉？旣無當
于科學，亦無當于事功。

　　能本孔孟內聖外王之敎以要求開濟事功，從事實學者，宋明儒
而後，惟晚明顧、黃、王諸大儒能接得上耳。（參看本書第九
章。）此是何等器識！何等心志！滿淸以來，漸滅以盡。此堂堂中
華所以陷于今日之絕境也。

　　孔孟內聖外王之敎是在歷史發展中逐步釐淸其自己，建立其自
己。宋明儒程、朱、陸、王之一系，是通過佛敎之吸收，而豁醒其
內聖之一面。葉水心、陳同甫以及明末顧、黃、王，則是因遭逢華
夏之淪于夷狄，而豁醒其外王之一面。而吾人今日經過滿淸之歪
曲，面對共黨之漸滅，則又須對之作進一步之豁醒與建立。

　　本書力振孔孟之學脈，以見「內聖外王」之敎之規模，且承之
而進一步，以解答中國文化中政道、事功與科學之問題。公其心，
平其情，乃見其爲不可移。未有污習不除，喪失其本，而可以立國
者。爲國族立大信，爲文化生命開途徑，是區區之所深願也。後之

來者必有繼乎此而進者。是爲序。

中華民國四十九年夏　牟宗三　序於大度山

目　次

第一章　政道與治道

一、論封建貴族政治與君主專制政治之取天下

　　政道是相應政權而言，治道是相應治權而言。中國在以前于治道，已進至最高的自覺境界，而政道則始終無辦法。因此，遂有人說，中國在以往只有治道而無政道，亦如只有吏治，而無政治。吏治相應治道而言，政治相應政道而言。

　　人類自有史以來，其政治形態，大體可以分為封建貴族政治、君主專制政治，以及立憲的民主政治。（馬克斯從經濟立場分為奴隸制、封建制、資本主義制，以及未來的社會主義制。彼以經濟決定政治，倒果為因，而人類表現精神，實現價值的奮鬥，遂泯滅而不見。今茲從政治形態方面言，不從經濟方面言，則人類表現精神實現價值之奮鬥自可豁然。）從政治形態方面以言中國文化史尤見貼切而合眞實。如果立憲的民主政治是一政治形態，有其政道，則封建貴族政治、君主專制政治，亦各是一政治形態，亦當有其政道。如是，吾人可進而論中國以往政道之意義。

　　政道者，簡單言之，即是關於政權的道理。無論封建貴族政

治，或君主專制政治，政權皆在帝王（夏商周曰王，秦漢以後曰帝）。而帝王之取得政權而爲帝爲王，其始是由德與力，其後之繼續則爲世襲。吾人論以往之政道，即以開始之德與力及後繼之世襲兩義爲中心而論之。

開始時之德與力，即其人個人必積德，必具有相當之正義與理想，依此而足以吸衆，並足以伸大義于天下。此爲一時代是非善惡之標準。已有「勢藉」者（勢藉即天子之位），如其個人無德，不足以代表正義與理想，則即墮落而腐敗，純爲物化而不能自持，如是則人心離之，指之以非與惡。然徒個人有德，並有正義與理想，而無力以實之，則有政權者之墮落腐敗之物化勢力，膠著而固結，並不能隨之而消失。其物化勢力之盤根錯節，既不足以表現精神，實現價值，而且成爲精神、價值、光明、理想之莫大障礙。此時如無武力以衝擊之，則自己之正義與理想既不足以廣被於天下，而對方之腐敗與民衆之冤苦亦不足以解除而得救。如是，武力之衝擊有時是必要的。它足以打散膠固，而使光明呈現，精神透露。黑格爾即以此而說戰爭之價值。此種打散腐敗勢力之膠固之戰爭，在中國以前即曰「革命」，或曰「馬上得天下」。此亦即俗語所謂「打天下」也。（當然純任德而不用力是可能的。然在以往政治範圍內，有力而不用可，然不能無力。若純注意個人之修德，以嚮往內在而無限之道德，或以無限之忍耐犧牲，藉敎化以轉移對方，而決不肯訴諸武力，則即成爲聖賢或宗敎家。然政治人物之表現理想，則常無此耐力，其積德亦不是純在個人之修德以嚮往內在而無限之道德，而是在解決一客觀問題或時代之癥結。聖賢宗敎家之無限忍耐與犧牲，其德境雖至高，然於問題之解決，則常無力。此或即聖賢

宗教家與政治家兩種人格在原則上必須並立之故。）

革命一詞，在中國來源甚古。所謂「湯武革命應乎天而順乎人」，則革命之觀念及行動，在商湯時即已具備。商湯伐桀，革夏桀之命；周武伐紂，革商紂之命，皆因革命而取得政權。是以革命者變更政權，取得政權之謂也。「馬上得天下」，則始自漢高祖劉邦。此亦即革命也。然其中有一特殊內容，即以布衣而得天下。此在當時觀之，是曠古以來所未有，故亦為歷史上之一變局。然其主要意義，則要象徵封建貴族政治之正式結束，以及君主專制政治之正式開始。史家稱此為秦漢大一統後之局。

以布衣得天下，一方表示「王侯將相，寧有種乎？」一方表示以個人行動之方式（英雄主義）打天下。然則漢以前，則為以氏族部落之方式取政權。封建貴族政治即由氏族部落之統治與被統治而演成。孔子刪《書》斷自〈堯典〉，而寄託其政治上之深遠理想於堯舜之禪讓，極稱堯舜之盛德與無為而治。孟子道性善，亦言必稱堯舜。儒家稱堯舜是理想主義之言辭，亦即「立象」之義也，未必是歷史之真實。此亦正反顯當時之史實不可得而確解也。當時之氏族統治，或許尚未成為定形。當時之氏族社會，或許尚未進入父系家長制。儒家以「立象」之義稱之，是將政治形態之高遠理想置於歷史之開端。是將有待於歷史之發展努力以實現之者置於開端以為準則。至乎夏禹傳子，則已進於歷史事實矣。孔子言「夏禮吾能言之，杞不足徵也；殷禮吾能言之，宋不足徵也。」文獻之足徵不足徵，即示已歸於歷史之事實，而非可以理想主義之言辭以義斷之也。夏禹以氏族部落統治，傳子繼體，至桀而止。商湯伐桀，以氏族部落統治，傳子繼體，至紂而止。武王伐紂以氏族部落統治，傳

子繼體，名義上是八百年，實際上是西周加上春秋初期共四五百年耳。春秋戰國是轉變時期：封建貴族政治漸趨崩解，君主專制政治、軍國主義，漸趨形成。此轉變期結束於秦，氏族部落之統治遂終止。此後便是個人打天下之君主專制政治。

　　無論個人方式之打天下，或是氏族部落式之取政權，皆得曰革命。革命者，變更其所受於天之命也。在以前，統治者之取政權，於現實方面是憑其德與力。及其德足以服衆，力足以馭衆，在現實上無足與競，其自身便成一實際上之無限，頓覺其生命遙與天接，因而便謂其統治是受命於天。既以爲上天命其統治，則實際上一時之無限（即才質之無限）便有一超越者以提升之而圓滿其無限，遂轉而爲理性上之無限，所謂「乃武乃文，乃聖乃神」是也。然此理性上之無限畢竟只是一時之圓足，其德與力須時時不衰以適應之，方能保其圓足。一旦德與力不足以常新而適應之，則其理性上圓足之無限頓時即有裂罅出現。如是，其才質之無限即收縮下降墮落而爲有限，再墮落而爲腐敗之純物化，而彼超越者亦遠離掛空而失其天命之意義，失其圓足之力量。而統治者之乃文乃武，乃聖乃神，亦只成得一虛名，而不復有眞實飽滿之意義。革命者起而打散之，則天之命便不復降於彼，而降於新興者，重與一新興之「才質無限體」相凝一，此所謂既革命亦受命也。此爲革命之本義。此義既通於氏族部落之取政權，亦通於個人方式之打天下。是以革命一義即示政權之取得惟在德與力之打，而政權亦即寄託在個人或氏族部落之德與力上。政權是在具體之個人或氏族部落。除此之外，別無所謂政權。政權既寄託在具體之個人或氏族部落上，則即不能有客觀合法之軌道以產生作爲元首之帝王。如其有客觀合法之軌道以產生

作爲元首之王，則政權即與具體之個人或氏族部落分開，而在具體之個人或氏族部落以外必別有其所在。（究在何處，暫不必論。此問題與主權有關，後當論之。）而作爲元首之帝王之出現亦不必靠著打矣。而天命、革命、受命等觀念，亦廢棄矣。且有一重要之函義，即：此時作爲元首之帝王只有治權，而並無政權，政權與治權離矣。政權與治權離，則相應政權有政道，相應治權有治道，而治道爲客觀化之治道。（此義見下，此處暫不論。）若政權與治權合，政權之取得惟是靠著打，惟寄託在具體之個人或氏族部落上，則相應政權無政道，相應治權有治道，而治道不能客觀化。（此義亦見下，此處暫不論。）在此情形下，若相應政權而問政道，則必曰：其開端並無道，只有打。若有道，則必只是如何蓄德儲力耳。而蓄德儲力目的在打以取政權。若政權與治權離，則政權不能打，亦不是可以打得來的。而治權亦不須打。（治權若須打，則政權與治權必未離。）政權是靜態之實有，非同一物，可以取得來，拿得去。而治權方是動態之變項，今天可以寄託在某甲身上，明天可以寄託在某乙身上。是故政權與治權不離，而寄託在個人或氏族部落上，則相應政權即無道。

二、論世襲制之爲政道

　　然而開端雖無道，而繼體則有道，即於寄託在具體個人或氏族部落之政權之繼續上則有道。此道即依宗法而世襲是也。惟此道，在政權治權不離之情形下，亦非眞實之政道，即不足以極成政權之爲「靜態實有」也。以下試申言之。

言及繼體之政道，夏雖傳子，其詳不可得而聞；至乎殷商，始有所稱述。此是一歷史發展問題，亦是一自覺之程度問題。漢儒述古，有商質周文之說。（大體屬公羊家言。）明商之所以爲質，則曰：「主親親，篤母弟。」明周之所以爲文，則曰：「主尊尊，篤世子。」此所述者顯然是一王位世襲問題。其言質文，當然是籠罩全時代文化精神而言。然其所舉例證，則以王位世襲之方式爲主。吾人即由此而觀歷史之發展，亦觀繼體政道之完成。而謂主親親，篤母弟，是說以親親之仁愛爲原則，兄終弟及。是則王位世襲尙不離骨肉之情、舐犢之私，尙未自覺到依一客觀之法度軌道之繼體。然維持政權繼續之問題根本是法度問題，不是親情問題，其精神是尊尊之義之精神，不是親親之仁之精神。至乎周文之主尊尊，篤世子，則已進到此境界，即依一客觀法度以繼體之境界。此則在精神表現上，自覺之程度上，爲一大進步。就此而言，商質周文，非是對等的兩類型，乃是一理性自覺之發展。蓋尊尊之義道是一種客觀精神，能超越形限之私、具體之情，而至於客觀精神，以建立客觀法度，當然是一大進步。然此客觀精神所表現之客觀法度，必待周公制禮，宗法之釐定，而成立。殷周之際，周公制禮，是華族文化一大發展。故前賢有云：「人統之正，託始文王。」商之主親親篤母弟，亦未必是意識上自覺之原則，亦不必一定是傳弟，有時亦許有傳子。然無論傳子傳弟，恐皆不是法度上之自覺者。親親之殺、尊尊之等之釐定，以及其觀念之浮現於意識上，亦是自周而始然。漢儒以親親一觀念說商之所以爲質，亦是後人之解析，當時未必意識到也。同姓不婚，以及宗法制中大宗小宗之確立，皆自周公制禮而始然。而親親尊尊之制與觀念亦必待此等禮之確立而確立。始於

周不始於商，則就王位世襲一問題言，可見商之質尚未進至客觀精
神之表現，依一客觀法度以繼體也。孔子言：「郁郁乎文哉，吾從
周。」文即典章制度燦然明備之意。可見制度觀念之清楚、客觀精
神之表現，至周始大彰顯。依宗法制而繼體，此法度軌道不但適用
於封建貴族政治，亦通用於君主專制政治。雖事實上有出入，然必
以此爲原則也。雖有時以親親補尊尊，然必以尊尊爲領導原則也。
（此如無嫡時，則依親親立長立賢。立長立賢有親親原則以冒之。
即以親親補尊尊也。）

　　政權寄託在具體個人或氏族部落上，依宗法世襲制維持政權於
久遠，遂使政權成爲一「靜態的實有」（statical being），此即一
「定常之有」（constant being）。具體個人雖可變滅，而有客觀
法度以延續之，則政權即成爲不可變滅者。一個民族，一個社會，
在其組織上說，一個「定常之有」是不可少的。政權即充當此任
務。政權本當爲「不可變滅者」，其本身確是一靜態之實有。然旣
寄託在具體個人或一家之血統上，與可變滅者凝合爲一，則雖有法
度以延續之，實不能完成其爲一不可變滅者。一家血統或其生物生
命之不能延續或天然淘汰，此方面且不必說。在此問題上，其相干
之理由，是在：開始時之取政權是由於打（革命、受命），以及繼
體之君，由於政權與治權合一，不能常有德有能而合乎君之理。此
兩點皆足以使定常者成爲不定常者，使不可變滅者成爲可變者。政
權本非一物，不可以取。旣可以取（不必問打不打），則即使定常
者，成爲可變之具體物。政權之爲定常是由於其爲「靜態之實
有」，此是一「形式的抽象的有」，不是一動態的具體物。今旣可
以打，可以取，則即使靜態者成爲動態者。此爲「取」一觀念所必

函。旣可以取得來，當然可以拿得去。此亦爲「取」一觀念所必
函。當人之意識不能覺識到政權之本性，不能認識其爲一形式的抽
象的有，思想家不能進到此思想上之了解，則革命受命之說亦是必
然者。而所以被革命，政權被拿得去，則由於政權治權不分，繼體
之君不能常有德有能而合乎君之理。人之生命隨時可以墮落，人之
心靈隨時可以昏迷。及其墮落昏迷而不能自持，則以君爲中心之大
機構即不能推動得好。如此，不但不能造福人民，實現價值，而且
成爲莫大之障礙。如是，人類本其價值之觀念、是非善惡之觀念，
起而打散它，亦是理之不容已。復次，即不一般地說墮落與昏迷，
而君亦有其一定之理，是即有其一定之格。並非任何格任何理皆可
爲君。李後主、宋徽宗，皆有其藝術上之天才，合乎藝術家文學家
之格與理，而不合乎爲君之格與理。以彼不合君之格與理者爲君，
亦不能推動得好。而合不合，則原無先天之保證，以人之生命如此
複雜，此並無一原則以限之而使之必合君之格與理。如是，因其不
合，而政權被拿去，亦是理之至順者。是以政權寄託在具體之個人
或一家之血統上，雖有法度以延續之，而並不能完成其爲不可變滅
者。是即示：宗法世襲制之爲政權之道，並不能眞成爲政權之道
也。蓋彼不能相應政權之本性而完成之也。

　　然政權雖寄託在具體個人上，在以前總意想其爲定常者。不惟
握有政權者期望其子孫萬世一系，即社會上思想家論事理者，亦認
其當爲一定常者。蓋社會上總須有一定常者。《公羊春秋》于齊襄
公復九世之讎，甚稱讚之，以爲雖百世亦可也。其理由是：諸侯
世，大夫不世。大夫以及士庶人復讎不過五世，以五服爲斷，取親
親之義。諸侯世，國君與國爲一體，雖百世亦可，取尊尊之義。此

即示國體不斷，政權不斷。政權寄於世襲之國君，則政權所在國體
所在也。國君所在亦即國體所在也。故不能賊害人之國君。賊害人
之國君之讎，雖百世亦可復也。讎既雖永永亦可復，即示政權永不
應斷也。《公羊春秋》不過藉復讎以明此義。復讎不過是一形態，
好像可有爭辯。（《左氏春秋》不明此義，故士復讎不過五世。）
然政權不斷，國體不斷，則是一公認之原則。孔子主「興滅國，繼
絕世」，亦是此義也。興滅繼絕是大仁大義，則國之不應滅，世之
不應絕，當然亦是大仁大義。此義不但在春秋時之封建貴族政治是
如此，即在後來之君主專制政治亦然。即通於無盡之未來，亦然。
不過在以往，無論封建貴族政治，或君主專制政治，皆是國君與國
為一體。國君之生命全客觀化而為一國之生命之象徵。國君象徵
國，社稷亦象徵國。社為土神，稷為穀神。有土有民有主權（政權
所在），即為一個國。此三要素在以前實已函有之。然政權、治
權、國君三者既合為一體，則到不能繼續時，國君亦當殉國。故臣
死君，君死社稷，正也。國君不能受辱也。此之謂得亡國之正。政
權既寄託在國君上，不能成其為不可變滅者，則當亡國之時，國君
不能偷生苟存以取辱，則國雖亡，尚留人道正氣於人間也。故以死
社稷為正也。此由國體必繼，而到必不能繼續時，則以死衝破此矛
盾以超轉義理精神之境界。

政權在理上講不斷，而事實上又不能不斷，既寄託在個人上，
可以取得來，當然亦可被拿得去，而又意想其為不斷，不應被拿得
去，此皆是一矛盾。政權一概念之本身即陷於矛盾中，而無法完成
其恆常之本性，以歸於其自身之一致。而前賢對於此矛盾，始終未
能正面思以解之，而對於由政權一概念之陷於矛盾中所成立之政治

困境、歷史困境,甚至文化困境,亦始終無法衝得破。此處不能不
說是以往儒者思想上之缺憾。此問題之形成與解決當然有其歷史之
條件,不純是思想問題。然思想上若能順每一概念之本性,如革
命、受命、政權、定常等概念之本性,一一考核其所函蘊之歸結,
而思辨出應然之理路,則至少先在觀念上可開出一模型。然此種概
念之思辨,以往儒者卻甚欠缺。荀子甚有概念思辨之能力,然亦未
能就此而開出義理之應然。後人亦無能繼之者。《公羊春秋》亦甚
有審辨力,然未能就其所開出之端緒,辨解而通之。何休而後,再
無第二何休。清末公羊學派多無義理之訓練,其學與識俱不足以任
此。明末諸大儒抱亡國之痛,反省外王之道,重經世致用之學,有
時亦接觸此問題,然一觸及而不能把握此問題之肯要與癥結,故亦
不能審思而明辨之。如王船山已甚能觸及此問題,然其言論每至此
而窮,並不能從義理上開出應然之理路。(關此吾曾詳言之於《歷
史哲學》中。下文再稍明之。)吾於此常感中國學人之思考方式常
是直覺而具體的,常是不能轉彎的,不能經由概念之思辨以撐開。
自孔孟以及理學家已開出義理之矩矱。本此矩矱以論世(即論外王
之道),亦常為此矩矱所限(即於外王處總轉不過彎來)。然義理
並不限制義理;若真能有內在興趣之概念思辨力,則義理即可以開
出義理來。吾故得言直覺而具體之思考方式有不足也。此中之義
蘊,吾將詳言於後。茲先略述前聖往賢對於政權之道之想法。

三、論〈禮運〉篇所記孔子大同小康之說

孔子對此,表面觀之,似無表示。然由其盛稱堯舜之禪讓以及

其盛德，亦可見出孔子對於政治有其極高之理想，而此理想託始於三代以前之上古，亦可說即託始於堯舜。《禮記·禮運》篇記孔子之言曰：「大道之行也，與三代之英，丘未之逮也，而有志焉。大道之行也，天下爲公，選賢與能，講信修睦，故人不獨親其親，不獨子其子，使老有所終，壯有所用，幼有所長。矜（即鰥）寡孤獨廢疾者，皆有所養。男有分，女有歸。貨惡其棄於地也，不必藏於己；力惡其不出於身也，不必爲己。是故謀閉而不興，盜竊亂賊而不作，故外戶而不閉。是謂大同。」此處大道之行與三代之英分成兩階段。下段即言三代之英。大道之行爲「大同」，三代之英爲「小康」。大同之境界即託始於堯舜，以爲治平之道之最高理想。而此理想卻並未實現於已有之歷史中。「天下爲公，選賢與能」（與即舉字），可從政權與治權兩方面說。若只限於治權方面說，而政權仍屬於一家之世襲，或寄託在具體之個人上，則還不能真算是「大道之行」。以今語言之，即還不能算是真正之民主。只有治權之民主，而無政權之民主，則治權之民主亦無客觀之保證，而不得其必然性。而真正之民主則寄託於政權之民主。若論治權之民主，治權方面之「天下爲公，選賢與能」，則三代以後以及秦漢以後，皆事實上已時有之，而原則上亦普遍肯定之。故吾謂中國有治權之民主也。（詳見吾《歷史哲學》）。此由《春秋》「譏世卿」一義（即天子諸侯世，卿大夫不得世），即可見出原則上普遍肯定治權民主也。秦漢以後，士人握治權，則治權民主之門尤開擴。故云事實上時有之，原則上亦普遍肯定之。然政權不民主，則時有而不必有，即無客觀之保證也。原則上雖普遍肯定之，而若無政權之民主以冒之，則此原則孤立無效，亦不能得其客觀之保證也。此義

胥見於宰相地位之不能得保證。是以中國以往雖有治權之民主，而仍爲君主專制也。窺孔子之言，以及其盛讚堯舜之禪讓與盛德，則其所謂「天下爲公，選賢與能」，似不當只限於治權方面，亦必擴及政權方面。惟當時未有此等概念，亦未能詳細分疏耳。然自義理而言，則禪讓而不家天下，固比家天下爲更合理，爲更近於大道之行也。然孔子亦只舉出禪讓之美，而未及如何實現之，後人亦未能繼之以思也。是以終於爲一普泛之理想耳。以上所言爲政治方面。至「貨惡其棄於地也，不必藏於己；力惡其不出於身也，不必爲己」兩聯，則顯然指經濟方面之均平言。以今語言之，即有類於社會主義也。然亦只是大略，而未能詳。然要之不是共產黨共產主義一類的社會主義，則甚顯然。何以言之，肯定民主政治也，肯定道德價值也，肯定德化的人生也。故其爲社會主義必爲質的社會主義，而決不是量的社會主義。（共產黨的共產主義爲量的社會主義，此決不可實踐。一實踐，便歸於毀滅。中國知識份子之傳統意識，不能自覺得很淸楚，卓然站得住，乃全爲共產黨之假理想所利用，所誤引，此可哀也。）大道之行，政治方面，政權、治權皆天下爲公，選賢與能；經濟方面，則求均平。然不能單限於政治與經濟而言之，而必有普遍的德化以實之，而且其言政治與經濟，亦是以普遍的德化意識爲根據。（此處見識量與德量，須注意。）此即「講信修睦，故人不獨親其親，不獨子其子，使老有所終，壯有所用，幼有所長。矜寡孤獨廢疾者，皆有所養。男有分，女有歸」等語之意義也。

　　〈禮運〉復繼大同一段而言小康云：「今大道旣隱，天下爲家，各親其親，各子其子，貨力爲己，大人世及以爲禮。城郭溝池

以為固，禮義以為紀：以正君臣，以篤父子，以睦兄弟，以和夫婦，以設制度，以立田里，以賢勇知，以功為己。故謀用是作而兵由此起。禹、湯、文、武、成王、周公，由此其選也。此六君子者，未有不謹於禮者也。以著其義，以考其信，著有過，刑仁講讓，示民有常。如有不由此者，在勢者去，衆以為殃。是謂小康。」案：天下為家，即家天下之意，或天下之人各私其家也。此兩義，恐皆有之。順「各親其親，各子其子」言，即各私其家之意。順下文「大人世及以為禮」言，即家天下之意。大人即指天子諸侯言。世及即子孫世襲相繼也。傳子曰世，傳弟曰及。就此而言，則是說政權在私。復有「城郭溝池以為固」，則是國防也。在此兩義之總綱領下，一方「謀用是作而兵由此起」，一方亦須「謹於禮」，此即「禮義以為紀」也。禹、湯、文、武、成王、周公，皆謹於禮。「如有不由此者，在勢者去」，桀、紂是也。順此而言，則夏、商、周三代，只能為小康之局。

實則此只是人文歷史開始具定形之發展。在此發展中，有禮以運之。故下文亟言「禮之急」，言禮之最高意義及作用。此不但是言禮本身之進化，而實是由禮之運以觀歷史之發展也。禮代表人之精神、理想以及人類之價值觀念。如是，禮之運即是歷史之精神表現觀也。即以精神表現、價值實現，解析歷史也。「大同」實可說是在禮運之歷史發展中要逐步實現之理想。今置於歷史之開端，故於言三代小康之局時，措辭稍有不妥，或令人有可誤會之處，此即「謹於禮」一句之所表示者。在小康之局時，須謹於禮，則一方禮似乎只是消極之意義，一方似乎在大同時即可不須謹於禮。此即措辭不妥，而可誤引也。禮無時可缺，無時不須謹。即大同時亦然，

且其實現與表現將更多。是以此段縱措辭不妥，而有誤引，然吾人不可順之而有誤解也。禮是整個歷史發展中之常數，並非在「大人世及以爲禮，城郭溝池以爲固」之時，始特別顯出禮之急與用也。縱在天下爲公，選賢與能，政權、治權皆民主之時，禮亦須急，亦須謹。縱天下爲公矣，而不謹於禮，則大同隨時可喪失。

此義旣明，則吾人可說：自夏禹傳子起，政權即寄託在具體個人上，而此實是人文歷史開始具定形之發展，自此史實可徵，前此則渺茫難言，故託於堯、舜之大同只是一普泛空懸之理想，常脫離人之意識，置之而不問，而其中之概念義理亦不復能起鑑照之作用，故後人言及政權之世及與更替，亦不復能扣緊大同中之概念義理以言之，復不能就政權之世及與更替以審辨此中諸概念之何所是以及其所函蘊之一切。此中國前賢對於政權之反省，對於政道之建立，始終不足之故也。此未可專以歷史條件之備不備而辨，而思想義理之不轉彎，撑不開，亦正是其主要原因根本癥結之所在。故自〈禮運〉記述孔子大同小康之義後，（〈禮運〉可晚出，而其義必有傳授），孟、荀俱大儒，而對於政權政道之反省終不及。

四、孟荀及此後諸儒之觀念

孟、荀俱以湯武革命爲合法，俱以桀紂爲獨夫。革命之根據在天命、受命。天命、受命之根據在積德。積德而民歸之，天應之，是即天命之也。德衰而失民，則天廢之矣。《孟子‧萬章》篇「萬章曰：堯以天下與舜，有諸？孟子曰：否。天子不能以天下與人。〔言天下非同一私有物，可以隨意取與也。〕然則舜有天下也，孰

與之？曰：天與之。天與之者，諄諄然命之乎？曰：否。天不言，
以行與事示之而已矣。曰：以行與事示之者如之何？曰：天子能薦
人於天，不能使天與之天下。〔……〕昔者堯薦舜於天，而天受
之，暴之於民，而民受之。故曰：天不言，以行與事示之而已矣。
〔……〕〈泰誓〉曰：天視自我民視，天聽自我民聽。此之謂
也。」「天與之，人與之」，非堯與之也。下文又云：「萬章問
曰：人有言，至於禹而德衰，不傳於賢而傳於子。有諸？孟子曰：
否，不然也。天與賢則與賢，天與子則與子。〔……〕匹夫而有天
下者，德必若舜禹，而又有天子薦之者，故仲尼不有天下。〔因無
薦之者。〕繼世以有天下，天之所廢，必若桀紂者也。故益、伊
尹、周公不有天下。〔因啓、太甲、成王，皆不甚差也〕。
〔……〕孔子曰：唐虞禪，夏后、殷、周繼，其義一也。〔朱注
云：或禪或繼，皆天命也。聖人豈有私意於其間哉？〕」孟子此觀
念，可謂以前儒者共同之想法。（道家、法家對此無表示，其用心
大體限於治道。下章論之。儒者對於政權、政道之反省，雖有所不
足，然尚能接觸及，因其有理想故也。）此中當然有道理，無人得
而否認之。德行不足，當然說不上有天下。此是一直接推理之必
然。然，雖有道理，而道理不只此，亦不止於此。政權之取得與更
替，當然是一大問題。其於人民之幸福、精神之表現、價值之實
現、文化之發展，有大影響。然只是積德與天命，則足以泯此問題
而不見，使其不足以成爲一問題。現實上之來來去去無所謂，而只
有德與天命一超越之標準爲不斷，此即足矣，然亦泯此問題而不見
矣。（此亦是直接的具體的思想形態之表示。）事實上，此問題並
不像「天與之，人與之」，「天廢之，人去之」，那樣簡單。戰爭

與和平繫於此，權力大欲繫於此，生民之禍福與政事之推動亦繫於此。如何能一任「天與人歸」之自然，而不思有以解決之？在孟子時，尚不甚顯此問題。然而既已論之，則已顯矣。秦漢而後則大顯。然而儒者未能正視此問題而思以解之也，亦未能就此而構成一問題，並如其為一問題，而措思之也。西漢二百年，尚屢接觸此問題。然無論禪讓說，或五德終始說，皆未能超出「積德與天命」一觀念之範圍。而思入風雲之結果，則王莽之篡也。光武以後，無人論及，君主專制政體遂延續二千年而不變。明亡為滿清，是華族一大變。當時諸儒，抱亡國之痛，對於歷史文化、學術風氣，未嘗無反省。黃宗羲有〈原君〉、〈原臣〉、〈原法〉之作，王船山有讀史之書，呂留良盛辨夷夏，顧亭林有亡國亡天下之義。然大皆民族意識與文化意識，而對於君之限制與政權之更替仍不出傳統觀念之範圍，未能痛定思痛，凝聚心志，重思外王之道也。彼等皆不滿王學空疏之流弊，而重經世致用之學，是即重外王也。然重經世致用之外王，當遭逢大變之時，又不能不推致到政體治體、政道治道之思維。而諸儒於此，則又甚不足。顧亭林《日知錄》云：「為民而立之君，故班爵之意，天子與公侯伯男一也，而非絕世之貴。代耕而賦之祿，故班祿之意，君卿大夫士與庶人在官一也，而非無事之食。是故知天子一位之意，則不敢肆於民上以自尊；知祿以代耕之意，則不敢厚取於民以自奉。不明乎此，而侮奪人之君，常多於三代以下矣。」此言甚善，已想到君之限制問題矣。黃宗羲《明夷待訪錄》論置相亦言此義。然只知「天子一位」與「祿以代耕」，而不知就此思及客觀有效之法度，則不敢者仍常敢也。「天子」一位，本於孟子，亦通於《公羊》「天子爵稱」之義。若於此而能思

及限制君之客觀有效法度問題，則不能不接觸到政權與政道之問
題。此則經世外王之大者，尚不值得從頭一想乎？然而諸儒於此，
其思想又不轉彎矣，亦甚撐不開。〈禮運〉大同小康之說具在也。
《公羊春秋》「天子爵稱」之說，「國君與國一體」之說，孟、荀
「湯武不弒君」之說，亦具在也。西漢諸儒之禪讓說、五德始終
說，亦具在也。凡此諸觀念線索，豈無足以發之者乎？然而竟不能
發。

王船山《讀通鑑論》卷十九有云：

> 隋之得天下也逆，而楊廣之逆彌甚。李氏雖爲之臣，然其先
> 世與楊氏並肩於宇文之廷，迫於勢而臣隋，非其所樂推之主
> 也，則遞相爲王，懲其不道而代興，亦奚不可？且唐公幸全
> 於猜忌，而出守太原以避禍，未嘗身執朝權，狐媚以欺孤
> 寡，如司馬之於魏、蕭氏之宋也。奉詞伐罪，誅獨夫以正大
> 位，孰得而議其不臣？然其始起，猶託備突厥以募兵，誣王
> 威、高君雅以反而殺之，不能揭日月而行弔伐，何也？自曹
> 氏篡漢以來，天下不知篡之爲非，而以有所授受爲得。上習
> 爲之，下習聞之。若非託伊、霍之權，不足以興兵；非竊
> 舜、禹之名，不足以據位。故以唐高父子伐暴君、平寇亂之
> 本懷，而不能捨此以拔起。嗚乎，機發於人，而風成於世，
> 氣之動志，一動不可止也如此夫。自成湯以征誅有天下，而
> 垂其緒於漢之滅秦，自曹丕僞受禪以篡天下，而垂及於宋之
> 奪周。成湯秉大正，而懼後世之口實，以其動之相仍不已
> 也，而漢果起匹夫而爲天子。若夫曹丕之篡，則王莽先之

矣。莽速敗，而機動不止者，六百餘年。天下之勢，一離一
合，則三國之割裂始之，亦垂及於五代之瓜分而後止。金、
元之入口〔缺字〕也，沙陀及掩臭難先之也，不一再傳之割
據耳，乃亘五百餘年而不息，愈趨愈下，又惡知其所終哉？
夫乘唐高之勢，秉唐高之義，以行伐暴救民之事，唐高父子
固有其心矣，而終莫能更絃改轍也，數未極也。非聖人之
興，則俟之天運之復。王莽、沙陀之區區者，乃以移數百年
之氣運，而流不可止。自非聖人崛起，以至仁大義立千年之
人極，何足以制其狂流哉？

案：此段話非常有意義。從頭說起，湯、武革命是一形態，王莽、
曹丕之篡是一形態，三國五代之割裂又是一形態，至於沙陀金元之
夷狄，則是連帶而及，然終是華族之不幸也。此皆環繞政權一問題
而生者，船山言此，旨在明機動氣運之一動而不可止，而希望聖人
以至仁大義立千年之人極以制其狂流。夫既曰狂流，則每一機動非
政權、政道中之佳事，從可知矣。湯武革命，雖秉大正，而動亂相
仍，政權之為定常即不能保持，以至仁大義立千年之人極以開太
平，亦不能至。篡奪尤不道德。而若政權隸屬於具體之個人，可以
取得來，拿得去，則天與人歸不常有，而篡奪偽受禪卻是常事。忠
孝為最高之道德，弒君為大惡，而篡奪之惡尤大。然而政權之可以
取可以拿，即函此等罪惡之不能免。儒家之忠是道德上之盡其在
我，此義不函政權之不可變，亦不能維持其為不可變。弒君雖為大
惡，然「不應弒君之道德感」亦不函政權之不可變，亦不能維持其
為不可變。故湯武弔民伐罪，不可謂弒君。然政權既可變，則革命

不可免，篡弒亦不可免。而在此關鍵上，革命與篡弒相去亦微耳。
故有總謂之以「逆取順守」也。若政權隸屬於具體之個人，不能保
持其客觀而定常之本性，則割裂紛爭以禍斯民，亦不可免。自己無
開太平之道，則夷狄之侵擾亦不可免。革命也，篡竊也，割據也，
夷狄也，皆由於政權之不能常，政道之不能立，而來之具體生命之
具體機動也。此等機動，直是首出庶物，橫決漫流。故船山嘆云：
「機發於人，而風成於世，氣之動志，一動而不可止也，如此。」
此等機動，儒家之道德敎化禮樂綱維網，並不足以消弭之。而外乎
道德敎化禮樂綱維網，亦未想出一套辦法以消融而轉移之。此顯然
是政權、政道問題，而非道德禮樂所能解決者。道德禮樂只能施之
於機動成套以後之事而見穩順之效。此種效用是被動的、隸屬的、
委蛇的，而不是主動的、骨幹的、根源的。而於主動根源之機發
處，則毫無效用也。此所謂「馬上得天下，不能馬上治之。」治
之，用道德禮樂，則可見道德禮樂之效爲被動的、隸屬的、委蛇
的；而馬上得之，則可見於機發處，道德禮樂並無效也，而亦無其
他辦法以消融而轉移之。此等機發處決不是道德禮樂所能消弭而禁
止的，然必有其道足以消融而轉移之。道德禮樂既不能見效於機發
處，故亦只是在機發後半途中「順之」耳。然於此機發處亦必須逆
回來而設一道以消融而轉移之。（道德的、形而上的天道，不可說
「設」，然此處之道是可以說「設」的。）但此逆回來以設一道，
卻正是以前儒者所無辦法的。其思想頭腦，在此總不轉彎，只是一
直地抱道德禮樂而說話。故在此等處以及與此有關的諸處，總不著
邊也。此以前言外王之最大不足處，亦是其最大癥結處。夫道德禮
樂本應爲主動，爲骨幹，爲根源，然如恢復其本性，則必賴於此等

機發處有一道以消融而轉移之。在中國以前，從社會文化上總持言
之，儒家的道德禮樂自是一主動與骨幹。然須知其為主動與骨幹是
潛伏的、平面的、散漫的，而機發之凸出則沖決而橫溢，並非其所
能籠絡者。現在欲恢復其為主動為骨幹，則必須使其由潛伏的變為
首出的，使其由平面的，提挈起而為立體的；使其由散漫的，凝聚
而為骨格的。而此必賴有一道以消融而轉移此等機發之狂流。此眞
「以至仁大義立千年之人極」，開萬世之太平也。船山此言，其識
量與心願，可謂深遠宏大。謂其於此無感觸，無嚮往，不可得也。
然彼不知如何實現之，亦未能開出義理之規模以指示之。此是政權
與政道問題。彼未能就此而開出義理規模也。（前賢於內聖之學已
開出義理規模，而惟於外王之道，則無辦法。此可慨也。）

　　儒者心思至此而窮。以船山之睿智，猶只能言「非聖人之興，
即俟之天運之復」。如是，儒者、學人，及一般知識份子，便對此
機動之發一任其在道德倫常禮樂教化之底子上橫決漫流，來來去
去，而毫無收束之道。如是，逐順其橫決漫流，來來去去之氣機之
發而散之，轉而為輕鬆的藝術之觀照與嚴肅的道德人文之悲情。
《三國演義》開首一詞曰：「滾滾長江東逝水，浪花淘盡英雄。是
非成敗轉頭空，青山依舊在，幾度夕陽紅。白髮漁樵江渚上，慣看
秋月春風。一壺濁酒喜相逢，古今多少事，都付笑談中。」此詞即
足以代表「輕鬆的藝術之觀照」一類型，而背後亦實有一蒼涼之
感。此心靈大體是由道家佛家而轉出。而熊開元之萬古愁曲，由混
沌初開，歷唐虞、夏商周、秦漢、唐宋，直述至明亡而止。感慨萬
端，蒼涼悲壯；一往情深，而不勝其哀怨。此則代表「嚴肅的道德
人文之悲情」一類型。此類心靈是以儒家為背景。由此亦可看出，

中國文化心靈是具備道德精神與藝術精神，而於解決問題之科學精神（即邏輯數學科學方面之知解精神）與政治精神（即國家政治法律方面之客觀精神），則不甚具備也。吾在《歷史哲學》中，曾就中國文化開始之觀念形態所決定出之「綜和的盡理之精神」與「綜和的盡氣之精神」以說明此道德精神與藝術精神，而其主要目的即在說明何以不出現科學與民主政治也。今由政權政道一問題，而見前賢於思想上對此無辦法，亦正足以明其心靈形態是只停在道德精神上，而由此無辦法所顯之「輕鬆的藝術之觀照」與「嚴肅的道德人文之悲情」，亦適足以表示中國文化心靈所發展至之形態也。今就船山所言「以至仁大義立千年之人極」，以制其狂流，則必須本儒家以道德禮樂為主動，為骨幹之始願，就政權與政道一問題，而推進一步。此問題即是「立千年之人極」足以制狂流之問題也。茲開義理規模如下：

五、「立千年人極」之義理規模

　　一、就以前「有天下」或「有國」之事實而有政權一觀念。政權者籠罩一民族集團而總主全集團內公共事務之綱維力也。（集團範圍之大小隨時代而異，而政權所及必同其外延。）

　　二、依「天下者天下人之天下」一觀念，政權為一民族集團所共有，即政權為集團共同體之一屬性。但集團共同體是一類名。依此，政權之為屬性，當是類名之一屬性，不是個人之一屬性。依是，政權是對應全集團而起的一個綜攝的「形式的實有」、「靜態的實有」。既非一動態之具體物，亦非一個人之屬性。因其非具體

物,故不可以取,因其非個人之屬性,故不可以隸屬於個人。所謂
「天下者乃天下人之天下」,是說:天下為全集團人員所共有;其
共有也,是總持地有,共同地有,非個個人員個別地有,或分別地
有。依此,天下或國亦既非一動態之具體物,亦非一個人之屬性,
故既不可以取,亦不可以隸屬於個人。前人說:「天下者乃天下人
之天下」,其意卻轉成個別地有或分別地有,即不獨屬於一家一
姓,你可以有,我也可以有。不獨屬於一家一姓是也,用「天下人
之天下」一觀念來否定屬於一家一姓亦是也,但否定屬於某家某
姓,而自己卻取之據以為己有,則仍是屬於一家一姓也。是則「天
下人之天下」徒成為逐鹿中原之口實,轉而為個別地有或分別地
有,因而遂成為「天下人之天下」一觀念之否定。是故「天下人之
天下」只能解為共同地有,或總持地有,而不能成為個別地有,或
分別地有。天下既是共同地有之,或總持地有之,則政權當然也是
共同地有之,總持地有之。此即函:天下或政權不可打不可取。今
既打而取之,據為私有,則當然是一大歪曲。既已打而取之矣,歪
曲之事已成,因為現實歷史不能全合理,然學人、思想家不能認識
「天下人之天下」以及政權兩概念之本性及意義,且不能就之而開
出義理之規模,則當然是思想上一大缺憾。此種認識「形式的實
有」之思考路數,中國學人甚欠缺。

三、依政權是一「形式的實有」,必然函亦是一「定常的實
有」。其本性不變不動,恆常如如。一個民族很可以被淘汰,亦可
以被侵略而喪失其政權(所謂亡國),然只要此民族繼續生存而且
獨立,則政權即是定常不斷。政權既是一形式的實有,故就此本性
而言之,其本身自為定常不變,一如柏拉圖之理型之為定常不變,

此不必說。今言其不變不動，是關聯著現實的民族說。就此而言政權不斷，是內在於一民族而言：民族存，政權存；不是隸屬於個人而可以被拿去。政權既不可取，當然亦無所謂被拿。是以內在於此民族而言，政權即定常不斷。然外在於此民族，而自另一民族相對而言之，則事實上很可變動，此即所謂亡國。若於此而言理上不應變動，則一方繫於自己民族之奮鬥，一方繫於普遍的道德理想。此則屬於高一層之道德心願問題，而不屬於一民族之政權本身之義也。此高一層之道德心願即孔子所謂「興滅國，繼絕世」。亦即《公羊春秋》所謂：「滅國者，亡國之善辭也。滅者不應滅也。」即亡人之國實大惡。自己「魚爛而亡」（亦《公羊傳》云）亦是大惡。是以無論自亡或被亡，皆非道德心願所允許。自不應自亡言，即示一民族應常常提撕向上而不可墮落；自不應被亡言，亦示國與國上有一普遍的道德上的是非善惡之標準。此皆屬於高一層之主動的道德心願問題，不屬於一民族之政權本身問題也。

四、政道者，政治上相應政權之為形式的實有、定常的實有，而使其眞成為一集團所共同地有之或總持地有之之「道」也。如無此道，則在概念上，雖認識政權為一形式的實有、定常的實有，而仍不能於事實上恢復其本性，而常為個人所奪取，此即不能實現其為集團所共同地有之或總持地有之之義。是以實現政權之為政權，政道乃必須者。此道即政權與治權分開之民主政治也。依是，無論封建貴族政治，或君主專制政治，皆無政道可言。以其皆不能恢復政權之本性也，皆不能實現政權之為集團所共同地有之或總持地有之之義也。依是，惟民主政治中有政道可言。人類為民主政治奮鬥，即是欲實現政道而恢復政權之本性也。此當然是精神表現價值

實現上一大進步。

五、治權者，措施或處理公共事務之運用權也。假設政權與政道成立，則政權與治權必離。政權與治權分離，政權為集團所共同地有或總持地有，則行使或握有治權之政府首長必經由政權機關依法（即憲法，代表政道）而選舉之。如是，治權方能得其真實客觀化。以前，政權隸屬於具體之個人，可以取，則取得政權，即握有治權之源，治權隨政權走。雖說治權開放，選賢與能（因為握有政權者不能不需要人來辦事），然治權之源來自政權，治權隸屬於政權，則治權即不能得其真實之客觀化，因常受握有政權者之帶累故。因此，其開放亦無必然之保證，其選舉亦不能得其真實之客觀化。現在，政權既不隸屬於具體之個人，政權即不動不變，不可以取。如是政府首長即只握有治權，而無政權，全部政府必只是一治權機關，而行使治權之首長必經由選舉而產生。政權既不可以力取，則治權處當然亦不能以力得。如治權處還可以力得，則政權必不能維持其恆常不變性，而必又隸屬於個人矣。

六、治權處必經由選舉，因是而得其真實之客觀化，如是亦成就其為真正之「可變者」。此「可變者」不是因以力取而成為可變者，而是因選舉而成為可變者。如是，社會上有定常不變者以自持其體，有隨時可變者以新其用，而革命、篡竊、割裂之狂流，遂可得而止。此即以至仁大義立千年之人極，而孔子所想之大同亦必經由此一關而逐步實現焉。

七、行施治權必依一定制度而設各部門之機關，又必在其措施或公共事務上而設一定之制度。凡此制度皆隨治權走。此為隸屬、委蛇，或第二義之制度，而維持政權（維持其本性與實現其為集團

所共同地有或總持地有）與產生治權之制度（即憲法、政道），則
為骨幹、根源，或第一義之制度。講政治以第一義之制度為主，此
則屬於政道者。而第二義之制度則屬於治權或治道，因而亦屬於吏
治者，不屬於政治者。（第二義之制度，其大而要者，亦必通過政
權機關之允許，此則不待言。此即所謂經國會或立法院所通過之法
案也。）屬於治權或吏治之第二義制度，中國以前甚粲然明備。而
惟於第一義之制度，則無辦決，此即前文所歷述之對於政權、政道
之反省甚為不足也。蓋第二義之制度，因其是隸屬，是委蛇，因事
制宜，乃順之而生者，故易成，亦易於被把握。而第一義之制度，
則是骨幹、根源，乃逆之而成，故不易被把握。此亦非因事制宜之
法案，乃是通過或印證法案之最高原則，而其本身非是一法案。故
其為制度是原則性之制度，非是法案性之制度也。今名之曰憲法，
則憲法固不同於一般之法律也。法案性之制度，因其是因事制宜，
順之而生，故在原則上是可變者。〈易繫〉所謂「不可為典要」，
若用於此，即指此類制度之不可拘也。然並非一切皆「惟變所
適」，必有一不變之典要，常存以自持其體，此即第一義之制度
也。故第一義之制度乃原則上即為不變者，此即所謂「以至仁大義
立千年之人極」也。然前賢於此，在思想上（不必說行動）總無辦
法，即吾所謂「總轉不過彎」也，不能經由概念思考以撐開之。吾
適以指出：此是「逆之」而成者，非「順之」而生者。此步逆，在
中國學人之思路上很不行。於「內聖」處之「逆」，前賢很有辦
法，此則舉世無兩。而惟於此步「外王」處之逆，則甚不行。此與
中國學問中「智」之地位以及其表現之形態有關，吾將在後論之，
此處暫不涉及。茲規定「外王」之義如下：

　　八、外王者，根據內聖方面之道德禮樂之本，再撐開逆之以建立第一義之制度，下貫第二義之制度之「事功之道」也（非聖功之道）。前賢論「外王」，原則上是視爲內聖之直接延長，其落實之致曲表現，便只落在第二義之制度以及隨之而生的附帶諸義，如經世致用，反空疏，空談之樸學，實學，浙東之史學，顏李之六府三事，法家之綜核名實，墨家之尚功用、大儉約，而常不免流於經驗主義、功利主義、歷史主義、現象主義、過激主義，而轉爲與內聖爲對立。本講內聖外王，何以轉爲對立？在此種情形下，外王總無成（講實用者總無用，講事功者總無功），內聖亦有憾。吾常爲此痛苦，輾轉思之，不得其解。今知此中之關鍵惟在第一義制度之轉不出。徒視爲內聖之直接延長，或只落在第二義之制度上，則外王事功總不得成，而亦必轉爲與內聖爲對立。此亦爲中國歷史文化癥結之一。今欲消融此對立，解除此癥結，則必以第一義之制度爲完成外王事功，消融其與內聖對立之總關鍵。故今講外王以此義爲主，而前賢之論有不備焉。而此中復含有一事功之精神，而事功之精神繫屬於「分解的盡理之精神」（詳見吾《歷史哲學》）。逆之以建立第一義制度即是分解的盡理之精神與事功精神。講外王事功，必轉出分解的盡理之精神與事功精神，如是方能相應。而此必以第一義制度之建立爲關鍵與骨幹。如是，與內聖不對立，經驗主義、功利主義、歷史主義、現象主義，亦皆時有所用，而可無過，而過激主義亦如革命篡竊等歸於消滅矣。凡此等皆將逐步聲明於後。

　　九、治道者，在第二義之制度下措施處理共同事務之「運用之道」也。政道是一架子，即維持政權與產生治權之憲法軌道，故是

一「理性之體」,而治道則是一種運用,故是一「智慧之明」。有
政道之治道是治道之客觀形態,無政道之治道是治道之主觀形態,
即聖君賢相之形態。中國以前無政道,而於治道則言之甚透,且亦
正因無政道,而其治道爲聖君賢相之形態,故於治道已透至最高之
境界,在自覺講習中已達至無以復加之極端微妙境界,此是順治道
之主觀形態而同質地已發展至其極者。關此中國以前有三系統:一
是儒家的德化的治道,二是道家的道化的治道,三是法家的物化的
治道。前條言前賢論外王原則上是視爲內聖之直接延長,即由此三
套治道而見其恰當之意義與相應之意義。凡落於經驗主義、功利主
義、歷史主義、現象主義、過激主義,而轉爲與內聖爲對立者,皆
未能透至此三套治道之意義與境界。而被譏爲腐儒之內聖,所謂百
無一用是書生,所謂臨難一死報君王,於事功外王結果一無所有
者,亦是未能透至此三套治道意義與境界之內聖。然即已透至此三
套治道之意義與境界者,其恰當而相應之外王,自今日觀之,亦仍
有所憾,而此三套治道亦有時而窮。然此非該治道本身問題。因吾
已言之,該三套治道已至無以復加之地。乃是主觀形態之治道問
題。是以若再有所不足,而思有所轉進,則已不是順該治道本身想
所能濟事,而是如何由主觀形態轉至其客觀形態。吾名此爲「治道
之異質的反省」,即由政道夾制治道,使治道成爲客觀化。治道轉
爲客觀形態,則眞正之外王與事功始得其實現。

第二章　論中國的治道

一、引言

　　關於中國以往的治道，本文想討論三個系統：一是儒家的德化的治道，二是道家的道化的治道，三是法家的物化的治道。

　　我在〈政道與治道〉一文中，已指明政道是相應政權而言，治道是相應治權而言，故本文言治道，一方固保持其相應治權而言之意義，一方亦預設著它與政道的關聯。我在該文中又說到，中國以往只有治道而無政道，有政道之治道是治道之客觀形態，無政道之治道是治道之主觀形態，即聖君賢相之形態。本文言治道是預設著這些基本觀念為背景的。故讀本文者不妨兼取該文讀之，如是方可了然本文所論者之切實意義。

　　中國以往那三套治道的思想都是出現並在義理規模上完成於春秋戰國時期。其出現的歷史文化背景是對周文的罷弊而發，其現實上的發展完成（即落于實際上的運用），是相應戰國時的軍國主義以及秦漢一統後的君主專制之政治形態而發展完成。

　　治道就字面講，就是治理天下之道，或處理人間共同事務之

道。其本質就是「自上而下」的。無政道的治道,尤其順治道的本質而一往上遂,故言治道惟是自「在上者」言。端本澄源,理固應如是。治道之本義只是一句話:「君子之德,風;小人之德,草。」它表示一種「智慧之明」。是以在上者涵蓋愈廣,則治道亦隨之而愈廣大精微。故中國以往對於治道之講論,已達極端微妙之境界。無論德化、道化,或物化,雖有偏有全,有正有邪,然皆有極深遠之意義,非淺薄者所能測,以下試分別言之。

二、儒家的德化的治道

儒家言治道,所以主德化,是由於孔子繼承夏商周三代所累積而成之禮樂而然。禮樂,簡名曰周文。禮樂本于人之性情,其于人與人間方面之根據,則在親親之殺,尊尊之等。親親尊尊,亦本于性情。由親親尊尊之釐定,則人與人間不徒是泛然地個體之間的一段關係,而且進而舉出其特殊的內容,此即是倫常。由倫常、性情,進而點出道德的心性,曰仁與義,至孟子則曰仁義禮智,而由惻隱、羞惡、辭讓、是非之心以言之,則「道德的心性」尤顯,而「德」之一觀念遂完成。禮樂,若徒自外部看,猶只是外在的虛文,然若通過倫常、性情,而至道德的心性之「德」,則不是虛文,而是實文,即一是皆「真實心」之流露。禮樂,若從其為文制方面看,則可隨時斟酌損益,此可與民變革者。儒家之所以為儒家,不在死守這些文具。然由之所見之倫常、性情,乃至道德的心性(此亦即禮樂之所本),則不可與民變革,此是千古之常道,定然之大經。儒家之所以為儒家,即在點出這一點,亦即在完成這一

個「德」。當時周文罷弊，儒家之以質救文，即在德性的覺醒。從德性的覺醒恢復人的真實心，人的真性情、真生命，藉以恢復禮樂，損益禮樂，創制禮樂。（這只是納人的生活于禮中，總是維持著禮，而不是死守著某一套特殊的禮。）

　　儒家的「德」是以親親、尊尊、倫常、性情、道德的心性（仁義禮智）來規定。它既不是道家的德，亦不是西方所講的抽象的義務。所以禮樂之教即是性情之教，德化即是性情人格之完成。（性情不是我們平常所說的脾性，乃是指道德的真實心言。）所以儒家于治道方面，我們概之三目以為體，此即親親、尊尊與尚賢。親親、尊尊是維繫人群的普遍底子，而尚賢則是一生動活躍之觸角。前兩者是倫常，後一者是人格。倫常是綱維網，而人格則是每一個體自己奮發向上完成其自身之德的事。《春秋》為親者諱，為尊者諱，為賢者諱，此三諱即表示以親親、尊尊與尚賢為宗主。所以尚賢完全是僅就「德」而言。由此三目為體，再轉就是「正德、利用、厚生」之三目。此三目較偏于用。而此用中，仍以「正德」為本。親親、尊尊與尚賢皆正德中事；正德、利用、厚生即是王道。利用、厚生是人民生活的幸福，而講幸福不能離開德，不能一往是功利主義、唯物主義。當然王道亦不能只是德，必函重視人民的幸福。所以內聖必函外王，外王就須正德以開幸福。從王道方面講，正德必函厚生。正因為德是指道德的真實心、仁義心言，故一夫不獲其所，不遂其生，便不是仁義心所能忍。從個人道德實踐的立場上說，律己要嚴；從政治王道的立場上說，對人要寬，要恕。正德求諸己，利用厚生歸諸人，而亦必教之以德性的覺醒，此正所以尊人尊生也。尊生不是尊其生物的生，而是尊其德性人格的生，尊其

有成爲德性人格的可能的生。若只注意其生物的生，則是犬馬視之，非所以尊人也。故厚生必以正德爲本。此是儒家言德治之大端。

故孔子曰：「爲政以德。譬如北辰，居其所，而衆星拱之。」《論語·爲政》篇此言「政」即指「治國安民之事」言。朱子註引程子曰：「爲政以德，然後無爲。」又引范氏曰：「爲政以德，則不動而化，不言而信，無爲而成。所守者至簡，而能御煩；所處者至靜，而能動；所務者至寡，而能服衆。」此言以德爲本，至簡至易也。此簡易無爲乃繫于德化講，與道家之無爲不同。非必一言「無爲」即道家也，儒家德化亦非無「無爲」之義。

孔子又曰：「道之以政，齊之以刑，民免而無恥。道之以德，齊之以禮，有恥且格。」（〈爲政〉）朱註：「政，謂法制禁令也。齊，所以一之也。免而無恥，謂苟免刑罰，而無所羞愧。」此即由政刑之末反顯德禮之本。德禮是從根上轉化，喚醒其德性之心，使其自己悱啓憤發，自能恥于爲非作惡而向善。故德治是歸于每一個人自身人格之站立及完成，以此爲宗極，則政刑只是助緣，乃原則上或目的上可以廢除者。

「子路曰：願聞子之志。子曰：老者安之，朋友信之，少者懷之。」（《論語·公冶長》）朱註引程子曰：「至於夫子，則如天地之化工，付與萬物，而己不勞焉。此聖人之所爲也。〔……〕先觀二子之言，後觀聖人之言，分明天地氣象。」此是德治之極致。此極致之境界，可用《易經·乾彖》「乾道變化，各正性命，保合太和，乃利貞」之語以盡之。儒家德化的治道，其最高最後之境界即是「各正性命」，故程子說孔子之志是「天地氣象」。在天地氣

象、各正性命的境界中,視每一個人爲一圓滿具足之個體人格,此即人間天國境界。其所以能有此境界,原是根于其德治之開始,即視人人自身皆爲一目的,由其德性的覺醒即可向上憤發,完成其自己。故其極致,即是各正性命。故此德化的治道,自始至終,即是落足于具體的個人人格上。(此甚顯然,人皆能識。而惟今日一部分無聊之知識分子動輒謂儒家敎化是布爾什維克氣質,有助于極權,妨礙自由。愚妄已極,不知從何說起。)

儒家德治,由孔子定其型範。後來儒者以及政治上的基本觀念一直遵守不渝。秦漢一統後,君主專制的政治形態(即政體)成立,此「德治」觀念復隨之用于其上而擴大,而其基本用心與最高境界仍不變。在大一統的君主專制之形態下,皇帝在權與位上是一個超越無限體。因爲治權與政權不分,合一于一身,而其政權之取得又是由打天下而來,而儒者于此亦始終未想出一個辦法使政權爲公有。是即相應政權無政道。即使讓政權寄託在一家世襲上,亦必須有一客觀有效之法律軌道以限制之,使政權與治權離。如是方能根絕打天下之路,而維持政權之定常永恆性于不墜。今則政權旣不能由一道以爲公有,即在一家世襲上,復不能有一道以使政權與治權離,是則打天下以取政權乃爲不可免者。如是皇帝在權與位上乃一超越無限體,完全不能依一客觀有效之法律軌道以客觀化與理性化者。在無政道以客觀化皇帝之情形下,儒者惟思自治道方面拿「德性」以客觀化之。但是此種客觀化是道德形態,不是政治法律的形態。儒者自覺地根據儒家的德治首先要德化皇帝與宰相。皇帝在權與位上是超越無限體,儒者即順其爲無限體而由德性以純化之,以實之。由德性以純化而實之,這在古人便說是「法天」。而

法天的結果，則是物物各得其所，乾道變化，各正性命。這便是孔子的天地氣象。這是慎獨上的大灑脫、大自在，全體放下的澈底推開。皇帝如此，方是盡君道。此為聖君，而相則期為賢相。聖、賢是德性上的名詞，不是權位上的物質力量。大而化之之謂聖。化就是要你推開一步，讓物物各得其所，各正性命。「德」不是空說的，也不是抽象的空掛的。它必須要落實。而它一落實，便落在個人人格上。所以德化，必須「慎獨」。這不是向外的抓緊把持，而是歸于自己作德性的覺醒。個人生命完全是仁義禮智之德，這便純粹是天理。如此方可說「法天」，方可說「天地氣象」。個人生命純粹是天理，這在亞里士多德，便名曰「純型式」、「純實現性」（pure form, pure actuality），而無一毫隱曲之私。這便是神，聖人就是如此。儒者想皇帝依其本質須法天，亦必須如此。這個德化的人格，到此境地，當然是個絕對，也是個無限。但此絕對是由慎獨而成的德的絕對，其無限也是說其德之圓滿自足而為無限。（純型式、純實現性即是圓滿自足，即是無限與絕對。）此種絕對與無限必函大灑脫、大自在、大推開，物各付物，而各得其所，各正性命。這完全是屬于「慎獨」的絕對與無限。近人一聽見「絕對」，便想到政治上的絕對主義、極權主義、集體主義。如是凡言絕對者，言德教者，言道德宗教者，皆在其所反對否定之列，皆視為布爾什維克氣質，與共產黨為同類。世界焉有此等愚蠢無知不識大體不明事理之妄想？若如彼說，孔子、耶穌、釋迦，都成了布黨。然則共產黨為什麼一定要打倒他們呢？凡道德宗教上的絕對都是由慎獨而成的德的絕對，不是由抓緊把持而成的「綜體」（totality）之絕對。無限是德的圓滿自足，而不是由綜體而成的一個「無限

類」。極權主義、集體主義，其為絕對都是綜體的絕對，故抹殺個性，摧殘人性，將個體都納于一機械系統中，而成為一個物質化的螺絲釘。此純是量的觀點，烏鴉一堆黑的觀點。近人只知道這個量的、綜體的絕對，遂橫衝直撞，舉凡道德宗敎上的絕對一起否定之，俱視為布爾什維克。世界焉有此理？量的綜體的絕對只是近代機械文明群眾觀念下的產物。據我所知，中外傳統文化中道德宗敎上的絕對無一是此義者。上帝是絕對，但上帝不是綜體；儒家的「仁」是絕對，但仁不是綜體；「佛」是絕對，但佛不是綜體；道家的「道」是絕對，但道个是綜體。歸依上帝的人，是要體上帝之德于其個人人格；成仁的人，是要體仁德于其個人人格；信佛的人，是要體佛德于其個人人格；修道的人，是要體道之德于其個人人格。這種絕對總是散開而體之于個人，故皆是屬于愼獨的事。父不能傳之子，兄不能傳之弟。何來極權獨裁耶？儒家講德化的治道，使皇帝由德性的覺醒而完成其為純德無限之人格以法天，正是要拆散他現實上權位之無限之抓緊把持與膠固，而使之讓開一步。故前文總云大洒脫、大自在、大推開也。故德化的治道其結果反是極權獨裁的否定。徵之于歷史，儒者無一擁護獨裁之暴君的。德化的治道，在使皇帝讓開一步中，必函物各付物，各正性命。大地之德無不函蓋，無不持載。這當然是無限而絕對。但天地之德並不把持獨裁任何物，而卻是讓任何物皆各逐其生，各得其所。德化的治道，其極就是法天，故「為政以德，則不動而化，不言而信，無為而成。」聖君賢相能如此，其德天地之德，使人民忘掉他的權位，他自己也忘掉他的權位。這就是莊子所說的「人相忘於道術，魚相忘於江湖」，儒家並不反對此義。忘掉他現實上權位之無限，而進

至法天以成德之無限，當然不把持獨裁任何物。焉有像今日獨裁國家，人民戰慄恐怖于黨人威權之下，而寢食不安耶？

這種治道之不足處，不是治道本身的問題，乃是政道方面的問題。假定相應政權有政道，民主政治成立，使政權與治權離，則此種治道當更易實現，且反而使自由民主更爲充實而美麗。以前相應政權無政道，故此種德化的治道實在是有時而窮，而其實現亦受阻。此實爲中國歷史文化之大癥結。關此本文可不深論。

三、道家的道化的治道

我現在再進而說道家道化的治道。

道家之言「道」，其歷史文化的背景亦是在周文之罷弊，而且開始亦含有憤世嫉俗的意味。周文成爲虛文，因而只是外在的形式主義。人束縛于形式的桎梏中而不能自適其性，乃是大痛苦。故道家于人生的幸福上，首先要從外在的形式中解脫。他們看文禮只是些外在的形式，足以束縛人者。他們不能像儒家一樣，看出文禮本于性情，有德性上的根據。而且文禮不離親親尊尊，自然有等差。他們卻看不出等差亦本于性情，有德性上的根據。因此遂視等差之禮只是人爲的虛妄分別。有分別即有對待，有對待即不能超然自足。如此，有計較，有追逐，而紛爭起焉，從此天下多事。所以他們于人生幸福上，亦要衝破這些人爲的對待，以息事寧人。道家所言的「道」即是由衝破外在的形式與人爲的對待這兩點而顯示。在這轉關上，道家具有浪漫的否定的精神。因此它成爲反人文、非人文，或超人文的。道就是一個渾圓的絕對，自足的自然，故曰「道

法自然」。人生從形式與對待中解脫而「自適其性」，這個性亦不是儒家所說的仁義禮智之德性之性，而只是自然之性，無自覺或超自覺的渾沌。依此，儒家可以成理想主義，而道家則只是自然主義。理想主義，則本德性以興發大用（即參贊化育），而自然主義則反人能，反有為，而歸于「無為」。根于私意計較、私智穿鑿的「為」，根于下等欲望的「為」，根于師心自用純然是習氣的「為」，根于家言邪說立一理以架空造作的「為」，這一切是當該反對的；但本于德性天理的「為」，是不可反對的。道家所看的「為」只是前面那些，而對于本德性天理之「為」，則不復能知。故道家的「無為」，從其遮撥方面說，儒家是贊同的；而正面本德性天理之「為」，則不可遮撥。故儒家亦可說「無為而無不為」，但此語之意義與說此語之根據，與道家不同。「無為」是遮撥私意私智之為，「無不為」是本德性天理以興發大用。故以德性天理為根據，始真可說「無為而無不為」。而道家之無為固然亦是遮撥私意私智之「為」，而「無不為」則卻只是「自然之變化」，只是休養生息而且一任生息所可能有之自然限度之自適自化。這其中並無價值理想的意味，亦無參贊的作用，因為人之性情中正面之德性未透露故。若只是「一任生息所可能有之自然限度之自適自化」，則「無不為」一方既不是理想主義的，即不是本德性天理以生化；一方亦不是無限的、永恆的，即無先驗根據以保證之，而只是自然的，而自然的「無不為」實不能是無限的、永恆的，而有消逝斷滅枯萎之可能。此道家之道之所以為消極，為不足處，而實不能真極成「無為而無不為」一主斷也。（其開始之反人文、非人文或超人文，而終于不能回來維護肯定人文，便是以前斥為異端處。）

　　但是道家之道，若用之于治道上，亦實可有它的作用與境界。它也是叫人君歸于自己之自適自化而讓開一步，讓物物各適其性，各化其化，各然其然，各可其可。這也是散開而落在各個體上，忘掉你權位的無限，進而成爲道化人格的圓滿自足之絕對與無限。而此圓滿自足之絕對與無限也是歸于「獨」，故能推開讓開，而讓物物各落在其自身上。故道化的治道之極致便是「各然其然，各可其可，一體平舖，歸于現成」，也就是莊子所說的「無物不然，無物不可」。這也是天地氣象，天國境界。但只取天地的「自然」一義。（故云：「天地不仁，以萬物爲芻狗；聖人不仁，以百姓爲芻狗。」因爲天地與聖人完全法道，而道法自然也。）這與儒家的「乾道變化，各正性命，保合太和，乃利貞」含義不同，不可以其相似而混之。惟無論儒家的德化，或道家的道化，其治道之最高境界都可說是天國境界，神治境界。這種神治天國境界，不是近人所謂烏托邦、理想國。近人所謂理想天國，都是根于家言邪說立一理以架空造作的意計穿鑿，如所謂共產天國便是，這是私意抓緊把持，非神治，故未有不燔亂天下者也。而德化道化之治道方可說神治天國境界，因爲它能推開讓開而落在各個體自身上。物各付物，歸于現成，神治宇宙萬物亦不過如此。故無論德化道化，皆須法天。吾人說它是神治天國境界的切實義即在此。

　　關于道化的治道之意義與境界，吾可引《莊子·田子方》篇一段文以實之：

　　　　文王觀於臧，見一丈人釣，而其釣莫釣。〔……〕文王欲舉
　　　而授之政，而恐大臣父兄之弗安也；欲終而釋之，而不忍百

姓之無天也。於是旦而屬之大夫曰：昔者寡人夢見良人，黑色而頏，乘駁馬而偏朱蹄，號曰：寓而政於。臧丈人，庶幾乎民有瘳乎？諸大夫蹴然曰：先君〔命〕王也〔當有命字〕。文王曰：然則卜之。諸大夫曰：先君之命，王其無它，又何卜焉？遂迎臧丈人而授之政。典法無更，偏令無出，三年，文王觀於國，則列士壞植散群〔案：不植黨營私〕，長官者不成德〔案：不居功不顯德〕，鈇斛不敢入於四竟。列士壞植散羣，則尚同也；長官者不成德，則同務也；鈇斛不敢入於四竟，則諸侯無二心也。文王於是焉以為大師，北面而問曰：政可以及天下乎？臧丈人昧然而不應，泛然而辭，朝令而夜遁，終身無聞。顏淵問於仲尼曰：文王其猶未耶？又何以夢為乎？仲尼曰：默！汝無言！夫文王盡之也，而又何論刺焉？彼直以循斯須也。

案：此段所寄臧丈人的為政，就是道化的治道。故玄默無為，而百姓寧，天下平。及文王問曰：「政可以及天下乎」，則昧然不應而夜遁矣。蓋其玄默無為實已政及于天下，還要另及什麼政？此不過藉文王以顯臧丈人之態度。實則文王之假託夢以舉臧丈人，其境界亦不可及。有意無意間，順「斯須」之幾以成事，故孔子贊之曰：「彼直以循斯須也。」王船山特就此而發揮之曰：「夫物豈有可循以治之哉？循吾之所謂當者，是故吾耳。非大常以應變者也。循物之當者，是求之于唐肆也，交臂而失之者也。故善循者，亦循其斯須而已。斯須者，物方生之機而吾以方生之念動之，足以成其事而已足矣。」循吾乃故吾，循物物已失。循斯須而應之，則無物無

我，無古無今。只此斯須，斯須相續。是之謂無爲而成其事。文王之假託夢是循斯須，而臧丈人三年爲政亦整個是循斯須。循吾是執有我；循物是執有法；循斯須，則我法執皆空，是之謂道化。

　　無論道化的治道或德化的治道，皆非西方傳統文化中所能有，西方政治史乃至政治思想史中並無此境界。因爲西方基督教的文化系統是支解破裂的，吾亦曾名基督教爲離教。他們所想的「神之城」是與人間不相干的。神與人對立遠隔而不相即。他們個人的宗教熱情是蜷伏于神前表現其對于神之向上追求與仰望，而不能體神之德于自己之心性中，即不能于人心見天德。（因爲他們看人是全幅有罪的，是即不能于自然生命外見德性生命也。）而他們于治道方面亦不能體神之德于個人人格中以神化自己而成爲神化之治道。他們在對于神的關係與受用之觀念上，是沒有走上道家與儒家的理路的。所以他們人間的有爲只是順自然生命氣質之衝動與外在的理智之較量而進行，並沒有經過道家式的批判與儒家式的反省。故他們不能進到「無爲而無不爲」的境界，不能進到「不動而化，不言而信，無爲而成」的境界。而在中國政治思想中，雖然在實際運用施行上有折扣，然而學人賢相在觀念上對於道化與德化俱意識的很清楚，在原則上無不肯定這種治道的。故總在講說中，是即表示其在生命與意識中實起指導作用也。惟近人始不解耳。

　　道化的治道在中國歷史上只是取其義而用之，因爲它本身不能自足獨立。這點，它與德化的治道不同。德化的治道植根於倫常性情，亦由倫常性情而轉出，故徹上下而爲一獨立自足之骨幹。樂禮倫常、親親尊尊，是維繫人群最起碼而最普遍的一個不可離的底子。儒家的全部教義即順此底子而滋長壯大，故可爲人間的一個骨

幹。而道家的道化卻只是一面的意義，而亦易爲儒家所吸收。此由
前文即可知之。在此骨幹中，德化的治道若有所不足，則再順此骨
幹而轉化而滋長。譬如在今日，我們看出，在政治上只是此德化的
治道實不夠，故須轉出「政道」來。此不是兼取道家法家以補之的
問題，而是政權與政道的問題。中國文化中根本缺此一環。道家法
家亦不備此義，而且他們根本不向此用心，儒家於此在以往尙有所
嚮往。請參看〈政道與治道〉一文。

　　道化的治道與德化的治道，自今日觀之，實不是普通所謂政治
的意義，而是超政治的敎化意義；若說是政治，亦是高級的政治。
因爲我前文已說它是神治天國境界。在道化與德化中，人民在以前
說爲「天民」，而不是國民，亦不是公民。國民、公民，與權利義
務同，都是政治意義中的槪念。我們認爲這一層是不可少的。這一
層中的諸槪念諸意義之轉出，統繫於「政道」之轉出。但我們也認
爲政治的意義與敎化的意義並不衝突對立，因此我們不能因爲要轉
出政治的意義，必抹殺或否定敎化一層的意義。我們認爲天民、國
民、公民，俱是價值觀念的表示，無一可少。惟共產黨以其唯物論
物化一切，始把天、國、公諸詞盡剝落掉，而只剩下寡頭之人民
（群衆，烏鴉一堆黑），因此人民亦不是人民，而實是「物民」。
因爲它們並不承認「人」。如是，我們進而看法家的物化的治道。

四、法家的物化的治道

　　春秋戰國是政治社會轉變期，故人們最易表現其心靈之態度與
觀念之傾向。當時除上述道家、儒家這些屬於軟心腸、理想主義人

物外，還有些比較屬於硬心腸、事功主義的人物，這便是所謂法家。這些人比較實際，能注視現實，都有事功應世之才，亦都有冷靜的「乾慧」（無仁德以潤之之慧名曰乾慧）、客觀的理智，故能「為政以法」。春秋末戰國初，尚是儒墨的天下，自此以後，便是法家的天下，亦可說是道法的天下。（惟此所謂道，不是獨立的道家自己，乃是被法家所吸收了的道。）法家順大勢所趨，能「為政以法」，這在治道上，本可容易看出它直接函有「政治的意義」。如果儒家道家所見比較更高一點，更根本一點，而至於超政治的境界，則法家卻直接函有政治意義，于政治上為較切。然則何以說它是「物化的治道」呢？在什麼關節上，它始發展轉化而成為「物化的治道」呢？以下試申明之。

在春秋戰國轉變期，禮不但退蛻而為虛文，亦且見其有不足。這轉變期的主要特徵就是貴族之沒落與井田制之崩解。在兩特徵下，君從貴族的牽連束縛中解放出來而取得一超然而客觀的地位，即，為一國之元首；民從井田采地中解放出來而有動轉之自由，亦且成為國家之分子，不復為封君貴族食地采邑下之私屬，此亦取得客觀之地位；士人不是家臣食客，升上來而握治權以代貴族，此亦是取得一客觀之地位，且較能表現政治的客觀意義。君、士、民俱得解放，實表示政治格局要向客觀化的趨勢走。在完成一個客觀化的政治格局之趨勢中，實開闢出一個領域，非禮文倫常、親親尊尊所能盡。這就是法的運用之領域。此點，儒家道家皆不甚能深切注視，故不甚能適應得上。

君、士、民既俱得解放，取得客觀之地位，則政治的運用亦必須客觀化。最能表示政治運用之客觀性的就是「法」，這是突現出

來的一個新領域。這當然不是西周三百年貴族政治下，升降進退，周旋揖讓，作為生活的儀節軌道的「禮」所能盡。這是要處理一種共同事務的。凡法都有概括性（普遍性）與客觀性。其施行時所當之「務」都是普及公共于全體的，即關涉著大家的。不能因一二人的特殊情形而破壞，而有例外。所以在法律前人人平等，這是很容易浮現出的一個觀念。這就反顯法之普遍性與客觀性。而於實施時，法之有效性，固須法之當務，但在運用的關節上，則必繫於信賞必罰。愼法者必賞，姦令者必罰，法始能推行無阻。出於子夏、曾西門下的李克、吳起、商鞅、都能認識此義。而且他們都能注視時代趨勢中所突現出的「法的運用之領域」而不爽失地把握之。李克相魏，吳起相楚，商鞅相秦，都是在把握這個趨勢而「為政以法」。在為政以法，表現政治運用之客觀性下，必貶抑貴族，抬高君權。隨之而來的，其所成功之事務，便是采地成為政治單位的縣，開阡陌封疆，廢除井田，盡地力之敎。再隨之而來的，便是網捕盜賊，戮力耕戰，富國強兵。這一切在在都須行之以法，而行法又必信賞必罰。這一套實在是表現另一個領域，非禮所能盡。而時代趨勢中亦實透顯出這個領域所當有的事務。使孔子而處此，亦不能外乎此一套。

在施行法時，當然是認事不認人，認法不認人。這非有冷靜的乾慧、客觀的理智不可。在信賞必罰時，毫不容情，毫無通融（不如此，法無效）。這當然顯得嚴峻刻薄，非心腸硬不可。其實政治運用的客觀性，法的領域，其本質就是如此，也無所謂刻不刻、硬不硬。不過作這種事的人，非有冷靜的理智、嚴峻的心腸不可。這猶之乎婆婆媽媽的人不能在病房裡施手術一樣。能有這種才質，而

又能把握法的領域之來臨，這當然要成事功。這就是戰國前時期的法家；李克、吳起、商鞅，其選也。

德化與道化的極致是物各付物的天地氣象，天國境界，其用心與下手處完全是歸於「慎獨」，起腳落腳都歸在個體上，所以這種治道已到超政治的境界。而法家則首先向客觀方面的共同事務之領域用心，而不向主觀方面的個體（個人人格）用心。共同事務之領域是抽象的、一般的，是有普遍性與客觀性的法所運行之地。他們的目的是在攜著法以成就這種共同性的事，所以結果是事功。成德的孝弟、尚賢、庠序之教，以及落在個人生活幸福的王道，他們不甚注意，主要用心亦不在此。他們的目的在成事功、共同事務之功。所以「爲政以法」的治道，確是直接符合政治的意義，因爲政治運行的範圍就是共同事務的領域，政治的本質就是客觀性的，依法而行的東西。所以「爲政以法」的治道是表現「客觀精神」，不表現「獨化」（郭象注《莊子》常用此詞）的天地精神，是已達到政治意義的境界，而不是超政治的境界。這點，就事論事，就其當務之宜而言，是無可譏議的。我已說就使孔子而處此，亦不外此一套。儒者亦可以作此。我剛才說孝弟、尚賢、庠序之教等，他們不甚注意，用心亦不在此。不在此用心，不表示在理論系統上或原則上，一定要反對。因爲這與法的領域是兩層兩面，而並不相衝突。司馬遷雖說商鞅天資刻薄人也，我亦說要作這種事，非心腸硬，理智冷不可，但這只是說的個人的氣質，並不函在原則上一定要反「德化」。大抵前期法家，如李克、吳起、商鞅之流，都是些精察的事功家。在法的領域內，對於法的本質以及用法的條件，他們都能當其分認識得很清楚，這也可說是他們的理論。但他們的理論是

只就法的領域、事功的範圍而說話，尚並未超出此範圍而成一透及於全部人生的完整系統，如後來通過慎到、申不害，以道家爲體，而發展的韓非之所想，以及秦政、李斯之所行。如果前期法家只是事功家，不越其畔，而若法家亦只依此而言，依此而成，依此而轉化發展，則亦無害，且甚有益。因爲這種法家只是成事功的政治家。此種法家與儒家並不衝突，亦不對立。因爲它本身不是一個獨立自足的系統，不能代表一個整個的文化系統，所以它也須承認其他。但是中國普通所謂法家常不只此義，也不是此義，而常是以後期的法家意想法家，以韓非之思想與秦政、李斯之行動爲代表。

　　由前期法家發展至後期法家，在治道上始成爲「物化的治道」。

　　其轉至此境地之關節有二：一、順抬高君權、君主專制的政體走，而言君術，神祕莫測之術；二、以道家之道爲體。商鞅言法，申不害言術，韓非俱以爲不足，必須法、術兼備。這也是一個發展。心腸硬，理智冷，本是不自覺的天資氣質，並未就此於人性上追論出一套理論或原理。但韓非就此而普遍化之，先反賢、反德、反民智、反性善，進而反孝弟、反仁義禮智。如是人性只成一個黑暗的、無光無熱的、乾枯的理智，由此進而言君術。由乾枯的理智與君術，遂把道家的道吸收進來以爲「體」。如是，心只成一個虛極靜極而一無德性內容的玻璃鏡子，以之運術而行法。道家的道，如前文所說，本是由破除外在的形式與人爲的對待而顯的一個混沌，其中並無德性內容，故正好可取來以爲法家之體。君在權位上本是個超越無限體，今復益之以無德性內容、無價值內容之乾枯冷靜的虛寂渾全之心，以爲神祕莫測之術府，則其爲極權專制乃不可

免。此神祕莫測之術府所運用之工具便是法。法本有普遍性與客觀
性,以及整齊劃一性。然前期之法只限於共同事務領域之內,並未
越其畔以籠罩劃一一切。今韓非順此普遍性與客觀性之法擴大化而
籠罩劃一一切。因爲君的無限之術府涵蓋一切,而其工具又只是
法,發於「獨」的術與廣被於外的法窮盡了一切。

術府中並無光明,所以法所傳達的只是黑暗。而又反德反賢、
反性善、反民智,則人間光明之根已被抹煞。如是整齊劃一之法由
術府中壓下來而昏暗了一切,亦即物化了一切。如是,人民只成了
「物民」、芻狗、黔首,在今日就說是機械系統中的一個螺絲釘。
韓非之教是極端愚民、獨裁、專制之教。秦政李斯實行這種思想的
政策,就是焚書阬儒,反歷史文化,以法爲教,以吏爲師,而大敗
天下之民。其自身亦不數年而亡,此後二千年無用此道者。不圖又
重見於今日,復活而爲共產黨。

法家發展成「物化的治道」,則一切皆死,什麼也不能說。事
功、政治意義、客觀精神,俱不能說。它將魔性徹底透出,成了一
個純否定、絕對的虛無。韓非的思想極深刻動人,亦如今日的共產
黨。因爲他弄出這一套來,而使人成爲物,這就不容易。

前期法家只是事功家,他們能把握住法的領域,表現出政治意
義與客觀精神。其發展成物化的治道是大不幸事。此中主要的關
鍵,是在順君主專制政體,單從治道方面用心,而不知從政道方面
用心。相應政權無政道,則法家不能維持,完成其爲法家,而必向
「物化的治道」方面走。法的領域、政治意義、客觀精神,不但在
治權治道方面表現,亦在政權政道方面表現。而且惟在政權政道方
面有,則治權治道方面的始能局守而不濫,維持而不墜,即完成其

爲法的領域、政治意義與客觀精神。這一點，法家不能認識。所以前期的法家只是事功的法家，而不是思想家的法家、有理想的法家。而後期的法家，則只是順治道一面想，徹底透出，把「爲政以法」推至成爲「物化的治道」之境地。中國的法家形態不能完成政治意義與客觀精神。儒家倒反而能之。而事實上在以前亦只有儒者始對於政權政道方面有矇矓，如禪讓、公天下等（參看〈政道與治道〉一文）。而法家道家卻無一語及此。

　　吾此文目的即在表明：中國文化，在以前只順治道方面想，是不夠的，必須轉出政道來，對於政權有安排，始可能推進一大步，別開一境界。而現在亦只有本儒家骨幹始能作出此番事業來。辛亥革命後，到現在已四十餘年。我們的目的當然是在建造民主共和國。然四十餘年來，吾人的思想與文化生命始終不健全，未能走上正軌，故民主共和之建造工作始終在顚沛流逝中，遂有共黨之大歪曲。故吾人今日之疏導工作，仍不算無意義。

第三章　理性之運用表現與架構表現

一、空無所有

　　我在《祖國》第一三三期裡曾有一文曰〈尊理性〉，中言民主政治乃是「理性之架構表現」，并言中國文化只表現爲「理性之運用表現」。該文提到了這兩個名詞，尤其對於「運用表現」未詳加解析，讀者多不甚解其意。爲此之故，本文想正式明其原委。

　　常聞人言，中國文化實在一無所有，除了「吃」比西方人講究外，此外實在說不上。又有人從正面把這空無所有的情形給確定地指出來說：中國文化一直在講道德，講的結果只是一部《十三經注疏》，還有便是道德敗壞。復有人從反面把這空無所有的情形給確定地烘托出來說：中國文化演變的結果只是辮髮、裹足、太監、打板子等等。（這當然是指辛亥革命以前說的，革命以後到現在，這些現象已經絕跡了。可是從正面說，還是一無所有。）

　　人們見了這些說法，便覺得中國文化太慘了。這太慘的事實，吾人並不想否認。因爲講文化，你若只例舉地說，中國至少沒有科學與民主政治。這所沒有的，雖然是兩項，可是科學一項便包含著

許多物事,民主政治一項亦函蘊著許多物事。你沒有這些物事,你說中國文化究竟在哪裡?(文化,若從文化生命之基本情調方面說,實在不能問「在哪裡」。這正如耶穌所說:天國不在這裡,也不在那裡,只在你心中。)這驀然一問,實在難答。你若不能例舉地答出來,你雖不愉快那些說法,但你似乎也不能否認那太慘的事實。中國文化是太慘了,一無所有。(到現在共黨佔據大陸,更顯得一無所有。)但若你只肯認這太慘,而再無所知,則你也未免太慘了。因為黃帝子孫衍續到今,只會列舉地講文化,這也是太慘的事實。

本文一方面不否認這空無所有的事實,一方面就這空無所有的事實而明所以,以見中國文化之特色,與夫其充實之道。

我現在先簡單地指出:中國文化生命之特色是「理性之運用表現」,而缺乏了「理性之架構表現」。運用表現就是空蕩蕩的、一無所有的。而若缺乏了架構表現,就不能有事物可指目。

我也常說,中國文化,從主流方面說,到最後只是三點:社會是五倫,政治是大皇帝,學問是「靈明」(良知)。這三點,人們也必覺得太空洞了,不過癮。但我這說法卻比較積極,正足以使吾人由這三點作線索來了解中國文化生命之為「理性之運用表現」。你列舉地說,中國文化一無所有。但我也簡單地提醒你,至少中國文化從黃帝以來衍續了四五千年而不斷,這是悠久;廣被了偌大的版圖而不萎縮,這是廣大。如果在這四五千年內,中華民族不只是一種動物的生活,而必有它的文化生命,否則它不會悠久。人們固然會說,長壽不必有價值。但長壽不會只是自然生物生命之拉長。若只是自然生物生命之拉長,而無一種文化生命在奮鬥,則不會這

樣悠久，當該早被淘汰。復次，中華民族若只是在那裡睡眠胡鬧，
而無一種文化生命之光與熱在蕩漾在照耀，則不會廣被凝結到那樣
的廣大。只就悠久與廣大這兩點，你便會想到「文化生命」這一概
念。你若想到了文化生命，你就不應當只是列舉地講文化。你當該
從所以悠久與廣大處來看中國文化生命之特色，看何以會列舉說一
無所有，而又有這樣悠久與廣大的浩翰氣象。你說一無所有，我說
這也好，你正可由無所有而見那所以成悠久廣大的文化生命之特
色。若是塞滿了，倒見不出那曲折條暢猶如長江出三峽的文化生命
了。現在人們的頭腦都是列舉物事的頭腦，塞滿餖飣的頭腦。是以
見有可列舉則欣羨，見無可列舉則怨尤。這也是很慘的一種固蔽。
若能一方面知一無所有，一方面能就無所有而論文化生命之特色，
則吾人即可自覺地由無所有而至有所有。這不是更顯得中華民族有
未來有前途嗎？

二、理性之運用表現

　　在我的《歷史哲學》中，我曾以「綜和的盡理之精神」說中國
文化，以「分解的盡理之精神」說西方文化，現在可說「理性之運
用表現」是「綜和的盡理之精神」下的方式，「理性之架構表現」
是「分解的盡理之精神」下的方式。我使用那對名詞的意義以及所
就以說明那對名詞的一些文化上的問題俱見於《歷史哲學》中。數
年來散見於雜誌上的論文亦屢有解說。現在不過是另換一對名詞來
表示。我現在先說「理性之運用表現」的意義。
　　運用表現（functional presentation）中之「運用」亦曰「作

用」或「功能」。此三名詞為同義語。在使用過程中有時運用較順，有時作用較順，而功能一詞則不常用。「運用表現」即禪宗所謂「作用見性」之意，宋明儒者亦曰「即用見體」，就《易經》說則為「於變易中見不易」。惟這些話頭是偏重在見體，我今說「理性之運用表現」，則偏重在表現。表現是據體以成用，或承體之起用，這是在具體生活中牽連著「事」說的。而這種運用表現中的「理性」當然是指實踐理性，然而卻不是抽象地說，而是在生活中具體地說。所以這裡所謂理性當該就是人格中的德性，而其運用表現就是此德性之感召，或德性之智慧妙用。說感召或智慧妙用就表示一種作用，必然牽連著事，所以是運用表現。中國人喜講情理或事理，是活的，所講的都在人情中；理是與情或事渾融在一起的。所講的是如此，而從能講方面說，則其理性也是渾融的、不破裂的，所以其表現是運用的表現，不講那乾枯的抽象的理性。所講的如是抽象的理性，則能講方面之理性也是支解破裂的，所以其表現也不是運用的表現。中國人講道即在眼前，當下即是。這是作用見性。佛教在中國能出禪宗，也是表現中國人的這種特性。理性之運用表現是生活、是智慧，亦是德性，才情性理一起都在內。這種表現說好是通達圓融、智慧高、境界高，說壞，則渾沌、拖泥帶水，而且易於混假成真，落於情識而自以為妙道，違禽獸不遠而自以為得性情之真。此所以象山云：「這裡是刀鋸鼎鑊的學問。」不經一番艱難工夫，難得至此。作用見性，還是叫我們見性作主。若這裡不真切，一有差失便落於狂蕩無忌憚。關此，本文不想多說。

關聯著文化問題說，運用表現可從三方面來了解：

一、從人格方面說，聖賢人格之感召是理性之運用表現。《論

語》記載子貢之贊孔子曰：「夫子之得邦家者，所謂立之斯立，道
之斯行，綏之斯來，動之斯和。」這幾句話最能表現聖賢人格之感
召力，也最能表示出理性之作用表現之意義。而孟子說：「君子所
存者神，所過者化」，這兩語尤好，把《論語》上那四句話的意義
概括無遺。這種作用，在宗教上便曰神通（佛教）或奇蹟（耶
教），而在儒家則說得如此順適，如此條暢。吾人即總名之曰理性
之作用表現。這「化」的作用是由於「所存者神」。化本身也是
神，這並沒有理由可說。這「化出去」中間並沒有什麼曲折，故無
理由可說。這即表示，他的所過者化，他的聖德之化出去，並不需
經過一個媒介，一個橋樑，而是一直的，一下子即化的。莫之爲而
爲，莫之然而然，雖在聖人本身也不知其所以然。其所以然即是他
的聖德之神，而從神至化卻沒有一個曲折可說，所以也不需一個媒
介與橋樑。須知媒介或橋樑本身即是一個架構，一個建築物。這建
築物本身之形成是理性之架構表現。（此詞詳解見下段。）假如我
們的德要通過一個橋樑才能化出去，這便是理性之架構表現。聖德
人格之感召不需要有媒介，所以他的「所過者化」完全是理性之作
用表現，不需要藉助於架構表現。這完全是超架構表現的。這種境
界以及達到此種境界的學問與工夫是中國文化生命的領導觀念。

　　二、從政治方面說，則理性之運用表現便是儒家德化的治道。
吾常言中國傳統政治只有治道而無政道。所謂政道治道是相應孫中
山先生所說的政權治權而言。在中國以往君主專制之政治形態下，
政權在皇帝，這根本不合理。因爲有此根本不合理，故政權之行使
與取得未有一定之常軌，故治亂相循，而打天下（革命）乃爲政權
更替之唯一方式。儒家於此亦始終未能有一妥善之辦法。如是結果

其唯一把握不放者即在想德化此代表政權之皇帝。德化皇帝之歸宿
是落在治道上，而對於政道則不提。這是以治道之極來濟政道之
窮。故治道乃成單線地一條鞭地發展至最高之境界。因此君主專制
之形態實即聖君賢相之形態。此為聖賢人格之在政治領袖上的應
用。然須知此種應用乃根本上是一種權法或委屈，乃因對政道無辦
法而取此者。蓋若不如此，則實不足以穩定天下乃至穩定其自己。
可是如此乃使治道成為單線孤行。而越單線孤行，其境界亦必愈
高。在以前共有三形態：儒家德化的治道，道家道化的治道，法家
物化的治道。德化道化皆係神性一面，而物化則為魔性一面，然境
界皆極高。物化之治道今不講。（讀者可看今日之共產天國。）德
化的治道，其最高境界亦即最後歸宿，吾人可以「乾道變化，各正
性命，保合太和乃利貞」諸語規定之。道化的治道，則以「各適其
性，各遂其生」兩語規定之。此與孔子所言「老者安之，少者懷
之，朋友信之」，皆所以使人與萬物，均能各得其所，一體平鋪，
此即順治道走之最高境界。莊子所謂「魚相忘於江湖，人相忘於道
術」是也。人民忘掉政治，君相亦忘掉他的權位，個個皆撒手讓開
而守其「獨」。此為徹底散開之個體主義。世人不察，謂儒家有助
於極權何哉？然此種徹底散開之個體主義是順德化道化的治道而
來。而此種治道，若說是政治，亦是高級的政治，實則是超政治
的，而非今日之所謂政治也。此種超政治的德化或道化的表現實是
有類於「神治」的形態。一則因單線孤行的治道（德化的或道化
的），皆係君相之德之妙用，「所存者神，所過者化」之應用於君
相，亦即是理性之運用的表現；一則因政道方面既無辦法，故近代
意義的國家政治法律皆不出現，而只單線孤行的治道亦即順之不需

通過近代意義的國家政治法律這些架構即可達「各正性命」的天下
太平。是故中國以前是一文化單位，不是一國家單位，它是一天下
觀念；而政治方面則只有吏治而無政治（因政道無辦法故）；而法
律則只維持五倫之工具，賞罰之媒介，其本身無獨立之意義。是以
國家政治法律皆未以架構形態而出現，而自理上言之，君相實可越
過這一套而直接自其德或道以化行天下，是即表示亦可不需通過國
家政治法律這些架構而即可安穩天下也。此即是「神治境界」。因
為就西方說，上帝治理宇宙即不需通過一些架構作媒介，他的法律
就是自然律。在中國，五倫就是人間的自然律。這與權利義務的訂
定以及對於權力安排的訂定，根本不同。這一些意義的法律皆隨政
道而來。凡不通過這些架構而只靠君相之德以化行天下，皆為「理
性之運用表現」。中國以往的政治，在對政道無辦法下，即向此而
趨。但我已說，這是一種權法或委屈。這即表示，人間需要通過一
些架構而實現價值，究竟與上帝治理宇宙不同。故理性之作用表
現，在聖賢人格方面是恰當的、正直的，而在政治方面，則不恰
當，而係委屈。

　　三、從知識方面說，則理性之作用表現便要道德心靈之「智」
一面收攝於仁而成為道心之觀照或寂照，此則為智的直覺形態，而
非知性形態。道心之觀照萬事萬物：一、非經驗的，所謂「足不出
戶而知天下」，即不需通過耳目之官之感觸，亦即其知不受耳目之
官之限制；二、非邏輯數字的，即不是以思想形態出現，故不需通
過辨解的推理過程，故亦不需邏輯的程序與數學的量度。（此如邵
堯夫問程伊川知雷起處否，伊川答我知堯夫不知。堯夫曰何故？伊
川曰：汝若知，便不需用數字推。然則汝說起於何處？伊川曰：起

於起處。據此便知堯夫之「推知」是思想形態,而伊川之「起於起處」之知便是一種「觀照」。)既不經由經驗,又不經由邏輯數學,當然不能成科學知識。此種觀照即是理性之作用表現,而非架構表現。中國以前講學問即以德性為主,則心之智用即必然收攝於德性而轉成一種德慧。德慧的表現必然是作用表現,而不能由之以成科學知識。王陽明之良知決不是成科學知識之能,而良知之覺照之用亦決不是邏輯數學的。中國儒道兩家講心智以及後來之佛教,皆係向此形態而趨。此為超知性之智,此可曰「神智」(圓而神之神),或曰「圓智」。凡圓智皆是作用表現,而非架構表現。即在西方,亦了解上帝之智用並不是經驗的,亦不是邏輯數學的。上帝之神智並不需要邏輯,亦不需要數學。科學是對人而言,並不對上帝而說。神智之了解萬物不通過邏輯數學之手續,亦如其治理宇宙不通過政治法律諸架構。在上帝無邏輯、數學、科學,無國家、政治、法律,這並不是缺憾,而在中國文化其主要心靈是向神治神智而趨,因而不出現邏輯、數學、科學,不出現近代意義的國家、政治、法律,這便成一缺憾。這缺憾之徹底了解,便是中國文化只彰著了「理性之作用表現」,而缺了「架構表現」。

邏輯、數學、科學與近代意義的國家、政治、法律皆是理性之架構表現之成果。這都是些建築物。中國文化缺了架構表現,當然是空蕩蕩的一無所有了,無可列舉,無可指目。因為作用表現並不是些可指目可列舉的物事。論境界,作用表現高於架構表現。但若缺了架構表現,則不能有建築物。是以中國文化一方面有很高的境界、智慧與氣象,而一方面又是空蕩蕩的,令近人列舉的頭腦發生太慘的感覺。吾人則如此說,光有境界氣象,而無建築物以充實

之，究不能盡其美與大。一如看台北，不能光有山川氣象，亦須有
一些建築物以充實之，方能成爲一個人文世界的台北市。孟子說：
「充實之謂美，充實而有光輝之謂大，大而化之之謂聖，聖而不可
知之之謂神。」作用表現是聖與神，現在再經過一番充實與光輝之
美大而復回歸於聖神，豈不更好？

三、理性之架構表現

如是吾人再進而論「架構表現」（constructive presentation,
frame-presentation）。

架構表現的成就很多。中國文化於理性之架構表現方面不行，
所以亦沒有這方面的成就。今天的問題即在這裡。而架構表現之成
就，概括言之，不外兩項：一是科學，一是民主政治。數十年來的
中國知識份子都在鬧這問題。中國爲什麼不能出現科學與民主政治
呢？我們的答覆是理性之架構表現不夠。中國文化只有理性之運用
表現。我們上段已說，若論境界，運用表現高於架構表現。所以中
國不出現科學與民主，不能近代化，乃是超過的不能，不是不及的
不能。這個意思梁漱溟先生已有觸及。但是他卻說：「中國文化是
理性的早熟。」這了解雖不甚中肯，但總比輕薄者爲優。在我們講
中國文化是「理性之運用表現」，可以把梁先生的意思吸收進來。
運用表現，它有其獨立的成就，無所謂早熟晚熟。精神的充實發展
是永遠不斷的，故無所謂早熟。中國文化只向運用表現方面發展，
而沒用開出架構表現。這不是早熟的問題，而是缺了一環。不過運
用表現在境界上說是高的，因此之故，我們把梁先生的意思吸收進

來，而予以修正。我們現在的說法是：光是運用表現在現在已顯不
夠。理性之架構表現與運用表現都需要，都要出來。只要明白理性
表現精神發展的全幅義蘊及其關節，則早熟的說法便顯得不恰當，
亦可不必要。

我在上段已就聖賢人格、政治以及知識這三方面說明中國文化
是向運用表現而趨。我現在再綜起來說一個主要的特性（對應所即
要說的架構表現而說一個主要特性），即：凡是運用表現都是「攝
所歸能」，「攝物歸心」。這二者皆在免去對立：它或者把對象收
進自己的主體裡面來，或者把自己投到對象裡面去，成為徹上徹下
的絕對。內收則全物在心，外投則全心在物，其實一也。這裡面若
強分能所而說一個關係，便是「隸屬關係」（sub-ordination）。
聖賢人格之「化」是如此；聖君賢相的政體，君相對人民的關係猶
如父母對於子女，子女不是父母的敵體，亦是如此；而道心之觀照
亦是如此。是以運用表現便以「隸屬關係」來歸定。而架構表現則
相反。它的底子是對待關係，由對待關係而成一「對列之局」
（co-ordination）。是以架構表現便以「對列之局」來規定。而架
構表現中之「理性」也頓時即失去其人格中德性即具體地說的實踐
理性之意義而轉為非道德意義的「觀解理性」或「理論理性」，因
此也是屬於知性層上的（運用表現不屬於知性層）。民主政治與科
學正好是這知性層上的「理性之架構表現」之所成就。以下試就政
道、政治、國家、法律、科學知識五項，而略明之。

一、政道：此即安排政權之道。這根本要吾人的心靈逆回來對
於權源加以限制與安排，對於打天下以取政權之「非理性的」使之
成為理性的，把寄託在個人身上的政權拖下來使之成為全民族所共

有即總持地有（而非個別地有）而以一制度固定之。此即將政權由寄託在具體的個人上轉而爲寄託在抽象的制度上。這一步構造的底子是靠著人民有其政治上獨立的個性，而此獨立的個性之出現是靠著人民有其政治上的自覺，自覺其爲一政治的存在。如此人民對皇帝成一有獨立個性之對立體即敵體。只有在此敵體關係上才能把政權從個人身上拖下來，使之寄託在抽象的制度上，而爲大家所總持地共有之。人民一有其政治上的獨立個性，則對待關係與對立之局成。此即政道之所由來。政道出現，則民主政體出現。政道是民主政體所以出現之本質的關鍵。故政道與民主政體之成立皆是理性之架構表現。人民因其政治上的自覺而成爲「敵體」，若不能因之而成立政道，使民主政體出現，而只成爲革命、暴亂，爲另一個私據政權者，則其爲敵體便不是足以成爲民主政體的對列之局中的敵體，即不是架構表現中的敵體，因此他仍是「非理性的」，而其政治上的自覺亦不是眞正的自覺。

二、政治：假若政治眞是保持其政治的意義，而不是聖君賢相下的吏治之意義，則必是隨民主政體下來的民主政治。民主政體下的政治運用只是因選舉被選舉而取得定期治權。（政權不可取。）選舉被選舉也是因人民有政治上獨立個性而然。故民主政體下的政治運用也是理性之架構表現。

三、國家：國家是因人民有政治上的獨立個性而在一制度下（政權的與治權的）重新組織起來的一個統一體，故亦是理性之架構表現。假若是靠武力硬打來的統一，人民無其政治上的獨立個性，對之無所事事，而只是個被動，則便不得名曰國家，而其統一也是虛浮無實之統一。此中國以前只是一個文化單位，而不是一個

國家單位之故。（此由以前改朝換代，人民對之漠不關心，誰來給
誰納糧，以及亡國大夫有責，亡天下匹夫匹婦有責等觀念即可見
出。大夫有責，即表示與人民無關。匹夫匹婦皆有責，即表示是一
文化單位。亡於夷狄，亡於野蠻，人人當仗義，保持此禮義之邦。
此純是一個道德文化意識，而非國家意識。）

　　四、法律：關於政權的、治權的以及權利義務的訂定皆是近代
意義的法律，即隨政道之出現而來的法律。這完全靠人民有政治上
獨立個性之自覺而來。其內容即其所維護所保障的正義、人性、人
道、幸福等，可隨時代與自覺的程度而豐富而發展，這無關，而其
本質要不外靠人民有政治上獨立個性之自覺而始成其為近代意義的
法律。故此種法律有其客觀實效性，要不是一面倒所訂立的，故亦
是理性之架構表現。中國以前只是維持五倫的法律，則不是此意。
此亦曰倫常法，而不是政治法。一旦德化或道化大行，則這些法便
可束諸高閣，故無獨立意義。但政治法則有永恆獨立意義。

　　五、科學知識：以上四項是屬於客觀實踐方面的，此則屬於主
客體間的認識關係。科學知識之成，一則由於經驗而限於經驗，一
則遵守邏輯數學。經驗接觸對象使知識有特殊的內容，思想遵守邏
輯數學而了解對象使知識成一系統（即所謂一組命題）。知識之成
非預設主客體間的對偶性不可。道德宗教的境界是攝所歸能，攝物
歸心。成知識則非從圓滿自足之絕對境中，自覺地造成主客體之對
立，使對象從情意中提煉出來，成為一個知識的對象不可。外界推
出去成為知識的對象，則主體即成為認知的主體。這兩者都在對立
關係中而凸顯。程明道所謂「觀雞雛可以知仁」，周茂叔「窗前草
不除」，這並不能成知識。是故科學知識亦是理性之架構表現。在

架構表現中，必然要使用概念而且形成概念。每一概念都是抽象的，都有所當於一面，因而亦是對於整全之破裂，即所謂分解，因此成系統。凡科學知識都是些有特殊內容的一定系統。

由以上的說明，即可知中國文化生命在以前的發展中是不向此而趨的。此其所以不出現科學與民主政治之故。

四、如何從運用表現轉出架構表現

以上二、三兩段是分解的說明，我現在再作綜和的說明。我們需要以下的問題，即：如何從運用表現轉出架構表現。運用表現自德性發，是屬於內聖的事。講內聖必通著外王，外王是內聖通出去。但以前的人講外王是由內聖直接推衍出來。如《大學》所說：「古之欲明明德於天下者，先治其國；欲治其國者先齊其家；欲齊其家者，先修其身；欲修其身者，先正其心；欲正其心者，先誠其意；欲誠其意者，先致其知；致知在格物。」反過來，則說：「物格而後知至，知至而後意誠，意誠而後心正，心正而後身修，身修而後家齊，家齊而後國治，國治而後天下平。」這一來一往，便表示外王是內聖的直接延長。內聖的核心是在正心誠意，而致知格物是歸宗於正心誠意的工夫。修身、齊家、治國、平天下，都是內聖的通出去。如果外王只限於治國平天下，則此外王亦是內聖之直接通出去。如是，外王只成了內聖之作用，在內聖之德之「作用表現」中完成或呈現。但如果治國平天下之外王還有其內部之特殊結構，即通著我們現在所講的科學與民主政治，則即不是內聖之作用所能盡。顯然，從內聖之運用表現中直接推不出科學來，亦直接推

不出民主政治來。外王是由內聖通出去，這不錯。但通有直通與曲
通。直通是以前的講法，曲通是我們現在關聯著科學與民主政治的
講法。我們以爲曲通始能盡外王之極致。如只是直通，則只成外王
之退縮。如是，從內聖到外王，在曲通之下，其中有一種轉折上的
突變，而不是直接推理。這即表示：從理性之運用表現直接推不出
架構表現來。然則從運用表現轉架構表現亦必不是直轉，而是曲
轉。這曲轉即表示一種轉折上的突變。譬如從山川氣象並不能直接
推出高樓大廈。這高樓大廈本身有其特殊的結構，中間還須經過專
家工程師，而工程師亦有其特殊的本質。從山川氣象到這一些，都
是轉折上的突變。有了山川氣象即有高樓大廈，這種直通的講法，
實只是說了一個形式的必要條件，沒有說著實際的充足條件。它只
是一個範圍，並不能致曲以盡其蘊。因爲顯然，沒有山川氣象，固
不能有高樓大廈，但有了山川氣象，亦不能直接即有高樓大廈。亦
如沒有德性，固不能有科學與民主政治，但有了德性，亦不能直接
即有科學與民主政治。即在此義上，我們說這其中有一種轉折上的
突變。

　　這層轉折有兩方面的意義：一、內聖之德性與科學民主有關
係，但不是直接關係；二、科學民主有其獨立之特性。這兩方面的
意義即表示既獨立而又相關。運用表現與架構表現既獨立而又相
關。這如何而可能？我們如何能眞地把它們貫通起來？

　　凡是直通都是順承的，因此表面上都可用邏輯推理來擺出，例
如「凡人有死，孔子是人，故孔子有死」，這便是一種直通的貫
通。但是從運用表現轉架構表現，既是一種曲通，便不能直接用邏
輯推理來表明。曲通是以「轉折的突變」來規定，而轉折之所以爲

轉折，則因有一種「逆」的意義存在。

這「逆」的意義之形成是這樣的，即：德性，在其直接的道德意義中，在其作用表現中，雖不含有架構表現中的科學與民主，但道德理性，依其本性而言之，卻不能不要求代表知識的科學與表現正義公道的民主政治。而內在於科學與民主而言，成就這兩者的「理性之架構表現」其本性卻又與德性之道德意義與作用表現相違反，即觀解理性與實踐理性相違反。即在此違反上遂顯出一個「逆」的意義，它要求一個與其本性相違反的東西。這顯然是一種矛盾。它所要求的東西必須由其自己之否定轉而為逆其自性之反對物（即成為觀解理性）始成立。它要求一個與其本性相違反的東西。這表面或平列地觀之，是矛盾；但若內在貫通地觀之，則若必須在此一逆中始能滿足其要求，實現其要求，則此表面之矛盾即在一實現或滿足中得消融。而此實現是一「客觀的實現」，如是則即在一客觀實現中得消融。由此一消融而成一客觀實現，即表示曲而能通。即要達到此種通，必須先曲一下。此即為由逆而成的轉折上的突變。如果我們的德性只停在作用表現中，則只有主觀的實現或絕對的實現。如要達成客觀的實現，則必須在此曲通形態下完成。如祇是主觀實現，則可表之以邏輯推理；而如果是曲通由之以至客觀實現，便非邏輯推理所能盡。此處可以使吾人了解辯證發展的必然性。辯證的表明，在此處非出現不可。

以上是一般地言之，茲再分別就科學與民主政治而略明之。

凡真美善皆為道德理性所要求，所意欲。科學代表知識，也是「真」之一種。道德理性雖曰實踐理性，意在指導吾人之行為，其直接作用在成聖賢人格，然誠心求知是一種行為，故亦當為道德理

性所要求，所決定。無人能說誠心求知是不正當的，是無價值的。當然人之成德與知識的多少並無關係，可是「誠心求知」這一行為卻必然為道德理性所要求所意欲。既要求此行為，而若落下來真地去作此行為，則從「主體活動之能」方面說，卻必須轉為「觀解理性」（理論理性），即由動態的成德之道德理性轉為靜態的成知識之觀解理性。這一步轉，我們可以說是道德理性之自我坎陷（自我否定）。經此坎陷，從動態轉為靜態，從無對轉為有對，從踐履上的直貫轉為理解上的橫列。在此一轉中，觀解理性之自性是與道德不相干的，它的架構表現以及其成果（即知識）亦是與道德不相干的。在此我們可以說，觀解理性之活動及成果都是「非道德的」。（不是反道德，亦不是超道德。）因此遂有普通所謂「道德中立」之說。這是一個很流行的術語。稍解科學之本性者，當無不首肯。這個意思即是我上面所說的「科學之獨立性」。但若只停在這一層上，而不承認其與道德理性有關係，或以為只要有觀解理性即可處理一切，而不承認有超觀解理性的道德理性之特殊義用，則是錯誤的。科學家內在於科學本身，可以不管其與道德理性方面的關係，但若從人性活動的全身或文化理想方面說，則不能不了解其貫通。若是外在於科學而作反省時，卻又這樣截斷，則便是科學一層論之蔽。此即是孔子所說的「好知不好學，其蔽也蕩」。蕩者漫蕩。朱註謂：「窮高極廣而無所止。」此即氾濫無限制之謂。此不好學之過也。科學之獨立性是由理性之架構表現而定，其與道德理性之關係則以曲通而明。凡是真理皆當有關係。相輔助以盡其美，相制衡以佐其弊。否則便是殺傷一面，或該一面非真理。

　　科學還是知識方面的事，至於民主政治則是屬於客觀實踐方面

的，其與道德理性的關係當更顯明。蓋民主政體之出現是人之在政治生活方面自覺地決定其方向，即由此線索，我們可以把它連繫於道德理性上。惟此政體既是屬於客觀實踐方面的一個客觀的架子，則自不是道德理性之作用表現所能盡。內在於此政體本身上說，它是理性之架構表現，而此理性也頓時失去其人格中德性之意義，即具體地說的實踐理性之意義，而轉為非道德意義的觀解理性。觀解理性之架構表現與此政體直接相對應。但此政體本身之全部卻為道德理性所要求，或者說，此政體之出現就是一個最高的或最大的道德價值之實現。此即表示欲實現此價值，道德理性不能不自其作用表現之形態中自我坎陷，讓開一步，而轉為觀解理性之架構表現。當人們內在於此架構表現中，遂見出政治有其獨立的意義，自成一獨立的境域，而暫時脫離了道德，似與道德不相干。在架構表現中，此政體內之各成分，如權力之安排、權利義務之訂定，皆是對等平列的。因此遂有獨立的政治科學。而人們之討論此中的各成分遂可以純政治學地討論之，力求清楚確定與合理公道。至於那投射出此「合理公道」所表示的價值意義之「價值之源」，或最高的道德理性之源，則被劃在此對等平列的境域之外，而視之為道德宗教的事或形而上學的事。而純政治學地討論此政體中之各成分，其討論之理性活動亦純是觀解理性的活動，而毫不牽涉實踐上道德理性之意義。因政治有其獨立之意義與境域，這樣劃開本未始不可，而祇停在觀解理性上純政治學地討論之，亦未始不可。在此層次上，把「自由」散而為各種權利，而說「自由即人權」，亦未始不可。因為這種有獨立意義境域的政治，即在西方，亦是近代的事。可是稍為熟習點近代意義的政治的人，都能知道這點常識。二十年前，

我在天津時，羅隆基即曾告訴我一句話說：近代政治上最大的貢獻，就是把政治與道德分開。這不是他的發見，他不過是轉述一個流行的意識。但此意識背後，在西方，亦有文化史上的背景：所謂與道德分開，就是與神權政治下那些與政治牽連在一起的道德宗教之烟幕意識分開，切實言之，就是將那些烟幕意識剝掉。就中國文化言，所謂道德就比較純正一點，沒有像西方神權政治下與宗教教條混雜在一起的那種道德意義。但縱使比較純正一點，政治既入近代而有其獨立的意義，則暫時與道德分開，亦仍是可以說的。

但須知這種分開劃開，祇因政治有獨立的意義與境域，而可以純政治學地討論之之「政治學上的權法」。在此獨立境域內，不牽涉那形而上的道德理性而使民主政體內各種概念清楚確定，這種清楚確定亦不過是為名言的方便。名言上的清楚確定，即不必牽連那麼多，祇在民主政治的大括弧下就對等平列的事實而確定地說出就夠了。這祇是政治學教授的立場，不是為民主政治奮鬥的實踐者的立場，亦不是從人性活動的全部或文化理想上來說話的立場，所以那種清楚確定只是名言上的方便。至於說到真實的清楚確定，則講自由通著道德理性，通著人的自覺，是不可免的。我們不能只從結果上，祇從散開的諸權利上，割截地看自由，這樣倒更不清楚，而上提以觀人之覺醒奮鬥，貫通地看自由，這樣倒更清楚。蓋民主政治並不是從天上掉下來的，各種權利之獲得也不是吃現成飯白送上門的。這是人的為理想正義而流血鬥爭才獲得的。這很明顯，自由必通著道德理性與人的自覺，這裡並沒有什麼抽象玄虛，也沒有什麼易引起爭辯的形而上學的理論。這是實踐上的定然事實。各種權利只是它的客觀化的成果而在民主政體中由憲法以保障之。人祇吃

現成飯，忘掉前人的奮鬥，始祇停在觀解理性上，囿於政治學教授的立場，遂只割截地把自由下散而爲諸權利，並以爲一上通著講，便是抽象的玄虛，形而上學的無謂的爭論。這還不算，並以爲一通著道德理性人的自覺講，便成爲泛道德主義，有助於極權，這都是在割截下只知此面不知彼面爲何事的偏面聯想，遂有此一往籠統抹殺之論。此也是孔子所說的「好知不好學，其蔽也蕩」。泛道德主義固然不對，但此種「蕩」卻亦流入泛政治主義之一型而不自覺。茲乘此機，再對於「泛道德主義」與「泛政治主義」兩詞，略予疏解，以見吾人之立場。不可妄用名詞以抹殺也。

一、理性之作用表現是泛道德主義，但以前儒家的泛道德主義卻並不奴役人民。說君主專制，則是那時的政治形態如此。而儒家的「理性之作用表現」下的「德化的治道」（再加上道家的道化的治道）卻正是對於大皇帝的一種制衡作用。這是不得已的一種權法，故吾前文有云不恰當而有委屈，而其本質要不主張極權獨裁，奴役人民。問題只在轉出架構表現來。此步作到，儒家的政治思想便全部暢通。

二、道德而格律化教條化，或隨意取一外在的格律教條以爲道德，由之而成的泛道德主義是奴役人民的。而此種道德實不是道德。西方神權政治下的泛道德主義是格律化教條化（因宗教教條而格律化教條化）的泛道德主義，故殘殺異己，奴役人民。不可以此來概括儒家。

三、共黨以主義而格律化教條化其所謂道德與政治，此從其道德方面說，便是奴役人民的泛道德主義（實則在彼無所謂道德），從其政治方面說，便是奴役人民的泛政治主義。而在共黨，政治生

活概括一切,故共黨為徹底的泛政治主義。在彼,泛政治主義與泛道德主義是一,都因主義而教條化,已不是普通所謂政治與道德。(王船山云:「有即事以窮理,立理以限事。」此語最吃緊。格律化教條化的道德是立理以限事,故由之而成的泛道德主義是奴役人民的。儒家的道德決不是這種格律化教條化「立理以限事」的道德。共黨是極端立理以限事的,故既無道德,亦無政治,而人民死矣。)

四、吾人自人性的全部活動與文化理想上主張道德理性貫通觀解理性,其實是曲貫,非直貫,故不是泛道德主義,亦不是泛政治主義,故既能明科學與民主的獨立性,又能明其與道德理性的關聯性。若必停滯在觀解理性的架構表現上而不能上通,則雖講民主政治,而其為弊與蔽與科學一層論同。此為囿於實然境域而窒息文化生命、文化理想的泛政治主義。

第四章　論政治神話之根源

一、引言

　　卡西勒著《國家之神話》一書，最末一章爲〈現代政治神話之技術〉，由言衍君譯出，刊載於《民主評論》第八卷第十三、四兩期。這是很值得看看的一篇文章，也是很值得我們想想的一個問題。

　　　在人必須面臨一個不尋常而危險的情形下，神話達到了它的完全的力量。
　　　在一切其他可以用比較簡單的技術工具，就能對付的情形下，人不必乞靈於魔術。只有當人遭遇一件似乎遠超過他的自然能力的工作時，魔術才出現。但仍總留下了某一個範圍，不爲魔術或神話所影響，而可以被描述爲世俗的範圍。在這範圍內，人仰仗自己的技巧，而不靠魔術儀式和公式的力量。在一切不需要特別例外的努力，和特別的勇氣或忍耐的工作之中，我們找不到魔術和神話。但如在一個追求頗爲危險，

且其結果未可預料時，一個高度發展的魔術，和與之連接的一套神話是永遠發生的。

這個對原始社會中魔術和神話的角色的描述，也同樣地很適用於高度進展了的人類政治生活的階段。在絕望的情形下，人永會乞靈於絕望的方法——而在我們今日，政治神話正是這樣一個絕望的工具。如果理性失敗了，總會留著最後的一項奇蹟和神秘的力量。

較後乃出現了另外的政治和社會的力量，社會的神話似為一種理性的組織所代替了。在平靜和和平的時代，在具有相對的固定性和安全性的時期，這理性的組織是很容易維持的，它似能安全並抵禦一切的攻擊。但在政治上，這平衡從未完全建立過。我們所找到的寧是個不穩定的均衡，而非一個固定的均衡。在政治上，我們永遠生活在火山土地上，我們必須準備突如其來的震動和爆發。在一切人們的社會生活發生危險的瞬間，由反抗古老的神話概念所興起的理性的力量，不再能保證它們自己了。在這些瞬間，神話的時代重臨了。因為神話並未曾真正被克制和征服，它永在那裡，埋伏在黑暗處，並等待它的時間和機會。每當人們新社會生活的其他約束力，為了某種理由失去它們的力量，並不再能抗拒魔鬼式神話的時代，這時間就來臨了。

人的理性和技術能力所能及，以及其所不能及而出現神話的魔術，這分際界線，卡氏已勾畫得很清楚。但是神話，尤其政治神話，並不單只是神話，亦並不單只是理性與神話這兩端的外部界畫所能

盡。神話究是人創造出來的，它必與人分上有某種線索的連接，勾引出人類生命中超乎尋常的力量。

> 一位法國學者都特，曾寫了本很有趣的書：《北非的魔術和神話》。在這書中，他嘗試給神話一個簡潔了當的定義。依都特，我們在原始社會所找到的那些神，不外是集體希望的擬人化。神話，都特說，是人格化的集體欲望。他以一個曾從事於北非一些野蠻部落的宗教儀禮或魔術儀式的研究的人類學者說話。在另一方面，都特的這個公式，正可用作現代領袖觀念和獨裁觀念的簡潔了當的表白。領袖之要求，只在一個集體欲望到了一個淹沒的強度，且另一方面，一切在一般常態的方式下滿足這個欲望的希望都失敗時，才予出現。在這些時間，這欲望不只強烈地被感受到，且人格化了。它以一個具體可塑而個別的形狀，站在人們眼前。集體欲望的強度就實現在領袖中，以前的社會約束——法律、正義和組織——都被宣稱爲無任何價值，唯一留下的是領袖的神話權力和威權，領袖的意志就是最高律令。

在這裡，首先，神話不是想像的遊戲，說著好玩，而是與人們的集體欲望連繫在一起。欲望而是集體的，便是客觀的，這最好不說欲望，而說「願望」。願望是現實上沒有，而又爲人們從生命深處所發出的迫切要求，最內在的呼聲。願望而能凝結成是大家的、客觀的，則其發出的對於既成現實的叛亂力量與對於未來事實的創造力量，是不可思議的，是不能以一定的外在尺度來衡量的。現實上沒

有,而又爲大家所欲,則現實的根本處必有其甚不合理者。既成現
實甚不合理,則普通的順現實以運用的理性與技術,此時便成無足
輕重的,對於客觀的願望之實現是不相干的。因此,欲實現這客觀
的願望,則必有超乎順現實以運用的理性與技術的平面力量以上之
力量,即從那願望本身發出一個無限量的創造的立體力量。這立體
力量就是神話的根源,也就是神話裝飾的依附處。這力量產生出神
話,明此力量之不可限量;而復裝飾之以神話,則更顯此力量之莊
嚴。茲根據此根本契接點,先說明以下四義:

　　一、立體力量之創造性、理想性、與神性性。

　　二、生命強度之立體力量之向上超越性,超越性之純淨化而爲
宗教──宗教人格之重要;超越性之感覺化、限定化而爲神話乃至
政治神話──英雄人格之重要。

　　三、政治神話之兩態:古代英雄主義之形態,與近代集體主義
之形態。

　　四、政治神話與命運──英雄人物之使命感,以及政治神話與
預言──歷史發展之法則法。

二、立體力量之創造性、理想性與神性性

　　立體力量之根是「生命」。在生命的強度上,什麼是可能的,
什麼是不可能的,這幾乎是不可預測的,所以常有奇蹟出現。佛家
名之曰業力不可思議。業力當然就是生命強度的發皇力。若再配上
簡易精純、湛然瑩澈之德性,則其不可思議性更顯。孟子言浩然之
氣,至大至剛,若直養而無害,則塞乎天地之間。有誰知它能創造

出什麼業績呢？此之謂「君子所存者神，所過者化」。配之以簡易精純、湛然瑩徹之德性，即是所謂「君子」。他的生命強度有如此之德性，即是君子的「所存者神」。他有如此之所存，即有其「所過者化」之化用。你能預測出他的化用是些什麼呢？你若能預測而定知之，便不是「所存者神，所過者化」了，亦不是那配義與道至大至剛的浩然之氣了。君子之所存是有自覺之德性以潤其生命之強度。就是無此自覺之德性，生命強度被迫著不容已地要發作時，它也有那不自覺的自然的簡易精純、湛然瑩澈的德性。這德性，可以說就是那短暫時間中生命之本眞。這就是朱子所謂「天資之美，暗合於道」。這種形態大體都是英雄型或天才型的人物。他的生命強度在一念精純斬絕一切照顧葛藤之下，有不可思議的力量與業績出現。惟此種形態的生命強度，其「發皇」常是在一「定向」中，故其作用亦是有限定的。不若有自覺之德性之君子之「所存者神，所過者化」爲能常惺惺而圓應無方，寂然不動，感而遂通。這大體是聖賢型的，他的德性生命之神化不在「定向」中，故亦不在限定中。

　　不管是英雄型或聖賢型，其生命強度之立體力量，總有不可思議者在。這就是立體力量之創造性。當漢光武以數千之衆，在昆陽突圍而出，擊潰王莽有獅象虎豹、長人巨漢參與其中之幾十萬大軍，這是生命強度之立體力量之創造性，這是常情下所不可思議的奇蹟。同時風雨助威，更顯其力。這就是一念精純斬絕一切照顧葛藤之生命強度之凸出。放下一切，單顯生命強度之立體力量。而同時王莽那幾十萬大軍完全是裝點、擺樣子。獅象虎豹、長人巨漢，參與其中，也等於是儀仗隊。這些都是機械的死物質。在平面力量

的形式主義下，它們都可以助聲勢，嚇唬人，但若在生命強度之立體力量突出之下，它們都是死物質。一旦衝垮，它們都是機械的零件，不但沒有產生力量的作用，而且是帶累，是障礙，成了加速敗亡的反作用。

由此可知，當生命頹墮下來，或好一點說，凝聚下來，而與外在對象以及物質工具作平面的連接時（此即莊子所謂「與接為構」），則生命本身之力量即不顯。此時之力量完全是外物相依相待，在一配合的形構下之機械的力量。生命參與其中，至多不過是表現順應而持續的作用。這在穩定既成局勢上是有作用的，這是生命之平面力量，這裡沒有創造性。由這平面的生命所發出的理性與技術也只是順應與持續，順既成局勢以運用。這在處常是可以的。這裡不能有事。一旦有事，這種生命、理性、技術完全不能負責任。一旦有立體生命突出，則一衝便垮。那外物與工具相依相待之配合形構都成零件，機械的死物質，而那順應與持續的平面的生命、理性，與技術，平常好像很靈活，現在都成了呆滯的，手足無措的。所以立體生命既足以打散既成局面，又足以創造新局面，此即為創造性。

打散既成的局面，創造新局面，這就含有理想性。剋就立體生命的強度力量本身說，它的理想性惟在由打散既成局面而顯。既成局面的淤滯、沉悶、平庸，就是全合理，也令人不耐。而何況不能合理，更有根本不合理者在。因為人的創造所淤積下來的既成局面根本不能全合理。假若一旦有了根本不合理處，而那根本不合理處，又普遍地為人所覺識，那立體生命就要凸現。這裏就含有它的理想性。假若只是立體生命的強度力量之爆發，而在存心方面，不

是自覺地有德性以潤之，只是生命之衝動，對於現實局面之不安不滿而發作，則它的理想性便只是消極地由於現實局面之不安不滿而顯，而積極地在存心方面說，其理想便不見得能全是湛然瑩澈的。這便是英雄式的生命強度之理想性。假若在存心方面，復有自覺的德性以潤之，則便是聖賢式的生命強度之理想性。當然，在政治上，大體是英雄式的居多，聖賢式的百不得一。所以人間歷史上政治上打散既成局面，創造新局的生命強度之理想性，常是由消極的而顯。此所以在當時雖足以浹洽人心，而其所創之新局亦不能全合理之故。這生命強度之理想性，不管是英雄式的，或是聖賢式的，一旦觸動了人心，普遍地被覺識，匯成一種客觀的願望，則由此客觀的願望發出的客觀的立體力量，其摧毀力與創造力量是不可思議的。這裏有狂熱、有眞情、有嚮往、有愛、有恨、有歌頌、有讚嘆。若說這完全是瘋狂、是癡迷，毫無理性的成分（當然沒有那平面的理性），那是不能盡其情的。因爲這裡有個大醞釀。既成局面的不合理就可以界畫出這立體力量以及其理想性之理性的意義，雖然是消極的，也足以爲未來生命規劃出一條途徑。認定那不合理是事實，認爲自己的途徑是眞的，發出立體的力量以赴之，這是一種自肯，一種信念。這種自肯與信念，不能說完全是情感的、盲目的、非理性的（當然不是平面的理智理性）。當然那所認定的生命途徑不能說全無瑕疵，就是聖賢存心所開的途徑也不能全無瑕疵。人間的活動那裡有盡美盡善、全無瑕疵的事業？所以不能因爲有缺陷，就說那立體力量完全是情感的、非理性的。主要的是那理性並非平面的理智計較的理性，並非順應持續既成局面的靜態理性。若只說平面理性靜態理性是理性的唯一意義，則立體生命處的立體理

性，自然成爲非理性的，全無意義了。這根本不足語於知人論世，
根本不足理解人間世的歷史活動與政治活動。

在人間歷史活動與政治活動上，生命強度的立體力量，不發動
則已，一發動便是涉乎大家的，所以是客觀的，有普遍的意義。這
與個人事業的創造，個人生命強度之成個人的事業，根本不同。個
人事業學問之成就都要靠著個人的生命強度之立體的力量。不發出
這種力量，眞正的事業學問是不能說的。但是這生命的方向，立體
力量的發用，是局限在個人自己的興趣內，這不是客觀的，普接群
機的。所以與那政治上的立體力量之發動，相形之下，便見其小
了。反過來，政治上的立體力量，一發便是客觀的、普接群機的，
這就見其大。在這客觀的、普接群機的「大」上，立體力量頓時具
有了「神性」。甘地說：「與神性相契，或是完全孤獨，或是與千
萬人爲伍。」完全孤獨是捨離一切現實的葛藤，淡然獨與神明居。
把現實的感覺的一切東西剝落淨盡（這就是孤獨），神明即浮現。
這是隔絕的超越的相契。但是神明不單是隔絕的、超越的，亦且存
於個個人的心中。所以若能與千萬人爲伍，發出來的立體力量能普
接群機，則人同此心，心同此理，通過這千萬人的心同理同之機
應，那立體力量之神性性便不期然而然地浮現於人的心目中。從這
普接群機的立體力量之神性性，你也可以冥契那超越的神明。所以
神明不單是由隔絕的孤獨來相契，亦可通過千萬人的豐富媒介來相
契。政治上的立體力量之普接群機，正好是與千萬人爲伍，所以它
最具有神性性，也易由之而契接神性。當人們爲這普接群機的立體
力量所鼓舞，那忘我的精神，那全投身於立體力量之客觀的意識、
大公的意識，便具有神性性，而在這裡亦最易與神性相遙契。因爲

那忘我的、客觀的、大公的意識，就是超越形限之私與個人的意識
以上的意識，而神性之最根本的意識也不過就是那超越形限之私的
一個「純精神」。政治活動上的立體力量，因爲普接群機，而具有
神性性，所以亦最易有政治上的神話出現。但是政治活動上的立體
力量，雖具有神性性，亦具有撒旦性。這是神魔混雜的局面。而且
這立體力量愈強大，其神魔性亦愈強大。這是何故？以下我便藉立
體力量的向上超越性之兩種形態，比較地說明之。

三、生命強度之立體力量之向上超越性：

超越性之純淨化而爲宗教──聖賢人格之重要；
超越性之感覺化限定化而爲神話乃至政治神話──英雄人
格之重要

生命強度之立體力量之向上超越，若唯在印證純粹的神性，那
便是宗教。印證純神性的向上超越是純淨化的向上超越，這裡無任
何限定，無任何涉及俗世的特殊指向，所以也無任何感覺性的成分
夾雜在內。所印證的既是純神性，則能印證方面的那個體生命，也
是純然的德性生命之自己。這德性生命之立體力量之表現不局限在
一定的方向上，要解決某一問題。它唯是一德性生命之呈現，要印
證那純神性，因而那德性的個體生命也全幅是神性的。然而它既是
一個體生命，它即不能不與感覺界有具體的牽連。它在這具體的牽
連上，也隨機表現那「神性的愛」，與人爲徒。這是那純然的德性
生命之「機應」。這機應也不是專限在某方向上，或是要解決某一

問題。它是一種純然德性生命之感召：一方在人的分上表現那神性的愛；一方即予人以溫暖，喚醒對方心靈上的覺悟。在印證那純神性上，它是在垂直的方向上直向超越境而上達，上達天德或神性。在「與人爲徒」的機應上，它是在水平的舒展面上，滿足人之所需要於「道成肉身」者。無論在垂直的方向上，或是在水平的舒展面上，它總是那純然的德性生命之自己。這就是宗教或聖賢型的人格。它的純淨化的向上超越便成宗教。這才是眞正孟子所說的「所存者神，所過者化」的生命。

這樣一個純然德性的生命，當然是不容易的。「維天之命，於穆不已」，此天之所以爲天也。天之所以爲天，即天之德。「文王之德之純，純亦不已」，此文王之所以爲文也。文王之所以爲文，即文王的生命純然是德性生命。純然是德性生命即與「天之所以爲天」之天德相似。與天德相似的純然德性生命，當然具有無限性與圓滿性，其純然的創造性、理想性，與神性性，亦當然爲企向眞善美的任何人所仰望、所讚嘆。「仰之彌高，鑽之彌堅，瞻之在前，忽焉在後，雖欲從之，末由也已」。這就是聖賢人格的深不可測，大不可量，也就是純然德性生命之神秘性、不可思議性。它的感召與功化是不可測度的；是莫之爲而爲，不是它有意要爲的。這就是所謂「所存者神，所過者化」。這「所過者化」是它在感覺界的牽連上所生的具體作用。在這與感覺界的牽連上，就它本身的神秘性、不可思議性，以及世人對它的仰望與讚嘆，乃至窮於讚嘆上說，遂產生了神話。這是關於宗教人格的神話。歷來成立宗教的教主、偉大的人格，純然是德性的個體生命，都有神話附綴著。這不完全是歷史上望風捕影的傳說。不必說宗教型的人格，即就一般稍

爲偉大的人格說，只要他有立體生命的光輝，他就有不可思議的創造性。而何況是純然德性生命的宗教聖賢型的人格。神話只是生命強度的立體力量之點綴。它的實體的底子是生命，立體的生命，純然是德性的立體生命，而這些都是眞實。一個人的生命、德性、智慧，其強度如何，都有特殊的作用，絲毫不爽，無可幸致，亦無可虛假。他有那強度的生命，他就有那生命的風力。這風力，他帶來了，你卻帶不來。他有那高貴的德性，他就有那德性的功化。這功化，他表現出了，你卻表現不出來。他有那通達的智慧，他就有那智慧的朗照。這朗照，他放出來了，你卻放不出來。這裡沒有科學的解析，也沒有科學分析上的平等。若要有解析，那就是立體生命的強度。你若根據科學層面上的理智分析與技術處理，而認爲這些是荒誕，那只是你的生命停在平面上。縱然是荒誕，而亦是生命，那生命是事實。那生命所表現出的風力，那德性所表現出的功化，那智慧所表現出的朗照，也都是事實。人們仰望讚嘆眞生命、眞德性，也是事實。有這些眞實的作用，那神話是不可免的。這些眞實作用是本體，神話是附在這本體上的姿態。就聖賢型的人格說，神話是那純然德性生命在與感覺界牽連時所生的一些具體的姿態。人們仰望那純然是德性的人格，讚嘆驚奇那人格的不可思議的功化，所以才有神話出現。每一神話是一具體的象徵。人們通過這具體的象徵來莊嚴那人格，同時也經由之以上達那超越的神性。衆生根器不一，上根自作主張，密在己邊；下根依他而起，密在他邊。密在他邊，遂有神話。神話是神性的具體姿態，是人們對於神性的符號造作。說耶穌是「道成肉身」，是神話，但這神話有眞實的本體，那就是人們對於神性的肯定，以及耶穌本人純然是神性的生命。神

性本身不可見，藉耶穌的純然是神性的生命而見。這就是所謂「道成肉身」。同樣，對於耶穌所記載的那些奇蹟是神話，但這些神話也有真實的本體，那就是耶穌的純然是德性生命所放出的光輝與功化。在這功化與光輝上，說這些奇蹟就是在與感覺界的牽連上的符號造作。這些符號的造作並不是可以重複的，也不必定是這個或那個。這個或那個，也許事實上從未出現。但這不要緊，他總有些光輝和功化，可以讓人這樣去稱讚。這些符號的造作，只是象徵的意義。它所代表的是無窮盡的功化，與無窮無盡的創造。有一件就夠了。縱使不是這件，也是那件。縱使一件無有，我只平平，亦不礙神性之功化。譬如孔子，就無多神話流傳，但他那德配天地，道貫古今，能肯定一切，成就一切的純然是德性之生命，就是無窮盡的功化，無窮盡的創造，就是一個莫大的奇蹟。孔子的奇蹟，不是與感覺界牽連上的這一件或那一件，而是全幅人文世界價值世界之肯定與創造。凸出的這一件或那一件之奇蹟，化而為人文價值之平鋪，這就是孔子之平平的奇蹟。

政治活動之立體力量，因為它的客觀性與普接群機，也有向上超越性。它喚醒人們的生命強度，而亦發出立體的力量。這全部立體力量，匯合起來，有排山倒海之勢，所以它也是創造的、理想的、神性的。但這生命不是那純然是德性的生命自己，其所印證的也不是那純粹的神性。它是自始即與感覺界連在一起，而且即在感覺界的一定向上表現其立體的力量。它是要解決某一問題的，所以它有定向。在這定向上，表現了普接群機的客觀而普遍的超越力量，這超越力量不在印證那純神性自己，而是在這定向上用，用來解決某一問題。

首先挑破人心的煩悶，表現這立體力量而普接群機以吸眾而能用眾的，便是所謂英雄人物。他有強烈的生命，能發出光輝與風姿，這就足以吸眾。他有敏銳的覺識，能燭達機先，照察不爽。他有堅強的意志，能持之有恆，百折不撓。這些都是他生命上先天的，不可強而致，亦不是學得來的。所以凡英雄人物亦都是天才。他觸動了人們的立體力量，人們為其感覺界的利益，亦需要他來領導。而他之發動他的立體力量，自始即在感覺界的定向上，他的生命自始即不是純然是德性的。他亦不在印證那純神性自己。他有大欲存焉。他的生命是情欲的生命，情欲是行動的動力。一個情欲的生命，當然不會十分純。但是他的情欲之私不會與群體願望隔絕，而單退縮於他自己個人內之自私。他的情欲之私，只有一個在領導，那就是權力欲。權力欲的本身就是膨脹的。雖從他個人中心所發，然若與群體願望隔絕，膨脹不出去，他雖主觀私意下有極強的權力欲，亦不能實現他的權力欲，那只是不正常的鄙夫，不是英雄。一個真正的英雄，靠他的強烈生命，他能膨脹；靠他的敏銳覺識，他能與群體願望不隔；靠他的堅強意志，他能為群體所欲的這件事作主持。他的心思沒有個人的身家，他能客觀化到這群體願望之上。所以他的自私的權力欲能膨脹出去，而被上一客觀的形式。這個就是他不自覺的暗合的「公」。他與群體願望不隔，反過來群體願望亦附合他。如是，他成了這群體願望的代表。他的情欲生命具有客觀性、普遍性與神性化。如是，人們對於他的神話便出現。人們都信賴他，交付給他辦。他亦自信他自己，他成了獨裁者。

在宗教上，神話只是那純然德性生命在與感覺界的牽連上之具體的姿態。在政治上，那情欲生命的立體力量不是純然德性的，它

自始就在感覺界的定向上發揮，所以它的神話不是基於德性生命，
而只是基於那強烈的、敏銳的、堅持的、恢擴得開的情欲生命。政
治神話只是那有光、有熱、有風、有力的情欲生命之神性化。這神
性化是抽象的姿態，是由感覺界限定化而向後返，返至超感覺的、
超限定的，而達至神性，說：這個生命是「來自天命」。宗教是由
純然德性生命向後返，唯在印證那純神性，這生命根本不在感覺界
的定向上表現，所以他的神話便須在感覺上落腳，替人找一通過神
性之具體的媒介，所以他是具體的姿態。而政治神話則因情欲生命
自始即在感覺界的定向上發揮，所以關於它的神話必須向後退，返
至於神性，而成爲抽象的姿態。無論是具體的姿態或抽象的姿態，
都是人們崇功報德的表示：嚮往眞生命、眞性情的表示；企慕眞善
美、圓滿神性的表示；欣趣莊美、奇特、廣大、雄偉、渾合、俊逸
的表示。總之是加來爾所謂英雄崇拜（廣義的）。在我們就宗教與
政治分別言之，有純然是德性的生命與情欲生命之別。然此兩者在
古人或是一般人常是混雜的，連言不分，而那兩種生命在其現實生
長過程中，亦常互相出入，連其自己亦不十分能截然劃得清。此所
以在中國以前總說二帝三王是聖王。其實聖是聖，王是王。聖是純
然德性生命，而王總不免是情欲生命。荀子雖說聖盡倫，王盡制，
然亦總連說周公孔子大儒。依其所謂大儒之定義，湯武善禁令，知
統類，湯武即大儒。其實湯武是王，周公是政治家；而孔子是聖
人。然依荀子，皆大儒也。就是耶穌這唯在印證「純神性」的那純
然德性生命宗敎生命，而在當時一般人以及跟著他的門徒，也總想
認他是拯救猶太抵抗外邦的救世主，想叫他作猶太王。惟他本人內
心清楚，總說他的國在天上，不在地下，他的興趣在宗敎，不在政

治。孔子的德性生命在現實的生長過程中，也有其政治上的使命感
（同時也有其文教上的使命感，五百年有王者興，這一預言，在孔
子政治上與文教上兩面都有的，而在當時這兩者也不十分能分得
清），而當時就有人恐怕他一有土地的憑藉，就能形成強大的政治
王國。（如楚欲以書社之地封孔子，即有人如此進說以阻之。）惟
孔子在其純然是德性生命的發展中，終於超越了那政治上的牽連，
淘汰了那政治上的使命感，只剩下了文教上的使命感，而終於為素
王，成了聖人。

　　分別言之，政治上的情欲生命，雖因其客觀性與普接群機，而
也能神性化，然比宗教上的純然是德性生命總低一級。它自始在感
覺界的定向上發揮，這就注定了它低一格。在這低一格中的情欲生
命、英雄生命，實在大多是神魔混雜的。它的神性是因他能普接群
機而被之以客觀的形式。但它這普接群機是在感覺界的定向上要解
決某一問題裡的群機，不是純然德性生命之普接群機。這使它的層
次低而又有限定。但要緊的是，既不是純然德性生命，德性一退
位，則在他那強烈情欲生命中，無比的魔性即雜在內。光明稍微一
欠缺，陰影即進來。大凡英雄生命總是陰陽兩面的：有光明面，亦
有陰闇面。他的光明面只在他的生命能客觀化到群體的願望上，依
他而顯，不是依自己之內在神性而顯。而他的陰闇面，則是他的強
烈生命之主觀地不能順適調暢其自己，所激起的一些內在的波濤。
這裏面毛病深沉，魔性重大，決不是次級理性（平面理性）科學技
術所能控制，所能轉化。希特勒、史達林，你能用原子彈把他的生
命毀了，但你不能叫上帝不產生這樣的生命，你也不能禁止生命叫
他不如此呈現，你也不能用原子彈、科學技術、次級理性，從根本

上轉化了人的生命中的魔性。因爲這是從人性的深處發出的,這是生命的事,不是物質科學上的機械的事;生命上的事,還得用生命上的學問、理性,來對治,來轉化。這雖然也是理想,不是容易作到的,但這總是相應的。這點留在後文討論。我現在只說說這魔性的一些特徵。

魔,撒旦的本質,就是純否定。這是總持地、抽象地說。若具體地、作用地說,則對任何正面肯定的、有價值的東西,無論眞、美或善,它都向純否定的方向施以種種的引誘、迷惑,而歸於拆散。它是一惡作劇(不是遊戲),謔而虐者,虐待狂者,幸災樂禍,而專事挖窟窿者。它無任何眞實的肯定:自肯或他肯。它總是在詭譎旋轉中把你的任何肯定弄成眩惑的。它不允許你停在任何點上,它只是以甲倒乙,以乙倒甲,在來回的旋轉中把你拆散。它是絕對的虛無,純粹的冷酷。你若不能一念精誠,直下守住你的自肯,中心一有搖動,離開自己腳跟一步,你便落於它的拆散的旋轉中。所以撒旦試探耶穌,到最後,只是「撒旦退去,不可試探主,你的上帝」。這是一個很大的啓示,它啓示:到這裡,沒有理由可辨,只有直下肯定,截然割斷。它還啓示,這直下肯定就是「一念精誠的自肯」,這自肯就是信、誠、仁、愛或慈悲,這裏不是純智巧施以曲折所能拉開的,這是智巧以上的一個實體,一個眞實。所以凡不承認或不能正視這個眞實,而只崇尙此無根之智巧之唯智一層者,結果總是純虛無而流於魔。撒旦的來回旋轉而總歸於拆散之純虛無,也是一種智巧,沒有任何肯定的智巧。這智巧不是一條線,乃是來回旋轉而終歸於拆散的流逝。

英雄的情欲生命,當然不是這種純粹的魔。因爲他有陽剛一

面。但是他有魔性。他的魔性，首先見之於推倒一切的浪漫情調，世間的成規成矩、禮義之大防，他都可以不在乎。本來在立體生命湧現的時代，既成的現實局面要崩解，黏著於此既成的現實局面中之成規成矩、禮義之大防，也不是無弊的，對此而言，那浪漫的精神本身不是魔性。但就那強烈的情欲生命言，此浪漫精神本身是魔性。就其所遮撥者言，好像不是魔性，因為這時人們是被他的「否定現實」之應該性所吸引。但是這否定若沒有更高級的內在肯定之德性，而只是那強烈的情欲生命之氾濫衝破，則此氾濫衝破之浪漫精神本身就是魔。（「體任自然」之簡易，「不衫不履」之洒脫，此對「繁禮多儀」言是好的，其本身也有自足之「是」處。此當是另一義。英雄的其本質是魔性的浪漫精神，透映出來，亦可有此一相。但不必就是那正面的有自足之「是」的簡易。）

強烈的情欲生命本身並無一德性之原則（即仁守原則），其原則是在那感覺界之定向上，是外在的，是掛搭在他所要解決的問題上，群體的共同願望上。所以那生命本身只是一個沸騰的氣。他是無所謂的。他有時極仁慈，有時極殘酷，有時極忠誠，有時極狡猾。他可以不惜採取任何手段以達成其目的。在某時機上，他可以承認一切，而在某時機到來，他又可以一筆抹殺他所承認的一切。一切教訓格言，一切成規成矩，在他都是無足輕重，可以任意顛倒抹去的。他只有一個目的，就是權力欲所鼓盪著他去印持的那個群體共同願望之所欲一問題之解決。他的仁慈、忠誠，都是順著這個定向而表現的，他並不是肯定這德性意義的仁慈忠誠之本身，因而可以把這仁慈忠誠放平。他的生命中無所謂仁慈忠誠，因為他並無仁守原則。他所表現的正面德性都是在那定向上所表現的作用，為

情欲所鼓盪著不自覺地暗合於道的作用。他在這定向上表現得極莊嚴、極嚴肅、極神性。他脫落一切枝葉、花綠點綴，好像一個苦行自律的禁欲的說教者。但是他生命本身卻是一個黑暗、冷酷、氾濫，而無任何藩籬者。他那表面貌似的藩籬是靠那外在的定向來維持。他的黑暗、冷酷、氾濫轉化而為對應這定向而顯的仁慈忠誠，而同時又是殘暴狡猾而不顧一切。這就是英雄人格的魔性。

這魔性含著英雄生命的虛無主義的情調，因為他的生命之寄託在這個定向上，只是他的情欲生命之氣機鼓盪，並不是聖賢之悲願。他本無仁守原則。即此一點之撤銷，遂使他的生命本質上落於虛無主義之深淵。具體的表現是：他的內心都是極荒涼暗淡的，他沒有什麼生活可言，他的生命是毫無趣味的。亞力山大到了海邊，因無陸地可征服而慨嘆。他的趣味只在征服。他沒有生活，所以也無生活的享受與幸福。他們的結局都是淒涼而悲慘的：亞力山大早死，凱撒被刺，拿破崙被放逐，希特勒自焚而死。（即使不是如此，也總是淒涼而悲慘的。）他們的生命好像是一個猴子、傀儡戲，被命運撥弄著。可是命運撥弄他們，而他們亦正易有命運感。（這點下文討論。）

以上所說的魔性，是古今英雄人物以及近世之獨裁者所同具的。英雄的魔性不是純魔性，他的魔性是其在定向上行動之動力。他的魔性只是限定英雄人格之層次，由之可顯出高一層的聖賢人格。英雄是神性與魔鬼之間的東西，所以是神魔混雜的。在這裡，讓我們正視人間的悲劇。庸眾、英雄、聖賢，這三者是通觀人類政治歷史之關節。還有一部份人，便是一般的知識分子，這也在歷史上表演了一個起作用的角色。

第五章　論政治神話之形態

一、古代英雄主義的形態

我常說，領導一個政治活動，大體不外兩形態：一是英雄主義的路，一是概念的路。古代打天下的，大體是走英雄主義的路，而近時之極權獨裁，則是走概念的路。走英雄主義的路，是靠領導者個人強烈的生命、英雄的姿態、豁達的氣度，來吸衆用衆，團聚一部份立體的力量來馳騁縱橫，開出新局。他們當然也有名號（這也可說是概念），但那名號很簡單，那就是「伸大義於天下，拯人民於水火」。那「大義」是個籠統的名詞，實不是一限定的概念。但這籠統的名詞就甚好，它沒有許多枝葉。把它散開落實了，那大義就等於「安定人民的生活，恢復社會的秩序」，所謂重開太平。因此，當天災人禍，鬧成死局僵局，民不聊生，而逼著要動亂的時候，那表示重開太平的兩句話就成了所要伸張於天下的「大義」。那大義畢竟是大義，不是小義，沒有許多曲折與枝葉，只是安人民，復秩序。它不是有特定內容的限定概念，如經濟方面的什麼主義，政治方面的什麼主義，社會方面的什麼主義等。它對於人民生

活的最高原則，精神的或物質的，以及所遵守的具體路數，列舉言
之，如道德宗教的、政治經濟的、社會禮俗，大體是不影響的，它
也不過問及此。只要變亂了，能安人民，復秩序，那就是「大
義」。所以這就很好，因爲能保住人民許多的自由。在這種大義的
方式下，政治人物的「概念機能」是不顯的，所以特顯的是個人的
英雄式的生命。和這政治活動形態相應的政治神話也可以叫做是英
雄主義的形態。

　　英雄主義的政治神話，在其行動之際，中國式的，也靠著一些
禎祥、符瑞之類，來神異其生命，或假託一種民間的宗教，以作吸
引民衆的工具。然一個真正的英雄，還是靠其強烈的生命與恢宏的
氣度，無可僥倖者。禎祥、符瑞之類的神話與民間宗教之類的神話
只是一種點綴與壯聲勢，其本體還是「生命」。至於及其成功，則
那些神話即轉而爲一個抽象的神話，那就是「天命所歸」。「天命
所歸」一直可以用來維持其政權於幾百年。西方則靠著宗教與僧侶
來維持其政權的傳統。較原始一點的社會，則靠著巫術與魔術。這
些是超越於現實的物質、理性與技術以上的神秘力量。雖在平時，
只是維持傳統，然其所以產生與人之易於透視至此，實完全基於強
烈的生命之立體力量。這是環繞「生命」而產生的。在中國，雖有
「天命所歸」之神話，然大體是比較簡潔的，主要地還是落在人能
上：人之才智與德性。天命所歸，在中國，雖可以作神話觀，然亦
不完全是神話，這裡亦可透視出一個莊嚴的超越的道德感與道德實
體。這點後有論及。

　　英雄主義這個形態並不是永遠有效的。如上所說，在那個形態
中，領導人物的概念機能是不顯的。這是因爲政治、經濟、社會各

形態維持不變故。人們尚沒有達到對這些形態本身有問題上的覺識。如照中國而論，我常想，無論古代的貴族政治，或秦漢以後的君主專制，都是政治集團的立體力量所直接自然產生的。所謂「直接自然產生」，意即一部分強有力的、生命特強的人，他們取得了統治權，他們即直接使用此統治權。這是經過英雄比武後的自然事實。他們比勝了，他們就統治；你比敗了，你就被統治。一般人民未參與比武，然他們已取得了，你沒有辦法，也祇好合該被統治。這似乎是一種無可奈何下的公平的默認。所以這是生命的立體力量所直接自然產生的形態。比武勝利的人也不自以為有什麼慚愧，好像這是天經地義應當的。所以最後有「天命」之感。他們可以理直氣壯地來統治，直接使用他們的統治權，而人民也就無可奈何地予以公平的默認。這裡並沒有經過思想上的覺識予以「生命的立體力量」以外的人工上的曲折。政治形態如此，經濟形態亦復如此。經濟上的財產私有，土地私有制，也是勞動者所直接自然產生的制度。茫茫人地沒有先天的標識，預定這該屬誰，那該屬誰。誰在這裡勞動，久了，便自然是他的了，任何人皆如此。所以就公認了。這也沒有經過「勞動佔有」以外的思想上的人工曲折。社會上的倫常，譬如家庭的親屬關係、血統關係，這裡是經過周公制禮而確定的。這好像不是純生物生命的自然事實。然若高一點看人的生活，這種釐定，也是很自然地順理成章的。這裡再想予以思想上的人工的曲折，那是很違反人性的，很反常的。

以上三方面，政治方面，英雄生命的立體力量所直接自然產生的政治形態；經濟方面，勞動佔有所直接自然產生的經濟形態；社會方面，順人情合天理的倫常生活，這大體都是很自然的。不過前

兩者容易出問題，後一者不易出問題。其所以不易出問題，是因為它更有定常性更有合天理處。這就表示前兩者定常性小，其合天理亦較差。尤其政治方面，說「其合天理亦較差」，這是客氣的說法，是很消極的。積極地說是很不合天理的。我們前說好像是很應該的，那是以比武爲條件的。這是合乎「力」的理，不合「天理」的理，所以說它是生命之立體力量所直接自然產生的。因爲不合天理的理，所以這方面的「天理」也容易被覺識，而且也容易清楚確定。至於經濟方面，那是「勞動佔有」所直接自然產生的。這裡面的墮性很大。其天理雖是從「勞動佔有」這一自然事實而說的，然而「民以食爲天」，財產土地爲生存之必須條件，所以這裡的不合天理處是不容易說的，不像政治方面那樣顯明、清楚，而確定。至少我們可以這樣說，縱演變的結果有不合天理處，而如何才眞合天理，那也是很難發見的。貧富不均當然不合天理，但是一定從根本上廢除私有，也很難見出一定合天理。所以這裡的墮性，鄭重一點說，定常性，是很大的。

以上三方面，若都在不變之下，具政治活動大體是英雄主義的，概念機能不顯，以「生命」爲凸出原則。但是這三方面的不變性、定常性，一方面是有限度的，一方面也沒有像自然現象那種機械的保證。譬如政治方面，那不合天理是容易被發現的，一旦人民覺識了如何眞算是天理，那直接自然產生的政治形態就要生問題。經濟方面雖然不容易發現如何眞算是天理，然而總有演變上的不合天理處，雖然墮性很不容易變，然而人們可以作意地叫它變。倫常生活雖然很合天理，然而人不像自然機械那樣。人可以作意地進退其生命與價值之方向，爲什麼不可改變那倫理？這些幾千年不變而

竟然要改變，乃是近代的事。首先是改變了政治形態，今日的天翻地覆乃是共黨要改變經濟形態，牽連影響及已改變了的政治形態與最合天理的倫理形態。這些改變，就是我所謂「概念的途徑」。概念是對那幾千年不變的諸形態本身施以「思想上的人工曲折」。人類歷史進入近代是問題的時代，同時也就是概念的時代。

當政權是由生命的立體力量之「力」打來的時候，人在此是無話可說的，這裡沒有概念。「力」是一個最後的真實。但這最後的真實並停不住其為最後的真實。它也需要理性來客觀化。當人們的覺識照察到這裡也有話可說時，思想上的人工曲折，人的概念機能，即在這裡凸起。如是，由力所直接自然產生的政治形態，即轉而為由理性所產生的間接的架構形態，此即為民主政治。但是這一步概念的機能是好的。這因為：一、它正好足以開出並保證人的自由，並且單為開出並保障人的自由而施設；二、它雖是概念的機能，但它是虛的，所以它所成的是一個形式的架子。我們前說，在英雄主義的「大義」之下，能保住人的許多自由。但是須知這所保住的許多自由只是無限量的潛存，並不真能算是實現出來，亦並不真能有保障。實現出來而且有保障，則是靠著形成民主政體這一步概念的機能。所以這一步概念機能是好的。概念的恰當使用有虛與實兩層。「實」用是經驗的，須順事，所謂「即事以窮理」，這裡不能「立理以限事」。如果在這裏，概念的機能是立理以限事，則即成極權專制與騷擾。「虛」用是形式的、先在的，不是即事而有一定內容的，乃是凌空起來開出並保障實層上的活轉之自由，開出並保住許多事實的可能性。民主政體這一步概念機能正好符合這虛用。這個政體亦有它的限制作用，但是它的限制是限制我們在實層

上立理限事，橫起騷擾。概念機能的這步成就已有三百年的歷史，這是近代之所以為近代之最積極而有光明的一面。

但是概念的機能一開，是到處可以使用的，而且人間實層上的事實亦並不都是合理的，這與自然現象不同。這裡使我們進一步考察概念機能之向實層上用。向實層上用，主要地是向經濟形態方面用。經濟形態之引起人的概念機能是在其發展至工業革命與資本主義之時，馬克斯在這裡造了孽。向實層上用，是可以的，但是不能立理以限事。這必須是經濟的，不能「硬來」。共產黨卻正是硬來，立理以限事。這裡便是近代政治神話之特點。這特點便是概念機能之向實層上而為非經驗的使用。

二、近代集體主義的形態

近代政治神話，是概念的神話。完成這概念的神話之概念機能有兩層：高的一層是主義，低的一層是技術。

卡西勒說：「研究人類文明的史家曾告訴我們，在發展中，人類必須經過二個不同的階段。人開始為魔術者。但從魔術時代，他過渡到了技術時代，以前時代的原始文明的魔術者變成一個技術者和工匠。如果我們接受這樣一個歷史的區分，我們現代政治神話確出現為一件非常奇怪和詭譎的事物。因為我們在其中所找到的，乃是兩個似乎互相排斥的活動的雜合。現代政治家必須在他自己之中，連合兩種全然不同乃至相互矛盾的功能於一爐。他必須同時作為一個魔術者又作為一個技術者而行動。他是一個新的完全非理性的且神祕的宗教教士。但當他必須防衛並傳播這宗教時，他非常有

方法有規則地進行。沒有一件事是被留下來碰機會的,每一步驟都相當準備好了,並預先思慮過。這奇異的組合,是我們政治神話最震驚人的特徵之一。」

卡西勒所說的這特徵,就是我所說的低一層的概念。用普通話說,就是科學的。這一層的概念機能是工具的意義,是無顏色的。科學的發展、概念技術的精巧,他們不能違背,亦不會放棄而不利用。但這震驚人的特徵,在我看來,其實並無所謂。政治活動的人物並不是遺世而獨立。凡世間所有的成就,他都要來利用。這低一層的概念機能,就其本身言,其所發生的力量是平面的力量。攜之以運行而導其方向的,是高一層的概念機能,邪就是主義。這是產生立體力量的所在,也是產生神話的所在,也是使行動者成為魔術者,成為非理性的神祕的宗教教士之所在。

幾千年維持不變的各方面的偉大傳統維持不住了,概念起而代之。到處要出問題。斯賓格勒早已說過,以前是大皇帝,現在是盧騷,思想家。繼之而起的,當是馬克思、尼采。這些都是貢獻概念、主義的人。再加上猶太資本家貢獻錢。野心家就利用這兩種成素而造成政治神話。這種人是權力欲、生命特強的人,神魔混雜的人,說他是英雄可,說他是流氓亦可。最顯著的,就是希特勒、列寧、史大林等輩。希特勒利用「種族國家」,史大林利用「階級」,都造成近代的、概念式的極權專制的政治神話。他們是生命特強的人,都能發動立體力量。然他們的生命,他們的立體力量,能套在概念裡面行,能客觀化到集體裏面、黨裏面行,能運用科學的技術,這就使他們不同於古代的純英雄主義的途徑。他們憑藉概念、黨,造成他們自己是個神,神性化的獨裁者:概念是神話的概

念，黨是神話的黨，領袖是神話的領袖。然這裏亦有辨。

我剛才提到盧騷，然盧騷畢竟是人權運動中的思想家，現在雖然亦有清算盧騷的，說他的思想中亦有集體主義的毒素，然他大體是有功於人權自覺的人。他也是表現概念的機能，但他的概念機能是形成民主政體的，這就是我前面所說的概念機能之「虛」用。這一層是好的。造成三百年來自由民主的傳統。自由民主，在當時，當老的政體傳統表現其概念的機能時，也能發動出立體的力量、理想的力量，這就形成拿破崙之以自由、平等、博愛爲號召而所以爲解放軍者。在過程中，雖有假借自由民主以爲惡之歪曲現象，亦雖有因而引起拿破崙之稱帝之歪曲現象，然畢竟是向構成民主政體之目標以前進。這就是這一方面的概念機能之成就，已有三百年之傳統，而今日尚須生死鬥爭以維護之者。

然馬克思對經濟形態所表現的概念機能，形成共產黨所謂第四階級之使命者，顯然沒有民主政體方面那樣好的價值。對正在活著的人民說，造成無窮的災害；就它的本質說，對人類造成漆黑虛無的歸宿：不能保住自由，不能保住價值，亦不能保住文化。這當然是一個嚴重的魔。其所以成爲極權專制而使人類向漆黑虛無的歸宿趨，最深微的理由就是概念機能之「實」用而又爲非經驗的：在實層的使用上，立理以限事。然而他的高一層的概念魔術性非常大，低一層的概念技術性又非常精。眞正的近代政治神話是落在它身上。希特勒雖亦有概念的機能，利用種族國家，然他畢竟英雄主義的成分重。概念在他那裡的重要性沒有像在共黨那裡那樣強。他不過是利用日耳曼種族的優越感，衝破凡爾賽條約的束縛，爭取生存空間，爲德意志出口氣。惟希特勒以其特強的生命、英雄主義的姿

態，鼓舞愛國的狂熱，發動立體的力量，其內在生命已達到瘋狂爆炸的境地，所以其興也暴，其亡也忽。至少他在應付國際關係上，那進進退退的技術是不夠精察的，不夠概念的，他在這裏也十足表現他的英雄氣，說壞是流氓氣，說好是天才氣，但這皆是不可的，亦就是不夠精察、不夠概念的，所以一敗塗地。縱使不敗，因他那英雄主義的氣味太重，所以其極權專制也是一時的、非永恆的，因他在高一層方面的概念魔術性與概念持續性都不夠堅強故。所以這個形態的災害性是有限度的，也是容易對付的。但是共黨的災害性就不這樣簡單。他們在高一層方面的概念魔術性非常認眞，而其持續性又非常堅韌。這是他們的生命線。而低一層的概念技術又是非常的精察與理智，又是跟著高一層概念的魔術性上的原則來的。所以這神話集團，其極權專制，是依其概念而然，本質上就決定了的，而且是永恆的。他們不走個人英雄主義的路，而且念念以此為戒。他們雖然一切都集中在史大林，把他神性化，但史大林之取得如此的地位以及他們對於史大林之這樣崇拜，不是以個人英雄主義的姿態而成的，而是以其依概念而成的黨之姿態而成的。他們常常自我檢討，自我批判，批判形式主義、八股主義、機會主義、經驗主義、事務主義、宗派主義、溫情主義、英雄主義等等，這些檢討、批評，無非是想把個人的生命客觀化、大公化、客觀化到概念上去，黨上去，階級使命、歷史使命上去。他們個個都以殉道的姿態出現。緊張、恐怖、殘忍、嚴肅、冷酷、熱情，兼而有之。這裡要說神性，有極崇高極莊嚴的道德宗教情操之形似；要說魔性，亦有極端狠愎、詭詐、漆黑、虛無之魔性。它就是這樣一種神魔混雜的局面。它的魔性都是跟著普遍的唯物論來，而其生命深處的興趣

鼓舞則是量的精神,渾同的精神,原始、野蠻、粗獷、仇恨、虐待狂的精神,乾枯的抽象的精神。他們對於個人沒有興趣,對於花花綠綠、春光明媚的點綴沒有興趣,對於質的美、具體的價值,沒有興趣。他們的價值觀念,是量的、抽象的、狂暴的、齊同之光板的。然而這就是價值的否定。因為價值,無論是眞、美、善、道德的、宗敎的、藝術的、哲學的,到最後總是具體的,或者說特殊的與普遍的之統一。然他們沒有特殊的,只有那光禿的虛幻的普遍者。他們的人民不是具體的、現實的、人格價值的、有生存權利的人;而是抽象的、群體的、中性的階級、類名,或者是未來的影子。所以把這一代人都殺掉,也在所不惜。他們的殺不是張獻忠的殺,而是依照他們的概念去殺的。這才是他們最深微的魔性。他們的概念、黨、領袖,都是神性化的,然而卻是神魔混雜的神性化。這才是眞正的政治神話。

立體力量有是應劫而生,有是應運而生。像希特勒、史大林者,是應劫而生者,所以他們也各能代表一部份集體的願望。應劫而生的立體力量實在是毀滅的力量。它的創造性質實不是創造,而是毀滅;它的理想性,實不是理想,而是理想的影子。但是不管是應劫而生,或者應運而生,他們總是發動了那立體的力量。不管是國家的神話或是階級的神話,我們不能徒以神話而嘲笑之輕忽之,這裡面總有事實上的眞實性,雖然不必是眞理上的眞實性。神話是那立體力量,神化性的概念、黨、領袖之點綴,如我前文所說,政治神話是政治方面的立體力量之神性化,是其神性化之抽象的姿態。

階級本是人依其智愚賢不肖以及生命體力之強弱,在社會演進

中，所形成的現實物質生活之分野。但是較高的階級，雖亦有階級間的差異，尚可以自己支持得住，有可以自己慰藉而與其他階級相較量的地方，所謂比上不足，比下有餘，尚可以過得去。不幸淪於第四階級，所謂普洛列塔尼亞、無產階級，那是最低的、一無憑藉的，唯剩下一具可以出賣的體力，終生在飢餓線上、生存線上掙扎，毫無可以自慰的地方。發展至工業資本主義社會而成為勞工階級，則已顯然成為近代的一個社會的客觀問題，第三階級爭自由民主的成就，顯然對這一部份人的生存福利並無多大助益。他們還是一樣地只是靠出賣勞力在生存線上掙扎。給他一張選舉票只是點綴，而他們所需要的還是麵包。這兩個觀念不只是名詞的轉換，實有實際上的差異。這就是問題的所在，觀念歧異之所在。依馬克斯的了解，他們是被精神甘露所遺棄了的，什麼精神、價值、文化都潤不到他們身上去。所謂「工人無祖國」，祖國觀念也與他們無干。舉此可以概括全幅人文世界、價值世界。道德宗教對於他們的安慰是無用的，菩薩心腸、聖賢存心，也是無濟於事的。因為這不能把他們做為一個社會的客觀問題來解決。光個別地對於他們心理上予以安慰，有什麼用？光只是菩薩心腸、聖賢存心，來同情他們，不能算是問題的解決。因此，馬克思認為要把他們當作社會的客觀問題來解決，不能訴諸道德宗教，不能訴諸聖賢存心。這不是慈善事業，而是革命事業。而這革命事業也不是從聖賢存心的道德實踐講起，而是客觀地根據社會形態之發展轉變之法則以及歷史之必然而發動的。這點，的確表示馬克思是能緊握其為一社會之客觀問題而說話，所以他宣稱他的社會主義是科學的。即是從客觀的必然說，不從主觀的實踐說。擔負這客觀必然中的歷史使命是容易引

起人的神性之感的，因為你的生命是客觀化到歷史的大流裡去了。
同時，在客觀必然中，當作一個社會的客觀問題，不是那一個人的
問題，為無產的勞苦大衆請命，也是容易引起人的神性之感的，因
為你的生命客觀化到大衆裡面去了。這些都是不錯的。這顯然也割
斷不了那主觀的極高的道德實踐之根，大慈大悲的聖賢心腸。但是
他們一定要割斷，而且與之為對立，說這是唯心論的。若說光有聖
賢心腸不夠，當然是對的。但不能因為要當作社會的客觀問題來解
決，便否認這主觀的實踐之根，而與之為對立。可是他們一定要主
張唯物論。他們所以堅主唯物論，其最初的動機還是在一眼看到工
人階級最被精神甘露所遺棄，所以他們也乾脆只以物質生存、麵
包，為第一義，來往上翻（革命）。我們既得不到精神價值世界的
沾漑，我們乾脆也不要，來一個對於全幅價值人文世界的否定。殊
不知正因為他們得不到精神甘露的滋潤，所以才革命，讓他們過人
的生活，這就不能自己先放棄精神甘露的根據，從理論上否定全幅
價值人文世界之真理性與真實性。只以物質生存麵包看人，固然是
大不敬，亦是大不仁。只此便是一個大虛無。這就使神性事業轉化
而為魔。復次，社會演進所以有勞工階級出現完全是因為生產工具
之被獨佔。在這裡，馬克思看上了經濟形態：資本主義之罪惡，私
有財產制之罪惡。欲得到勞工階級之解決，達到無階級對立之社會
之實現，只有廢除私有財產制。這一認定是他們的革命大業之內
容，他們的使命之內容。這樣的一個內容，再配上革命所依據的基
本精神（原則、唯物論），則消滅階級對立所剩留下來的禿頭平
等，其意義是可想而知的。由私有制所演成的貧富不均之現象，資
本家獨佔生產工具之現象，固然是罪惡，不合天理，但是從根本上

廢除私有制（自由經濟），又有什麼先天的理由能說它一定合天理，或者能造成一定合天理的人間事實呢？這裡的「天理」不是截然二分那樣的抽象所能表現。在這裡作意，起概念，施以思想上的人工曲折，只有順經驗，「即事以窮理」，不能先天的硬來，「立理以限事」。否則，所傷必多。但是他們非要先天地硬來，立理以限事不可。他們硬要造成只以物質生存、麵包看人，使人只成為吃麵包的活動物那樣的「平等」。這就非極權專制不可。這種極權專制是根據硬來的「概念限定」，具著神性之感，帶著魔的精神，堅持不捨以前進的。那個神性而莊嚴偉大的事業因虛無主義的精神而轉為魔事，因而那個神性不可侵犯的黨，那個神性而無錯誤的領袖，本質上亦因虛無主義的基本精神與硬來的概念限定而轉為混雜的神魔局面。他們能抓住這件大事，當然是不平凡的。此其所以能發動立體力量之故，而其神話亦有事實上的真實性。但因虛無主義的基本精神與硬來的概念限定，遂使其立體力量成為毀滅的，使其真實性成為「非真理的」。這誠是人間的悲劇。

　　概念的機能是近代政治神話之特徵。這亦與平面的科學、工業、技術化的精神相配合。低一層的技術概念固直接平面地與科學工業技術化的精神相配合，即高一層的主義概念也是與這種精神立體地相適應。技術概念與科學、工業、技術化同是平面層上的，這都是恰當的、好的，亦是無所謂的。而負責任、指導方向、決定顏色的，則是主義概念。在此，主義概念亦好亦不好。好處是確定，有理則，壞處則是限定、不圓通，有虛幻，亦有騷擾。能正視概念，處於概念與非概念之間，則政治的理性與智慧出矣。同理，發生立體力量必須賴強烈的生命，這裡有英雄人格的插足地。而英雄

人格常是不爲概念所圈定，而輕視任何概念的。因此，易流於瘋狂、輕率，而無準則。能正視生命而順適條暢生命，能正視概念而知概念之虛實與限度，而不爲其所圈定，所膠著，則政治的理性與智慧亦於焉出現矣。此是政治由神話魔術轉至智慧理性之重要關節。在正式闡明此義之前，吾人須先進而一談政治神話中命運與預言兩成素。

第六章　論政治神話與命運及預言

一、聖人的使命感與英雄人物的使命感

　　每一個偉大的人物幾乎都有使命感。即以孔子那樣平實通達的人，還有其通至超越方面的使命感。因爲他的平實通達不是平面的，乃是他的立體的德性生命之圓熟。「文王旣沒，文不在茲乎？天之將喪斯文也，後死者不得與於斯文也，天之未喪斯文也，匡人其如予何。」這裡就顯豁著一種強烈而嚴肅的使命感。我前文曾提到，孔子於政治文敎兩方面都有使命感。「斯文在茲」的使命感也許就是兩方面都牽連著的。「五百年必有王者興」，雖出之於孟子，然這一預言，在當時社會上，必是早已流行著的。孔子是殷人，商質周文，他要根據著商質以融攝周文，而重興一種新文敎。這是歷史輪子上的一種擔負，是上天通過歷史輪子輪轉到他身上所交給他的一種使命。耶穌的使命感是直接通上帝的，他感覺著他是上帝的兒子，他直接通著他在天上的父，直接差遣他下來作贖罪的羔羊。他好像不是像孔子那樣要通著文運來表示上天所交給他的使命，所以他的使命感直接是宗敎的，而孔子則偏於文敎。使命就是

從上面差遣下來的一種命令，落在某人身上，讓某人來擔負。平常的差使是相對的、層級中的，而「使命」一詞之所示，則是絕對的、不在層級中的。所以說穿了，使命感就是直透到超越的最後的真實，由這最後的真實所興發的一種內在的責任感，其實也就是「承體起用」。使命感就是「承體起用」的一種具體的象徵的表示。這是道德宗教方面聖賢型的使命感。

至於政治方面英雄型的使命感，當然也是絕對的、不在層級中的。但是卻不好說是「承體起用」。他之透到超越面，能感到神性的差遣，完全是由於他的情欲生命之強烈。其初是冒險的、生死鬥爭的。他冒出來了，發動了那立體的力量，無有能與之匹敵者。因此，他感覺到他的生命是無人世的限制者，是一個可以最後抵得住的「生命真實」。這個生命真實，假若有限制，那限制就是上帝或上天。因此他感覺到他直接通天，他好像是神或天直接遣他下來，擔當一件事、這一個時代的大任。他也有了使命感。但是他和神尚隔一層，不似德性生命之內在的通契。所以聖賢型的使命感是承體起用，而英雄型的使命感則只是強烈的情欲生命之無敵，他和神的關係是外在的。生命和神之間有一條異質的間隔線。在這間隔線上，他被打落下來了。他雖然因生命之無敵而有使命感，但也因被打落下來而有命運感。超越方面之「使命」轉而為「命運」。命運可以超越地說，亦可以內在地說。超越地說，是他的情欲生命上面有一個命運在支配著他，他好像為這個命運所撥弄。他自己不能作主。而自己不能作主，就引到命運之內在地說。內在地說，是他的情欲生命在現實時間過程中之機括性：他發動了那立體的力量，他盡了那時代的責任，他黯然消失了。這是他的命（受命於天的命，

因而有使命感）在運行中的機括性。（若說他的命所以這樣運行是他命定中安排好的，那就是命運之超越地說。）他所以有這種運行中的機括性，是因為他的立體力量自始即在感覺界的定向上要解決某一問題。他的生命全幅是情欲生命，他的力量即全幅落在「事」上用。（所以英雄是立功，不是立德。）而落在「事」上用，所謂的感覺界的定向上要解決某一問題，即必然有那事的機括性。事的機括性即象徵著情欲生命的悲劇性。他發動了那立體的力量，他勝利了，他的權力欲伸張了，然而這件事也完結了，他的生命也完了。他的黯然消失之悲慘的結局補償了他的情欲之氾濫，這是他的命運，也是黑格爾所謂「理性的詭譎」。上帝是藉他作工具來伸張一部天理之公的。

嚴格說，聖賢可以只有使命感而無命運感。首先因為他的生命全幅是德性的，所以他與神性的本質是不隔的。他的使命就是「承體起用」，而「承體起用」，在他分上，就是盡性。盡性當然有一過程。但這過程步步是圓足而絕對的，因此步步亦是永恆的。窮理盡性以至於命，盡仁之性即窮仁之理，盡義之性即窮義之理。（此依陽明解。）在盡性窮理中以至於天之所命。至於天之所命，即受其命而全幅實現之。全幅實現之，即全而歸之。全而受之，通過盡性窮理，復全而歸之。此即所謂至命。那全而歸之之過程不是「命運」。但若他在定向上一定要解決某一問題，成就某件事，或在某件事上表現「道」，他即可以有「命運感」。此即孔子所謂「道之將行也與，命也。道之將廢也與，命也」。他要見某一人（此亦是定向），而旁人阻之不得見，此亦是命運。此即孟子所謂「吾之不遇魯侯，天也，臧氏之子焉能使予不遇哉？」此「天也」也是表示

命運。他欲世人知之（此亦是定向），而世人終莫能知，此亦是命
運。孔子說「莫我知也夫！」這也表示一種命運的慨嘆。但是當子
貢問：「何謂其莫知子也？」孔子即轉化他的命運感而淨化自己
說：「不怨天、不尤人，下學而上達，知我者其天乎！」此即是命
運感之消化而全成為「盡性至命」事。大體聖賢型的人格，在定向
的成事上是不行的，而其使命在成德，而他即以其德消化其定向上
之命運感。而英雄型的人格，其所以成為英雄即在定向上成功。他
因此而有那外在的使命感，其使命是寄託在定向上某一問題之解
決，不是「窮理盡性以至於命」的內在使命，所以他亦因此有命運
感而不能消化之。這裡顯出英雄之層次雖低而亦有其必須性。因為
人間是有些屬於「事」的共同願望需要解決的。這裡不能十分乾淨
而無駁雜。人間是需要聖賢型的「窮理盡性以至於命」的內在使命
所表現之純創造之天德，同時亦需要英雄型的定向上的外在使命所
表現的機括性的命定主義。命定主義不完全是壞的。庸眾的命定主
義只是墮性、迷信，而英雄人物的命定主義，則是根據他的立體力
量在定向上之創造而下來的。聖賢的使命感只是「於穆不已」之
「純」之創造，這裡沒有命運感，亦沒有命定主義。至於英雄，凡
是其生命之強力能透頂而無與倫匹，能至即以其生命自身可以最後
抵得住而為一「生命真實」之境，則他必然有那外在的使命感，亦
必然有那機括性的命運感──命定主義。他有那強烈的生命、堅定
的意志，與敏銳的覺識，而你沒有；他能承當這時代的輪子，而你
不能；他能普接群機而滿足共同願望之所需，而你不能。他何以
能？生命！此豈非天耶？凡發自生命上的事，都是先天的，故曰天
才。先天的而能透頂而為一「生命真實」，才使他有使命感，然他

在定向上逞能，所以他亦有機括性的命運感。純落於平面的生命、理性，與技術者，固不知此等事，遂以庸衆之命定主義視之，認爲全是漆黑混沌而迷茫矣。

在中國歷史上，英雄形態的使命感與命運感當由漢高祖開始。惟在漢以前，依儒家的觀念，有所謂二帝三王。儒家稱二帝堯舜爲「德」之盛，即在三王，雖家天下，祇算是小康局面，然其所以能得天命，亦完全從「德」上說。一方面自己積德，一方面重視民意，爲衆望所歸。故孟子說：「天子不能以天下與人」，乃是「天與之」，而「天與之」亦不是「諄諄然命之」（此減輕了神話的色彩），而是以其人之「行與事示之」。其人之「行與事」完全是其人之德上的事。其行與事完全合德，則民歸之，這就表示「天與之」。「天與之」是通過「人與之」而表示。故孟子最後引〈太誓〉曰：「天視自我民視，天聽自我民聽。」孟子又說：「禹惡旨酒而好善言。湯執中，立賢無方。文王視民如傷，望道而未之見。武王不泄邇，不忘遠。周公思兼三王，以施四事。其有不合者，仰而思之，夜以繼日。幸而得之，坐以待旦。」這至少在「觀念」上，於「力」以外，別開了一個格，不管事實上如何，政治形態如何。因爲從德上說，遂開出後來王霸之分。王以德，霸以力。因爲以德，所以他的行事是王道；因爲以力，所以他的行事是霸道。由王霸之分，以後又開出宋儒（主要是朱子）斥漢唐爲把持天下，而稱三王爲聖王。把持天下是力與私，而三代則是德與公。聖王一觀念非常重要：旣是王而又是聖，旣是英雄而又是聖人，這和現在稱甘地爲「聖雄」同。依我們現在的說法，這個觀念是表示在聖賢與英雄以外，又建立了政治上一個最高的格。英雄一格從劉邦開出，

聖賢一格從孔子開出,而政治上的最高格(聖王)則歸之於二帝三王。這個最高格,是儒家政治思想在觀念上自覺地建立的。英雄有外在的使命感,有機括性的命運感;聖人有內在的使命感,而無命運感;聖王亦當該在政治上有內在的使命感,而無機括性的命運感。這個政治上的最高格,在我們現在的論題內,有一個重要的涵義,那就是儒家使政治如何從神話與力之「非理性的」轉爲「理性的」之最根源的想法、最高的原則。這只是最初一步,至於如何步步釐定下來而求其充分實現,那是後來發展的事。但這最初一步,也就很可貴,因爲它已開啓了理性政治之門。

在共黨的政治神話中,因爲他們相信普遍的唯物論並相信唯物史觀,所以他們沒有超越的使命感。他們的使命感轉而爲歷史發展之必然。他們要承當這必然中的一步輪轉,這就是他們的使命。使命,由通於神性的超越意義全轉而爲內在於歷史發展之必然。他們沒有超越的神性,他們的事業本身就是神性。又因爲他們不走個人英雄主義的路,所以他們也沒有那機括性的命運感。因爲命運是個人生命對那「超越者」而顯。他們既沒有「超越者」,又不走英雄主義的路,所以自不會有那定向上的機括性的命運感。他們本身是歷史必然中絕對的一環,他們是無外無對的。階級、黨、領袖,歷史必然中的使命、命運、革命與理想,在他們都是同一的。但是,他們雖自居爲無對無外,然我們自外面看他們,他們事實上不能無對無外。超越者是有的,普遍的唯物論是假的,唯物史觀是不能窮盡歷史之蘊的。因此他們自認爲無對無外的那一套本身實即是一個由概念造作的虛妄的大機括,因而他們即須在此機括中被消去,此就是他們注定的命運。他們用全幅概念的機能耍那抽象的階級、人

民之神話魔術。而其本身勢必在此魔術中被具體的人民捲之以俱去，此是他們不可倖免的命運。人們甚至它的黨員被那抽象的階級、人民，所鼓蕩起的客觀意識與殉道精神，不能永遠吊掛在那裡，它必須在現實生活上，在具體的人民上兌現，這樣才算是表現了一步眞理。但是他們的基本原則不能使之兌現。這就是其機括性的悲慘命運之必然性。

二、宗教家的預言與政治上極權英雄人物的預言

使命必函著預言。此下，我們再論預言。

生命的立體力量，無論是道德宗教的，或是政治的，不發動則已，一發動，必透頂，因透頂，故有使命感，而亦必函有預言。預言，一般地說，有是表示一般人的渴望之呼聲，有的是發自偉大人格本身通過其使命感對於未來之預測。例如約翰施洗時，見耶穌亦來受洗，《新約》上便記著說：「經上云：曠野之中有人聲，修直主的道，鋪好他的路」云云，這便是引經上的預言來說約翰為耶穌鋪路，反之，亦可說約翰施洗，耶穌降臨受洗，正好應著那經上的預言。經上預言著有一個大人物要來。這經上的預言實表示一般人的渴望著一個救世主降臨。究竟誰來應，又以什麼形態，政治的抑還是宗教的，來應這預言，這是沒有定準的。落在耶穌這個人以及其所表現的形態上，便是耶穌這個人了，亦就是他那樣的形態了。又春秋戰國時代大家流行著「五百年必有王者興」的預言。這也是表示一般人在亂世的渴望之呼聲。孟子說：「由堯舜至於湯，五百有餘歲。若禹、皋陶，則見而知之；若湯，則聞而知之。由湯至於

文王，五百有餘歲。若伊尹、萊朱，則見而知之；若文王，則聞而知之。由文王至於孔子，五百有餘歲。若太公望、散宜生，則見而知之；若孔子，則聞而知之。由孔子而來，至於今，百有餘歲。去聖人之世，若此其未遠也，近聖人之居，若此其甚也。然而無有乎爾，則亦無有乎爾。」五百年必有王者興，由文王至孔子，已五百餘年矣。那時正在亂世，人正渴望著一個王者興起。然而卻沒有王者，只有霸者。若以孔子應之，而孔子卻不是以王的形態應，而是以聖的形態應。人總渴望著一個眞生命眞人格出現，王者可，聖者亦可。從現實上說，王者比較有力；從理想上說，聖者則更偉大。

　　至於發自偉大人格本身，通過其使命感而來的預言，則亦可從宗教與政治兩方面說。大體言之，宗教的預言是憑著偉大人格內心一時的神秘靈感或宗教悲情而發，而其所投射於未來的預言，亦常是一個只投射於未來的「點」，而不容易在人的意識上拉成一條線，和現在連結起來。所以人們覺得渺茫難測，而出諸聖者之口，所以人們也認爲這是聖者的先知，或者信，或者不信，信不信由你。例如耶敎言世界末日，或耶穌再來。此剋就其爲一預言本身而言之，這是一個點形式的預言，很難拉成一條線。這是宗敎神秘性的預言。但是若從發這預言的人（不必是耶穌）之內心的神秘靈感或悲情而言，則這預言也並非無道理，也未始不可與我們眼前的宗敎覺情或悲情相連結。這是看個人的感受如何，而那預言的意義也靠個人的感受來決定。這種預言大體是屬于人生的根本問題，就人生最後的覺或迷而發。耶穌本人所發的預言，也大體屬於這一類，如：你們若不悔改，則如何如何；這聖殿毀了，我三天可以重造起來；對彼德說，雞叫以前，你要三次不認主；對諸門徒說，你們要

受迫害等等。這都發自他內心的神秘靈感或燃燒的悲情。凡這類預言，就未來說是一個「點」，若就內心的宗教悲情說，則當下可以印證。此其所以為神秘，亦即其所以為悲感。凡宗教預言，其底實皆是由悲感而發。如佛教裡亦有「正法千年」說，佛滅度後「千年法滅」之預言。這種預言亦好像是一個點，但若從一件事的強度發展上說，人心的墮落與種種因緣，正法決無不衰之理，這也就是說，亦可以拉成一條線，而預測自己未來的命運。而這種預測亦正是由于內心的悲感所發出的一種警告。孔子無甚宗教性的預言，但由於他的文化生命之貫通，他亦可以鑒往察來，而這種預言就比較容易拉成一條線，例如「殷因于夏禮，所損益可知也；周因于殷禮，所損益可知也；其或繼周者，雖百世可知也。」這顯然是一條貫通線，而所以能貫通，則因有因革損益的法則作根據。孔子不甚願意就人生最後的覺或迷上發那燃燒著的悲感之預言，但是他可以就文化生命之貫通而預知時代之盛衰，使人常懷戒惕以光明其自己，這亦是一種仁心之感通。而仁心之感通所成的預言則不虛懸而為一個點，而是落在文化生命之具體的發展上而為一條線，故比較平實而如理。孟子說五百年必有王者興，也是根據堯舜至于湯，湯至于文王，文王至于孔子，而貫通下來的。這亦是從文化生命的具體發展上說的。從文化生命的發展上說，則是綜和的，而與現實亦不隔。而宗教預言，則大體皆不能落在文化生命上說，只是那偉大人格內心之神秘靈感或燃燒著的悲感之睿照或喃喃自語式的謎語，並不必落在「事」上，故顯得神秘而突兀，容易投射成一個點。此則完全靠個人的宗教悲情之感受如何而確定或了悟其意義。此種預言，儒家不多表現，亦不以此為貴。儒者的仁心覺情，是截天截

地，蓋天蓋地，直下是義理承當，不落光景，義之所在，無古無今。而落在世上，則是窮理盡性以至於命；落在文化生命上，則是貫通歷史，啓發文運；有古有今，亦有未來。其仁心覺情不爲離事之光景（就儒家說，宗敎性的預言或先知亦是光景或情識之聳動），而是布護周匝於具體中事中而爲眞理之表現。

依儒家式的預言，用于政治上，容易成爲理性的；依宗敎式的預言，用于政治上，則容易成爲神話或魔術。

政治方面的預言，則因強烈的情欲生命之立體力量，自始即在感覺界的定向上擔當某一問題的解決，則通過其外在的使命感而亦必有命定的預言。這種預言本容易落實，亦容易拉成一條線。因自始即在感覺界的定向上用心，則那立體力量一發動，必有未來發展之趨勢，順此趨勢預言之以爲鵠的，這是很合理的。它有客觀的歷史發展之法則性以爲根據。問題單在主觀方面之戒懼與照察之程度爲如何。一個有眞生命的大人物，一個有強烈的情欲生命之英雄是常有這種聰明的。但因其生命神魔混雜，亦常聰明反爲聰明誤，而轉爲狂妄的愚昧。他的使命感，本是外在的，本不是純然的德性生命，因而亦本不眞能通於神性，只因他能普接群機，聳動了群體的某方面的共同願望，這共同願望復轉而擴大了那立體力量，遂使之放大而自認爲是神聖。他已神性化了，成爲神話中的命定者。這一步放大使他脫離現實而流於怪誕。他可以任意爲之，而毫無顧忌。那立體力量本有創造性，但這創造性是在感覺界的定向上表現，並不是道德宗敎方面純然德性生命所表現的純然創造性之自己，所以他不能不有現實環境與背景的限制，亦不能不與這些現實接頭而有所順違。但是他已放大怪誕了，奔逸絕塵，忽視而脫離了這些限

制，他認為無不可由他來創造。反正他手中握有了一個龐大無比的
立體力量。他的意旨就是法律，就是眞理。如是，他那立體力量成
了脫韁的野馬，四不喞接。他的立體力量的創造性也與那感覺界的
定向脫了節，而成為寡頭的盲目者，他要像上帝之「無中生有」那
樣來創造。因而他由外在的使命感而來的投射於未來的預言，也成
了孤離的、虛懸的「點」，並不能拉成一條線，它完全失掉了客觀
的根據。因而在政治上它成了不可能的妄誕。在這情況下的政治上
的預言表面上具有宗敎式的預言之形態，即點的形態。但是這點的
形態，在宗敎上是恰當的，因為那是發自偉大的德性人格內心之神
秘靈感或燃燒著的悲感，其內容只是對著人類的最後的覺或迷而
發，並不對政治經濟或社會上的「問題事」而發，即並不落在「定
向事」上。所以人們依其宗敎悲情，隨分隨時，都可對之有感應，
而收到勸人為善的效果，所以這是恰當的。但是政治則自始即在感
覺界的定向上措施，其預言也不能不在定向上順勢之發展而引成一
條線以通之。若是把那貫通線拉掉了，而亦成為點的形式，則那龐
大的力量、神聖化了的領袖，未有不隨意揮灑，橫行亂為者。其點
形式的預言非其力量所能創造，即失掉其作為「目的」的作用，如
是那立體力量即轉而為其自身毀滅的力量，而預言个成其為預言，
卻轉而為其機括性的悲慘之命運。預言是智慧與悲情的投射，今既
無智慧，亦無悲情，預言即不成其為預言，其生命完全內在於這情
欲生命的立體力量自身，沒有智慧與悲情之光來引導的開通，如
是，預言勢必轉而為其機括性的悲慘命運之來臨。他的機括性之命
運代替了預言。預言象徵他的生命之開啟，而命運則象徵他的生命
之封閉。希特勒與二次大戰前的英法相折衝時，料事必中，但是他

若綜起來，心中要預言著日耳曼民族通過他命定要統治世界，通過他，要毀棄一切，命定著要重新鑄造個什麼世界，那他的命定主義的預計即成爲點的形式，而不成其爲政治上的預言，這時，他只有等著他的機括性的悲慘命運之來臨。他的這種點形式的預言，與斯賓格勒的「西方世界之衰頹」無關，與海德格的存在主義之哲學亦無關。卡西勒以爲這些都有助於希特勒，而爲他所利用，因而遂貶斥斯氏與海氏。其實這都是深文周納的。英雄自有他的魔性。他能發動那立體的力量，他自然可有那外在的使命感，他亦必不能免他那機括性的命運。他的點形式的預言，只是他的狂妄。斯氏海氏又何能助於他？英雄、流氓、政治野心家，什麼都可利用。他自有他的生命本質，也不是光靠利用來起家。他們要階級的神話，要國家的神話，他們又何嘗不可要自由民主的神話？若是這樣忌諱起來，則因他們利用一切，毀棄一切，我們也可以貶斥一切，毀棄一切，這與他們同樣是「非理性的」。斯氏的「西方世界之衰頹」是論各民族的文化生命之發展史，他的基本原則，我於數年前曾有一文論及，只是「以氣盡理」，而不能達到「以理生氣」的境界。斯氏確有他的智慧。若因厭惡希特勒，便說斯氏的預言只是歷史的占星學，那是自己的淺陋。至於海氏的存在主義的哲學，那只是探討人生根本問題的另一進路，存在的進路，也表示西方文化發展至今日發生根本問題，需要從頭反省的另一個新的內斂的起點。在一個文化發生根本問題時，無論在政治方面或哲學思想方面，常有些相順相違互相助緣或激轉的地方。若因厭惡希特勒而亦貶斥海氏的存在主義的哲學，那亦非平情之論。卡西勒說：「我的意思不是說，這些政治學說對德國政治的發展有直接的關連。絕大多數的這類觀念

起於非常不同的來源。他們有一個很『唯實』而非『觀想』的意義。但這些新的哲學確減弱並慢慢侵蝕了那些可以抗拒現代政治神話的力量。」這亦不能說不是聯想上的事實，但主要地還是因爲西方文化發展至十九世紀，實在是每況愈下的趨勢中，亦實在發生了根本問題。對於文化生命的發展稍有深入的洞鑒者，類能知之。政治方面要起變動，哲學思想亦不能不從頭反省。反省，無論只是消極的或已達到積極的，要能正視而不作虛偽的掩飾或淺薄的樂觀。希特勒的政治變動上的政治神話還是小焉者。不然，試看今日的世界：十九、廿世紀演變下來問題的主幹還是在馬克斯與共產主義，並不在尼釆與希特勒。尼釆、斯賓格勒，甚至全部存在主義者，不只海德格，都是見到了這下降的趨勢而起憂鬱之感的。這些人的思想都不會贊成共產主義與唯物論。希特勒也是反共的，但激而爲魔道。這只是反共過程中初期的不順適條暢的波濤，悲劇的插曲。希特勒之時，史達林尚是式微的，尚不爲一般人所重視。希魔的直接正面的敵人是英法，這種敵對還只是國際利害的，尚不是文化的。希特勒的政治神話只是在與共黨的政治經濟文化全幅敵對不顯著之時，尚不爲一般人所覺識之時，所激起的一種悲劇的插曲──悲劇，不只是德國的悲劇，也是自由世界的悲劇。難說英美法所繼承的經過三百年發展的民主傳統，從政治、經濟、文化精神、時代精神各方面看，便都是無弊病的？否則，共黨主義運動何由興起？希特勒的瘋狂何由興起？尼釆、斯賓格勒，以及存在主義者的思想，他們所目擊者，不全是虛妄。這裡說來話長，本文不便多說，惟在今日與共黨政治經濟文化全幅敵對已顯著之時，那個悲劇的插曲，那些對於西方文化表示憂鬱之感的思想，實值得重新正視而予以疏

導，因為這足以興發反共的力量與理想，不可一筆抹殺而流於故步自封。

這個時代的問題之主幹畢竟是在共產黨。我前說，他們的使命感不是超越的，乃是內在於歷史發展中之必然。他們的使命感如此，他們的預言也是內在於歷史發展必然中之命定的。因此，他們的預言不像是宗教中之點形式的，而是依據歷史必然而拉成一條線。這條線所貫通到的目標，他們的預言所在，乃是無階級對立的共產社會。他們認為這是歷史必然所送到的，是歷史命定要如此的。因為資本主義社會依生產力與生產關係之矛盾必然要崩解，而向新社會形態轉。這就是他們在歷史輪子中所承當的使命以及通過他們的使命感而來的命定的預言。他們這種預言，因為由一條線來貫通，好像是很踏實，他們也說是科學的（其實不是），不知吸引了、迷惑了多少人。但我們必須知道他們這條貫通線是虛妄的，他們所依據的歷史發展之法則是虛妄的。因為它是由普遍的唯物論以及唯物史觀來圈定成的，因此，這所圈定的歷史發展早已離了歷史的真實，而成了一條掛空的虛線，一條整個的大光景。這條線所送到的目標、他們的預言，表面上是無階級對立的社會，這是很好聽的一句話。但是因為他們概念的圈定，這目標是個大虛無，是純量觀點下一律以吃麵包為標準的平等，人不復是人，是一個吃麵包的動物。這樣無階段對立的社會，他們也叫作大同，但卻是一個荒涼的大同。這根本是不可實踐的，作不到的。但是他們用全幅概念機能來鞭策人改造人，強要製造維持這條虛妄線。他們認為這是他們的命定的神性使命，所以殺掉一切不合他們的概念圈定的人，並驅策一切人向動物趨，亦是他們神性使命中的神性事業。這才真正是

要概念的神話與魔術。他們的使命預言、命定主義，一切都是虛妄的，被那「立理限事」的虛妄概念吊起來而成為虛妄的。這是人類歷史所未有的大災害。

　　人們厭惡共黨的極權，並覺識了他的災害性，遂並歷史哲學而亦反對之，進而並歷史發展之法則性而亦反對之，認為凡講這些者，都有助於極權。此誠不知從何說起？歷史自有其發展之線索，因而亦自有其法則性。滲透這發展的法則性，也不是應用於自然科學的歸納預測所能至。歷史哲學必然被建立。在政治上，根據客觀的歷史發展之法則性，而有對於未來行動的預測，是應當有而且也是必然可有的，主要的是不讓政治落於神話中。古代的非概念的神話已經被克服、過去了，現在我們所遭逢的概念的神話也正需要我們來克服。這當是更艱難的。這是「政治如何從概念神話中轉為理性的」一難題。

第七章 政治如何能從神話轉為理性的

我既論「政治神話之根源」、「政治神話之形態」以及「政治神話與命運及預言」於前,茲再進而論「政治如何能從神話轉爲理性的」。

一、政治科學的不穩定性

政治科學沒有像自然科學那樣的穩定性,那樣的機械的保證性。要想把政治現象,具體言之,如政治制度、政治關係、權利、權益、人權之權、主權、權力之權等等,在既成的政治形態下,作科學的研究,那當然是可以的,但這對於「政治如何能從神話轉爲理性的」一問題是不相應的,是無濟於事的,因爲這是脫離了人的行動,而客觀地看政治現象,一如馬克斯之脫離人之行動而客觀地看經濟關係、經濟結構之形成、崩解與轉變。這只是在既成政治形態下,把政治現象推出去視爲純客觀的存在。這種科學的研究,只是理性的平面的外在的使用,用科學語言把它們弄清楚與確定,也只是理性之外延的使用。這只是方法的自己圈定,在方法上如此圈定,用外延的詞語把他們釐清。人們若以爲這樣便可使政治成爲科

學的、理性的,使政治科學之爲科學獲得其穩定性,那衹是鴕鳥的
政策,掩耳盜鈴的想法。

政治現象永遠是人創造的,這裡就牽涉到人的行動,或說人的
政治實踐。克里姆林宮的內閣,車輪式的上下轉動,乃至美國國務
院今天發一聲明,明天發一警告,固是政治現象;既成政體下的政
治制度、權力關係,也是政治現象。凡是政治現象皆是人的政治實
踐所創造出來的。我今論「政治如何能從神話轉爲理性的」一問
題,是從人的政治實踐方面說,不從在既成政體下,就政治制度權
力關係作科學的研究方面說。政治要成爲科學,如從既成政體下就
政治制度權力關係作科學的研究方面說,那已經成爲科學了,如政
治學、憲法學等,政治學教授所研究者便是。如從「人的政治實
踐」方面說,問題便不這樣簡單。雖然我們可以討論「人的政治實
踐」如何成爲理性的,並亦希望其成爲理性的,但這並不必就是
「科學的」。使「人的政治實踐」成爲科學的,若是這「科學的」
一詞,其涵義不是太廣泛,而取其嚴格的意義,則便是很難作到
的,幾乎是不可能的。在這裡說「政治科學」是不相應的,在這裡
說「使政治成爲科學」亦是不相應的。在政體既定之下,天下太平
之時,人的政治行動很可以循規蹈矩,尤其事務性的政治行動有成
規成矩可循,輕車熟路,衹是照著成例辦就是了,這很可以說是科
學的。但這裡還是含著一個假定,即:假定他能而且是循規蹈矩,
須知能而且是循規蹈矩就不是容易的,也不是科學或科學方法所能
決定的。他「要」是科學的,那個「要」就不是科學或科學方法所
能決定的。事務性的政治行動尚且如此,政治性的政治行動更不必
說了。杜魯門決定參加韓戰,這是沒有科學程序或科學應用能使他

必然如此的。他之參與或不參與是完全決定於他的意念的。他的意念之偏此或偏彼，完全沒有科學的保證。他若決定不參與，你不能說他是不科學的；同理，他決定參與，你也不能說他是科學的。這是超科學的決定。李承晚決定釋放俘虜，這也沒有科學程序或科學運用使他如此。這不是科學所能決定的。這決定於他的創造的意志，他的意志之決定如此或不如此，也完全沒有科學的保證與科學方法的指導。他不釋放，你不能說他是科學的；他釋放，你也不能說他是不科學的。這也是超科學的決定。在旣成政體下的政治性的行動尚且如此，則創造政體的政治性的行動，其非科學所能相應，非科學方法所能決定，那就更顯明了。

這超科學的決定，有時是理性的、智慧的；有時是非理性的、瘋狂的、愚蠢的；有時是有利的，有時是有害的；有時其利在眼前，有時其利在未來。但無論如何，這裡含有創造性，亦含有爆炸性；含有意志的主宰性與智慧的運用性，亦含有意志的剛愎性與昏暗的悖謬性；含有超越而綜合的器識、識度，與夫公而忘私的德量，亦含有偏私的狹隘與小智小慧的淺陋。這裡是決大疑、定大策的地方，亦是「一言可以喪邦，一言可以興邦」的地方。這裡永遠是「非科學的」，這裡沒有科學的方法或科學的程序能使其具有科學的穩定性與科學的法則。所以卡西勒說：「在政治上，我們永遠生活在火山土地上，我們必需準備突如其來的震動和爆炸。」（見前〈神話的根源〉篇中引）這裡也有其「理則性」，也有其「理性性」，但都必須另講。這裡的理則性不是平面的、靜態的、科學的理則性，邏輯的理則性，而是歷史發展中時風學風俱有關的精神發展上的理則性；這裡的理性性也不是平面的理智的理性性，而是人

性的覺悟與陶養，人的品位的完成上的理性性。這裡是「生命」的事，所以這裡的理則與理性也必須是由生命翻上來而足以潤澤生命的理則與理性。在這裡，我們必須了解根源的創造的理性之意義，與次級的知性的理性之意義的差別。根源的理性是對生命強度之立體力量而言的，次級的理性是對生命下散之平面的力量而言的。從人的政治實踐方面說，須用根源的理性來對治；從既成政體下的政治制度與權力關係之科學的研究方面說，則須次級的理性來從事。對我們現在「政治如何能從神話轉為理性」的一問題說，此所謂「理性的」是指「根源的理性」言，而討論這個問題亦須從「根源的理性」說。人們在這裡常常有所纏夾而辨不清。

卡西勒說：「在政治中，我們還未找到這個途徑〔案：即自然科學所由以成的途徑〕所有的人類偶像中，政治的偶像、洞窟的偶像，是最危險和最持久的。自柏拉圖的時代起，所有偉大的思想家已在作最大的努力，找一個理性政治理論。十九世紀相信它最後找到了正確的途徑。一八三○年孔德出版了《實證哲學》的第一卷，他開始於分析自然科學的結構。他從天文學走到物理學，由物理學到化學，由化學到生物學。但依孔德，自然科學只是第一步，他的真目的和最大野心，是在變成一門新科學的創立者，並介入這科學以如同我們在物理化學中找到的同樣精確的推理方式，和同樣的歸納演繹的方法。

廿世紀政治神話的突然興起，顯示我們，孔德和他的徒從的這類希望是太早熟了的。政治還遠未成為一個實證科學，更

不說精確科學了。〔案：政治，若從人的行動方面說，則「實證科學」、「精確科學」諸詞根本不相應。若從既成政體下政治制度與權力關係之科學的研究方面說，則很可以成為實證的科學，乃至方法上自己圈定而達到為一精確的科學。但這對於政治神話的興廢是不相干的、無濟於事的。〕我毫不懷疑，後來的世代回看我們的許多政治系統，會像一個現代天文學家看一本占星學的書，或者一個現代化學家看一本鍊金術的論著一樣，引起相同的感覺。〔案：這比喻不恰。〕在政治學，我們還未找到堅實可靠的基礎。〔案：此所謂「政治學」。若從政治實踐上賅括人的行動與政治制度權力關係等而為言，則其堅實可靠的基礎，即理性的基礎，是可以找到的。惟其堅實可靠永不會像自然科學的機械性的保證的堅實可靠。因為它是通於人的行動的。人的清明與昏亂隨時互為起伏的，故不可以天文學與占星學，或化學與鍊金術的對照來相比。〕這裡似乎沒有清楚建立的宇宙秩序；我們永為一個突然的重回到老的混亂狀態所脅迫。我們正在建造高而可傲的大廈，但我們忘記使它的基礎穩固。」

在人類歷史中，相信人靠魔術公式和儀式的技巧運用能改變自然的途徑，已流行了幾千百年。〔案：此必通到須強度生命的魔性來了解，不可看簡單了。〕不論一切不可避免的挫折和失望，人類始終頑固地、強力地、絕望地把這個信仰抓得緊緊的。因此，在我們的政治活動和政治思想中，魔術始終還保有它的地盤，可說毫不足奇。但當小的團體卻嘗試履行其希望與幻想的觀念，加之廣大的國家和整體的政治，它

們誠可成功於一時，乃至得到相當大的勝利，但這仍必然是短命的。因爲終究社會世界有其邏輯，正如物理世界有其邏輯一樣，確有某些律則是不能被妨害而可保無虞的。〔案：這些律則，即所謂「社會世界的邏輯」，或我所謂理則與理性，是什麼，從哪裡說起，卡西勒並未答覆。本文下文將予以展示。〕甚至在這領域內，我們也必須隨從培根的勸告。我們也必須在我們能從事統制它之前，先學習如何服從這個社會世界的律則。（見《民主評論》第八卷第14期，言衍譯卡西勒〈現代政治神話之技術〉。）

二、政治實踐之堅實可靠的基礎在哪裡？社會世界之落實而定常不移的律則在哪裡？

上引卡西勒文，他一方面說：「在政治學中，我們還未找到堅實可靠的基礎。」一方面又說：「終究社會世界有其邏輯，正如物理世界有其邏輯一樣，確有某些律則是不能被妨害而可保無虞的。」從前一方面說，我們至少可以看出，他對於政治學中堅實可靠的基礎，似乎渺茫得很。因爲這還有待去找，而尚未找到。因此，他又肯定地說：「這裡似乎沒有清楚建立的宇宙秩序。」這意思使我想到，或至少暗示到：西方的思想家、政治家，甚至聖哲們，平素對於具體而存在的人的生活關係、社會關係之親和性與落實性，正視的不夠，因此亦不能於此親和性和落實性中體認出其定然不可移之常理。他們有許多分門別類的學問，如生物學、人類學、生理學、心理學、社會學、經濟學、政治學等等，他們也有許

多高聳的超越理想的表現，如宗敎家、藝術家、音樂家、社會運動家等之所表現。他們的心思爲這些分門別類的學問與高聳的超越理想所吸住，考慮任何問題，逃不出這些學問與理想中的範疇。但這些範疇無疑只是些分割與隔離的點。（就分門別類的學問說，是概念的分割；就超越的理想說，是吊掛的隔離。）一旦遇到具體而存在的生活關係與社會關係，則恰爲這些分割隔離的點所點不著而被遺漏掉。因此，一旦遇到具體而實際的政治活動之戲劇性，要想找其堅實可靠的基礎，而竟至今尙未能找到。至少在他們分門別類的研究路數中的「政治學」裏並未找到，亦並不能提供這堅實可靠的基礎，遂至於說：「這裡似乎並沒有清楚建立的宇宙秩序」。在這分門別類概念式的分割隔離的路數中，若猝然問起「政治活動的堅實可靠之基礎在哪裡」這問題，似乎誠難解答，一時眞有無所措手足之感。先看看自然科學，不容說找不到，就是在對應政治說話的「政治學」裡，也找不到。這豈不眞成了難事？若是在這方面，旣然找不到，則另一方面又說：「社會世界有其邏輯，正如物理世界有邏輯一樣」，這所謂「邏輯」（理則），或「律則」究竟是什麼內容，如何來規定，也是很模糊的。我不知卡西勒對於他所謂社會世界的邏輯以及他所肯定的「某些律則」究竟如何想法，是否有淸晰的概念。他說「確有某些律則」云云，這只是一個邏輯上的「存在命題」，其內容或意義是懸而未答的。根據我的想法，依西方的社會形態、生活情調、思想路數，若問「政治活動的堅實可靠的基礎在哪裡？」、「社會世界之落實而定常不移的律則在哪裡？」他們是誠然難於著手解答的。至少就具體而眞實，存在而親和的生活關係與社會關係這一落實面上說，他們是難以措手足的。我知道他

們有他們的解答路數。順他們的路數，可以替政治學（鬆泛意義
的）、政治活動，找出堅實可靠的基礎（惟卡氏未審思而已）。他
們的路數，在某義上說，是外延的，因而也是比較確定的。而我們
的路數，則因比較能正視具體而眞實，存在而親和的生活關係與社
會關係，並能於此體認出其定然而不可移之常理，故於社會世界的
邏輯或律則亦易於著手解答，而這解答的路數，在某義上說，是內
容的，因而亦比較鬆泛、疏朗，而軟圓。我現在要先從中國以往所
表現的路數說起。

　　我在上節引卡氏文中，曾加以案語，已指出：在政治世界裡可
找到堅實可靠的基礎。惟其堅實可靠永不會像自然科學的機械性的
保證那樣的堅實可靠，因爲它是通於人的行動的。

　　說到政治世界裡的堅實可靠的基礎，不能不從「理性」說起。
但是「理性」是一個抽象的名詞，它在生活上的具體表現是些什麼
意指呢？

　　我這裡不是泛講理性，是就政治講。我在前文，已提到中國儒
家是自覺地在政治上建立一個最高格，那就是以「德」來規定的
「聖王」。這旣不是假仁假義以「力」把持天下的「霸」，復不是
由漢高祖所開出的「馬上得天下」的「英雄」。這個政治上的最高
格，我在那裡已說，是從根上開啓了「政治上爲理性的」之門的，
是從根上反對「非理性的」力之觀念與由之而產生的神話的，無論
是近代的或是古代的。依是，「理性」首先表現爲「德」之意義；
以德取天下（取統治權），並以德治天下。

　　這以德取天下，並以德治天下之內容，如何展開呢？孟子的話
比較顯豁而透闢。茲引以明之：

萬章曰：堯以天下與舜，有諸？孟子曰：否。天子不能以天
下與人。然則，舜有天下也，孰與之？曰：天與之。天與之
者，諄諄然命之乎？曰：否。天不言。以行與事示之而已
矣。〔言以舜之德行與其措施之事示天與之。〕曰：以行與
事示之者如之何？曰：天子能薦人於天，不能使天與之天
下；諸侯能薦人於天子，不能使天子與之諸侯；大夫能薦人
於諸侯，不能使諸侯與之大夫。昔者堯薦舜於天而天受之，
暴之於民而民受之。故曰：天不言，以行與事示之而已矣。
曰：敢問薦之於天而天受之，暴之於民而民受之，如何？
曰：使之主祭而百神享之，是天受之；使之主事而事治，百
姓安之，是民受之也。天與之，人與之。故曰：天子不能以
天下與人。舜相堯，二十有八載，非人之所能爲也，天也。
堯崩，三年之喪畢，舜避堯之子於南河之南，天下諸侯朝覲
者，不之堯之子而之舜；訟獄者，不之堯之子而之舜；謳歌
者，不謳歌堯之子而謳歌舜。故曰：天也。夫然後之中國，
踐天下位焉。而居堯之宮，逼堯之子，是篡也，非天與也。
〈太誓〉曰：天視自我民視，天聽自我民聽。此之謂也。
（《孟子‧萬章上》）

案：此段話很有意思。「天子能薦人於天，不能使天與之天下」。
此是首先提出「推薦」一觀念，即今之所謂競選提名也。「天與
之」是通過「人與之」而表示。「人與之」是通過其人之行與事之
得民心而表示。故「人與之」、「天與之」，無異於說經過一普選
而得人民之熱烈擁護。而熱烈擁護是自然而然的，不是強爲的、把

持的、虛僞的。即由此「自然而然」，遂說「天與之」。「莫之爲
而爲者天也，莫之至而致者命也」。此「天與之」一觀念，即加重
此「自然而然」之一義。這種經過「推薦」與「普選」而得天下，
踐天子位，完全是「公天下」的觀念，是「德」的觀念。這裡並沒
有人權運動，也沒有訂定憲法，完全就這最具體最實際的行事與民
心之向背而表示天理合當如此。這不是憑空概念設計的不能落實的
「應當」，而是直下實然肯定堯薦舜即是如此。其底子是最具體而
實際的行事與民心，天理就在這裡被認定。誰能不肯認而抹殺這天
理呢？這天理一經被正視、被認定，就成了不可搖動的信念，良心
上不能違背的眞理。這是政治世界實踐上的最高「律則」。這裡的
「律則」，用現在的話說，當然是屬於「政權」的理則，也函有國
家的主權問題。但中國以往的聖哲，則沒有這些形式的概念，他們
只從最具體最實際的生活關係（人生價值）社會關係直下體認「天
理」，這就是社會世界不可搖動的「律則」。這是理性之「內容的
表現」，亦是社會世界的「律則」之「內容的表現」。若說這種
「內容表現」之路數，自今日觀之，尚有不足處，亦有其流弊，
那當然是不錯的，俟見下文即明。但同時它也有好處，它能從最具
體最實際的存在的人生處著眼而直接把握社會世界的律則。這比西
方的路數，容易對於這「律則」有淸晰而落實的觀念。我現在再繼
續引孟子論此問題的話以明此「內容表現」之路數。

　　萬章問曰：人有言，至於禹而德衰，不傳於賢而傳於子，有
　　諸？孟子曰：否。不然也。天與賢，則與賢；天與子，則與
　　子。昔者舜薦禹於天，十有七年，舜崩，三年之喪畢，禹避

舜之子於陽城。天下之民從之，若堯崩之後，不從堯之子而
從舜也。禹薦益於天，七年，禹崩，三年之喪畢，益避禹之
子於箕山之陰，朝覲訟獄者不之益而之啓，曰：吾君之子
也。謳歌者不謳歌益而謳歌啓，曰：吾君之子也。

丹朱之不肖，舜之子亦不肖。舜之相堯，禹之相舜也，歷年
多，施澤於民久。啓賢，能敬承繼禹之道。益之相禹也，歷
年少，施澤於民未久。舜、禹、益相去久遠，其子之賢不
肖，皆天也，非人之所能爲也。莫之爲而爲者天也，莫之至
而致者命也。

匹夫而有天下者，德必若舜、禹，而又有天子薦之者。故仲
尼不有天下。繼世以有天下，天之所廢，必若桀紂者也。故
益、伊尹、周公不有天下。〔……〕孔子曰：唐虞禪，夏
后、殷、周繼，其義一也。（《孟子·萬章上》）

案：此段話，孟子仍本推薦與普選之最高原則以明禹之子啓之得天
下，此近乎連選連任矣。謳歌者不謳歌益而謳歌啓，曰：「吾君之
子也」。「吾君之子也」表示人民在情感上擁戴；表示不忘禹之功
德之情；啓亦不壞，表示愛屋及烏之情；益之相禹歷年少，施澤於
民未久，不能拉轉人之戀舊之情。此亦等於「人與之」，「天與
之」也。孟子如此解析，不表示肯定依宗法制度而傳子之家天下，
「吾君之子」之情只是一時的，可一而不可再，並無理由可以使
「吾君之子」永遠拉長下去。故此語不同於依宗法制度而永遠傳子
之家天下。故曰：「舜、禹、益相去久遠，其子之賢不肖，皆天
也，非人之能爲也。」以因此故，遂得語：「唐虞禪，夏后、殷、

周繼，其義一也。」、「天與賢，則與賢；天與子，則與子」，是表示推薦與普選，而「與子」則近乎連選連任，不表示世襲家天下也。然而事實上，「夏后、殷、周繼」，究竟是世襲家天下。這裡需要有一點形式的概念，形式的思考，而予以確定估價的判斷。然而孟子在此仍是「順事的」、「內容的」；他不是形式地從制度上看這個「繼」，故亦並不形式地即認此制度為合理或不合理，而只是順事地內容地這樣拖下去，遂使「推薦」與「普選」的概念，不能彰著突顯，予以形式的確定，使之成為客觀的制度，而只說「繼世以有天下，天之所廢，必若桀紂」以了事。此即是「內容表現」一路數之「軟圓性」與「拖沓性」，使中國政治思想不甚能立起之故也。其引孔子所說：「〔……〕其義一也」，也許能表示出孔子亦是此「內容的路數」，然《禮記・禮運》篇，則記孔子有大同小康之別，此則從制度上判定「家天下」為大道之隱，「公天下」為「大道之行」，而「唐虞禪」與「夏后、殷、周繼」，其義又實不一。從制度上判定，而求進一步確定「公天下」之制度，確定「推薦」與「人與」或「不與」，「天與」或「不與」之觀念而使之制度化，則須「外延表現」之路數。此步在中國以往政治思想中尚未作到。

我們再進而看「以德治天下」之內容，其展開為如何。此種展開之所示仍是「內容表現之路數」。

三、理性之內容的表現

在「以德治天下」中，德之所以為德之具體的表現，其最高原

則是「直接以主觀服從客觀」。客觀的是人民，人民直須如其為一「存在的生命個體」而客觀地肯定之。或換言之，即，如其為一存在的生命個體而還之，全幅讓開，順此存在的生命個體所固有之人性人情而成全之以至達乎人道。服從客觀，不為別的，即以其為一存在的生命個體而可貴可尊。人民是主，而治者是賓。全幅讓開，如其為一存在的生命個體而還之，此真所謂全幅敞開的社會，而不是封閉的社會，不是強人從己，把人民吊掛起來，使之離其存在的生命之根來服從虛幻的概念、主義，以及玩弄此概念、主義之魔術的領袖、極權獨裁者。「存在的生命個體」是首出的觀念，是直下須肯定的觀念，沒有任何外在的條件來限制它，沒有任何外在的括弧來圈定它，而它本身卻是衡量治天下者之為德為力，為真為假，為王為霸之標準，它本身是圈定治天下者之括弧。這是儒者在政治思想，政治實踐上所立的一個最高的律則。而這個律則是直就人民為一存在的生命個體而注意其具體的生活、價值，與幸福，而被體認出的。不是通過西方所首先表現的政治意義的自由、平等、人權、權利，諸形式概念而立的。此種尊生命、重個體，是理性之內容的表現，而通過政治意義的自由、平等、人權、權利諸形式概念而來的。此種尊生命、重個體，是理性之內容的表現，而通過政治意義的自由、平等、人權、權利諸形式概念而來的尊生命、重個體，是理性之外延的表現。中國以前儒者在政治思想上的思路，沒有自由、平等、人權、權利這些形式概念，一如在得天下方面沒有政權、主權諸形式概念一樣，是以沒有作到理性之外延的表現，而只具體地存在地作到理性之內容的表現。在「理性之內容的表現」之路數中尊生命、重個體，那些外延表現中的形式概念可以一起含

藏於所尊之「存在的生命個體」中而不自覺地或無容疑地被肯定。
在「內容的表現」之路數中,這些形式概念就不必說了。這「不必
說」當然不夠。而若永遠不說,則在現實上,亦有其缺陷與流弊。
詳見下文。吾現在先就內容表現中之最高原則,引孟子語,看其展
開之意義。

> 齊宣王見孟子於雪宮。王曰:賢者亦有此樂乎?孟子對曰:
> 有。人不得,則非其上矣。不得,而非其上者,非也。為民
> 上而不與民同樂,亦非也。樂民之樂者,民亦樂其樂;憂民
> 之憂者,民亦憂其憂。樂以天下,憂以天下,然而不王者,
> 未之有也。(《孟子·梁惠王下》)

此言樂憂與民共之。憂民之憂,樂民之樂,服從客觀,尊重存在的
生命個體之情感。

> 王曰:寡人有疾,寡人好貨。對曰:昔者公劉好貨。《詩》
> 云:乃積乃倉,乃裹餱糧。於橐於囊,思戢用光。弓矢斯
> 張,干戈戚揚,爰方啟行。故居者有積倉,行者有裹糧也。
> 然後可以爰方啟行。王如好貨,與百姓同之,於王何有?
> (同上)

此言與民同富。富藏於民,則國富。尊重存在的生命個體而富有
之,非取之而集於政府,亦非剝奪之使人民仰賴於配給,如今之社
會主義者。

> 王曰：寡人有疾，寡人好色。對曰：昔者大王好色，愛厥
> 妃。《詩》云：古公亶甫，來朝走馬，率西水滸，至於岐
> 下。爰及姜女，聿來胥宇。當是時也，內無怨女，外無曠
> 夫。王如好色，與百姓同之，於王何有？（同上）

此言與民同成其家室，使人民得有康樂安定之生活，非拆散家庭而使男女老幼全社會化也。

> 左右皆曰賢，未可也；諸大夫皆曰賢，未可也；國人皆曰
> 賢，然後察之。見賢焉，然後用之。左右皆曰不可，勿聽；
> 諸大夫皆曰不可，勿聽；國人皆曰不可，然後察之。見不可
> 焉，然後去之。左右皆曰可殺，勿聽；諸大夫皆曰可殺，勿
> 聽；國人皆曰可殺，然後察之。見可殺焉，然後殺之。故
> 曰：國人殺之也，如此，然後可以爲民父母。（同上）

此言尊重民意，服從客觀的是非。以上諸義，《大學》總之曰：「民之所好好之，民之所惡惡之，此之謂民之父母。」憂樂與民共之，好貨與民共之，好色與民共之，皆是「民之所好好之，民之所惡惡之」。此是以德治天下之最高原則：主觀方面全敞開，服從客觀。若是主觀方面封閉，而與社會人民隔絕，無論是由於私意孤行，或是概念設計，皆成方向上之倒轉：令客觀服從主觀，吊掛人民而離其命根，所謂牽人以從己，立理以限事，皆非王道之德治。不德無道，即由此方向之倒轉而規定，必爲儒者所唾棄。

「民之所好好之，民之所惡惡之」一原則，《中庸》復總之以

一語曰「以人治人」，即順存在的生命個體所固有之性、情、道而成全之，非以外在於人之道或概念而硬加於民也。《中庸》載：「子曰：道不遠人。人之為道而遠人，不可以為道。《詩》云：伐柯伐柯，其則不遠。執柯以伐柯，睨而視之，猶以為遠。故君子以人治人，改而止。」朱子註云：「執柯伐木以為柯者，彼柯長短之法，在此柯耳。然猶有彼此之別。故伐者視之，猶以為遠也。若以人治人，則所以為人之道，各在當人之身，初無彼此之別。故君子之治人也，即以其人之道，還治其人之身。其人能改，即止不治。」此是全幅敞開，純從「存在的生命個體當身」說話之極致。主觀敞開，服從客觀，則客觀方面即全散開而落在「存在的生命個體」之「各適其性，各遂其生」之「各正性命」上。無騷擾、無矯揉、無懸隔、無設計，個體落實地還其為個體，此為儒者「理性之內容的表現」之德治之極致。此種全幅讓開散開的德治亦可以說是內容表現上如實如理的個體主義之極致。（個體主義是重個體，不是唯是個體。）

何以要人「以人治人」？何以要「個體落實地還其為個體」？此是無條件的。即以其為一「存在的生命」而須肯定之、尊重之。此種肯定尊重，從理性之內容的表現之路數上說，不為別的，單是發之於「仁心」。這樣便是仁，不這樣便是不仁。故孔子說：「道二，仁與不仁而已。」理性之大源出於仁。故順以上之原則而施政，則曰「發政施仁」。

> 王曰：王政可得聞與？對曰：昔者文王之治岐也，耕者九一，仕者世祿，關市譏而不征，澤梁無禁，罪人不孥。老而

　　無妻曰鰥，老而無夫曰寡，老而無子曰獨，幼而無父曰孤。
　　此四者天下之窮民而無告者。文王發政施仁，必先斯四者。
　　（同上）

發政施仁，先斯四者，必不是止於此四者。使人人皆得其所，各安
其生，正是「個體落實地還其爲個體」。此種全幅讓開（不是把持
牽率）、散開（散落實地如其爲個體而還之）之精神，正是仁者之
精神。孔子說：「老者安之，少者懷之，朋友信之。」，亦是此精
神之極致。中國以前儒者是偏重就此種精神本身說話，故重在說
仁，說仁者。故程伊川對於孔子此種襟懷，贊爲「分明是天地氣
象」。天地生萬物而不與焉，物各付物，分別各成，而不是把持萬
物。以仁德治天下，讓開散開，亦是此種「物各付物」的精神。孔
子稱贊堯舜曰：「無爲而治者，其舜也與？夫何爲哉？恭己正南面
而已矣。」又曰：「大哉堯之爲君也！巍巍乎！惟天爲大，唯堯則
之。蕩蕩乎！民無能名焉。巍巍乎！其有成功也，煥乎其有文
章！」此亦是贊其讓開散開，物各付物的精神。政治的最高理性從
這裡發，社會世界的最高律則從這裡開。以人治人，物各付物，才
「有成功」，才「煥乎其有文章」。故《中庸》載孔子曰：「人道
敏政，地道敏樹。」敏，速也。以人各當身所自有之道以治人，即
能使政治簡易迅速而易有成功，亦猶順地道種樹而易於成樹。此即
所謂「順成」。政治的最高原則是就個體而「順成」。以前中國在
政體上雖是君主專制，然於治道上，這個最高原則是無人能違背
的。惟近代之極權專制始以概念、主義，把持天下，牽率人民，不
就個體而「順成」，卻倒轉方向抹殺個體而「逆提」；逆反存在的

生命個體而提撕之以從己,故爲害如是其烈也。孟子曰:「霸者之
民,驩虞如也;王者之民,皞皞如也。」驩虞即歡娛,乃一時之興
奮。近代新式的霸者,則玩弄概念魔術,使人如醉如癡,驩虞轉爲
狂熱。一時之驩虞,終生之沉淪。淪於芻狗而不自知也。「皞皞,
廣大自得之貌。」(朱子註語)落實地人如其爲人,故自得也。

　　以上是儒家根據仁德所建立的政治上的最高律則。說讓開散
開,是從治者主觀方面說,表示仁者的精神。說「就個體而順
成」,是此精神所必然函著的政治上的如實如理的個體主義之極
致。此兩面合起來,即是儒家「德化的治道」之所以爲德化者。至
於道家則根據其所言之道而尤顯豁地表現其讓開散開的精神以及此
種精神所必然函著的政治上的物各付物之個體主義:各適其性,各
遂其生。不過這是道化的治道下之「物各付物」。而在政治上則認
此爲最高律則,固無疑也。

　　就儒家之德治言,此種政治上之最高律則,在「理性之內容的
表現」之路數上,若說就是今日之民主政體,當然不是。但若一定
說這不是「民主的」。亦未見對。至少那「內容的表現」所表現之
物各付物之個體原則亦並不與今日民主政體下之個體原則相悖,而
今日之民主政體下之個體原則,就其內容之實現方面說,亦不過是
作到或充分作到那「內容的表現」下個體原則之所說。然則這「是
民主」與「不是民主」的界線在那裡呢?曰:在政體上說,不是民
主的。民主政體下的個體原則是「理性之外延的表現」。這與「民
主政體」本身之成立,同是「理性之外延的表現」。在內容上說,
是民主的。「理性之內容的表現」下之個體原則是民主之「內容的

意義」，而不是其「外延的意義」。然而民主政體之完成正是要靠
「理性之外延的表現」而使其具有「外延的意義」。外延的意義使
民主政策形成而確定，即民主之所以爲民主者：有制度的基礎，有
法律的保證；且亦使「內容的表現」下所具有的「民主之內容的意
義」得到確定與保障。然而此步在中國以往並未作到。而中國以往
儒者的政治思想亦全幅是內容的（實際的）路數。故無政權、主
權、人權、自由、平等諸外延意義的形式概念。在內容的路數下，
孟子所說的「民爲貴，君爲輕，社稷次之」，以及「聞誅一夫紂
矣，未聞弒君也」等話題之「是民主」與「不是民主」，亦同此解
析。吾爲此困惑甚久。直接觀之，當然不即是今日之民主政治。若
因其不即是今日之民主政治而忽之，其忽之也，或是因其爲「非民
主」，而認爲不相干，置之於不顧，或是因其爲「非民主」，進一
步認爲與今日之民主相違反，而詬詆之，敵視之，妄侮前賢，曲解
古人，則亦輕浮而不審，非平情以求實者也。吾今確定說出，以解
此惑，直截答曰：此是理性之內容的表現、民主之內容的意義；而
今日之民主政體，由西方所首先表現者，則是理性之外延的表現、
民主之外延的意義，此是確定民主爲一政體者。中國以往的路數未
能進至此一步，故其內容的表現所具備之「民主之內容的意義」不
即是今日之民主政治也。關此，吾現只綱舉於此，俟下論西方之外
延表現時，再予以較詳之比論。

四、政治與教化之限度以及政治與道德之分際

　　現在所剩下之問題是：在理性之內容的表現下，那讓開散開，

物各付物,「就個體而順成」之個體原則(即尊重個體生命之原則),一方函有敎化的意義,一方亦函有道德與政治的分際問題。因爲在一往是「內容的表現」之路數下,沒有政體制度上的形式概念之限定,是很難截斷其在「生活之全」上內容表現之振動幅而畫定其範圍的。然而縱使如此,在此方面,儒者亦有其最高原則以限制之。我在前面適說,那「讓開散開,物各付物」的精神是一種能表現仁道的仁者精神。在政治上,首先是以這種「讓開散開」來規定仁道;在這裡,單能如此,才算是仁道。(仁德內容無窮無盡,其表現方式與境界亦無窮無盡。在別處自不只如此。然「讓開散開,物各付物」是表示「不執著」、「能化」的精神。這無論如何是仁德之根本義,在別處亦隨機適用,不能離此根本義。)以前儒者論政是特重這表現仁道的仁者精神的,故多就此仁者精神本身說話,即多重在就「主體之能」方面說。因爲這裡是德與否的關鍵。重在就「主體之能」方面說,就是重「德」。故孔子曰「爲政以德,譬如北辰,居其所,而衆星拱之。」又曰:「政者,正也。子帥以政,孰敢不正?」又曰:「其身正,不令而行,其身不正,雖令不從。」而〈大禹謨〉則言「正德、利用、厚生」之三事,此爲書之古訓,在孔子前即已流行者。「正德」是先正自己之德,而此德之具體內容便是仁,而仁在政治上具體而特定的表現,其最高律則便是「讓開散開,物各付物」。正自己之德,正自己之身,這是自己先站得住,先具備仁者的精神。故《中庸》載:「哀公問政。子曰:文武之政,布在方策。其人存,則其政舉;其人亡,則其政息。〔案:既重視此仁者精神,便必須如此說。〕人道敏政,地道敏樹。夫政也者,蒲盧也。〔蒲盧即蒲葦,易生之物。此從朱注

解。〕故爲政在人，〔言在於得人，爲天下得人，得賢臣。〕取人以身，〔言得人在於己身之修，此身指君言。〕修身以道，修道以仁。」此即是「其身正，不令而行」。大體孔子說「爲政以德」，說「政者正也」，首先是指自己說。其次，復函以此仁德在「就個體而順成」上，感化人民，予人民以德上的自然敎化之作用。此則兼函對遮政與刑。故曰：「道之以政，齊之以刑，民免而無恥；道之以德，齊之以禮，有恥且格。」先以仁德立自己，次以仁德化人民。（根本上免除刑罰。）故以德治天下，先以「讓開散開，物各付物」，爲政治上的最高律則，復進一步函有敎化的意味。此是「理性之內容的表現」所必然牽連至者，亦即前文所說「很難截斷其在生活之全上內容表現之振動幅而畫定其範圍」。在生活之全上，內容表現之振動幅，是必然要振至敎化的意味的。沒有經過「理性之外延表現」，沒有政體制度上的形式概念之限定，這是一定要振動而牽連至的。經過外延的表現、形式概念之限定，則政治是政治，敎化是敎化，政治自成一獨立領域，自不可涉敎化。此是第一步限定。復次，在就個體而順成上，只須說自由、平等、人權、權利諸外延的形式概念，即已足，不必就「生活之全」上，說及「敎化的意義」此是第二步限定。但是在「理性之內容的表現」上，則不能有這種限定。重「主體之能」之仁者精神，在「就個體而順成」上，亦必然會顧及「生活之全」而函有敎化的意義。在這裡重個體，不能只是政治上外延地重個體。（若是內容的表現而抹殺這種敎化的意義，那便是法家的形態。但在法家是只重治道上的賞罰之法，其落在個體上，是只把個體看成工具意義的機械零件，這已不是內容的表現，亦不是西方自由民主傳統上的外延表現，而

只是外在的表現。而理性亦不是儒家傳統與民主傳統上的理性，而
只是陰謀權術、陰森冷酷的理智，故只是理智之外在的表現。本文
只就儒者之「內容的表現」與西方自由民主傳統之「外延的表現」
對揚，不涉及法家。）

　　雖不能只是政治上外延地重個體，然在這裡說教化，亦有其內
容表現上的最高原則以限制之。此即是「先富後教」，而教亦是順
人性人情中所固有之達道而完成之，而不是以「遠乎人」，「外在
於人」之概念設計，私意立理，硬壓在人民身上而教之。此為「理
性之內容表現」上所牽連的政治上的教化意義之大防。所以亦是一
個最高原則，不能違背此原則而言教。

> 不違農時，穀不可勝食也；數罟不入洿池，魚鼈不可勝食
> 也；斧斤以時入山林，材木不可勝用也。穀與魚鼈不可勝
> 食，材木不可勝用，是使民養生喪死無憾也。養生喪死無
> 憾，王道之始也。
> 五畝之宅，樹之以桑，五十者可以衣帛矣。雞豚狗彘之畜，
> 無失其時，七十者可以食肉矣。百畝之田，勿奪其時，數口
> 之家可以無飢矣。謹庠序之教，申之以孝弟之義，頒白者不
> 負戴於道路矣。七十者衣帛食肉，黎民不飢不寒，然而不王
> 者，未之有也。（《孟子·梁惠王上》）

在政治措施上，就個體而順成，生存第一，即以其為一「存在的生
命個體」而必須保住之。顛連無告，不得其所，非仁者所能忍。然
就個體的「生活之全」而言之，不但生存第一，暢達其物質的生活
幸福，亦須暢達其價值意義的人生而為一「人道的存在」，故曰

「謹庠序之教，申之以孝弟之義，頒白者不負戴於道路矣」。教者，即教此孝弟忠信、禮義廉恥之道。完整言之，即孟子所謂：「父子有親，君臣有義，夫婦有別，長幼有序，朋友有信」也。亦《中庸》所謂「天下之達道五，曰：君臣也，父子也，夫婦也，昆弟也，朋友之交也。」此皆起碼而普遍的人道，非外在的概念與理論而加於人民者，乃是根於人性人情之實事與實道，故曰「達道」。教者不過教此。難說人如其一人，不應有此也。故在內容的表現上，就生活之全而言之，牽連至此種教化的意義，不得謂為妨礙自由也。然在政治上所注意之教化亦只能至乎此，過此即非其所能過問，亦非其所應過問。此即政治上的教化意義之限度。此限度，在以前之儒者皆自覺地公認之。律己要嚴，對人要寬，此是一般地言之。若落在政治上，此對人要寬，第一是「先富後教」。（此先後是著重義，不必是時間上的先後。）第二是教以起碼普遍的人道。過此以往，非所應問，非所能問。即不能在政治上責望人民作聖人。不但政治上有此限度，即一般言之，作聖人亦是個人自己之事，不能責望於他人，此即所謂恕道也。（當然師友相勉以進德，希望皆登於聖域，那是另一義。）如是，道德與政治之分際即可得而言。

一、個人自己實踐上的道德：此是一無限的前程，深度與廣度俱無止境，而且其實踐過程上的內在律則亦曲折多端，難歸一律，皆由自己存在的主觀方面以無限的精誠甚深的悲願以赴之。要以成聖為宗極，而成聖即是一無限之過程。此全為內在的。

二、政治教化上的道德，與一般社會教化上的道德：此只是維持一般的人道生活上的規律。此只能對之作外在的維持：既不能內

在地深求，亦不能精微地苛求。此「不能」是原則上即不能，這是
政治上所固具的限度。〔中國以前的「政敎合一」中之「敎」祇是
這種敎，這是無可反對的。這與西方的「政敎合一」之「敎」不
同。因爲他們是「宗敎」之敎，牽涉信仰問題，故後來有「信仰自
由」之爭取。而在中國，信仰自由根本不生問題。政治上的敎化之
敎根本不甚過問及此，亦不甚干涉及此。其所過問的只是「起碼而
普遍的人道」方面之敎。即在外延表現下，政治固獨立矣，然其法
律亦不能不保障及此。故中國以前政治上的敎化意義，亦不能說成
「泛道德主義」，因爲這裡有政治上的律則與政治上的節拍，亦有
敎化上的律則與敎化上的節拍，而皆有其分際與限度。（我這裡用
分際、限度、節拍，是順內容的表現用「內容的詞語」以明其界
限，不用外延表現下外延的詞語以明其界限。因爲它沒有外延表現
下那樣形式化與確定化。然而其中的分際是很明白的。）因爲個人
自己實踐上的道德、成聖的精神、立敎的精神，並沒有貫注在這
裡，強人以所難，而泯沒政治上的最高律則也。〕

　　三、個人自己實踐上的人格成就，無論怎樣偉大與神聖，若落
在政治上發揮，他不能漫越這些限制（政治世界的最高律則），而
且正須以其偉大的人格來成就這些限制。能成就這些限制，在古人
就稱他是「聖王」；在今日，就稱他爲大政治家。否則，在古人就
叫他是霸者、是暴君、是獨夫；在今日，就叫他是極權專制者、獨
裁者。

　　以上我順儒家政治思想，「理性之內容的表現」之路數，把政
治世界之最高律則展示出來。此不過以下三條：

　　一、政道上確立推薦普選（天與人與）之「公天下」觀念。

（隨政權而言政道。）

二、治道上確立「讓開散開，物各付物」，「就個體而順成」之原則。（隨治權而言治道。）

三、道德上確立「先富後教」，「嚴以律己，寬以待人」之教化原則。（此函政治上的教化之限度及政治與道德之分際。）

此三條所具備的政治意義，我名之曰「民主之內容的意義」（intensional meaning of democracy）。以下即進而論「理性之外延的表現」（extensional presentation of reason）與「民主之外延的意義」（extensional meaning of democracy）。

第八章　理性之內容的表現與外延的表現

　　吾前文順理性之內容的表現，將政治世界之最高律則展示出來，並將民主之內容的意義展示出來。本文再進而言理性之外延的表現以及民主之外延的意義，藉此可以將政治世界之最高律則以及內容意義的民主予以形式而外延的確定。茲先一論「理性之內容的表現」之妙處與缺處。

甲、理性之內容的表現之妙處與缺處

一、內容表現之妙處

　　中國以前政治活動的事實就只是那樣自然的演變，而儒者的政治思想（此是自覺地對政治活動說話者），則是就那事實作實際的處理，不作形式的追討。它沒有政權、主權、人權、權利、義務、自由、平等諸政治上的形式概念；它只有以才、能、德所規定的人格價值之觀念，以及順在人民的實際生活上，達成其「存在的生命個體」之事理所應有者，一起予以承認而尊重護持之。就人格價值之觀念言，某人因才、能、德，而有「位」，即須在此位上而盡

「分」。盡分者，盡其本分而行事也。居君位，即須盡君分；居臣位，即須盡臣分。此之謂君君、臣臣。在這裡，沒有政權、主權的觀念，只有在其分上如理辦事的觀念。因此，不得不就「主體之能」而重視仁德之精神。假定有「仁者」之精神，則不管誰都可以。反正總有些事需要人來處理，亦總需要有個人來居此位以處理。「位」是因處理事而被立。沒有仁者的精神，弄不好，自然要下來。政權、主權，那些形式概念，是沒有問題的，也不必要說了。這是很實際的直覺心靈，而不是形式的概念心靈。

就「達成存在的生命個體之事所應有者」言，人民的「各適其性，各遂其生」，以完成其自己，是天經地義的。凡「適其性」，「遂其生」上所應有的、所需要的，皆須予以肯定與尊重。這裡沒有禁忌、沒有戒律。這是全幅敞開的承認，不需要列舉訂定，亦無法檢擇選取。所以沒有權利義務的觀念，也無所謂自由平等的爭取，更無所謂人權列舉的清單。照中國一般人的觀念看來（不必限於儒家的政治思想），凡適其性，遂其生上所應有，所需要的東西，如財產、信仰、居處、思想、言論、出版、結社等等，怎麼還須一條一條列舉呢？列舉，就是有舉到與舉不到。在西方，有階級、有特權，人民須從階級限制中解放，須爭取，爭取一點是一點，故須列舉，故有權利觀念。其權利是在爭取中逐步訂定出現的。然在中國，則就實際生活一起全部敞開而承認之，何須列舉？故無權利之觀念。因這裡是「生活」，並無問題也。凡適其性，遂其生上所需要的，所應有的，此中之「凡」並不是一個虛懸的抽象，而是在實際生活上可以落實而敞開的，只須一起承認之，而不須列舉。此處之「一起」既是總持地，又是散開地，故具體也。在

「仁者」的「理性之內容的表現」上，實際的處理上，這該是沒有任何問題的。若是不仁者在位，傷害了人民的生活而至於不可忍受，則弔民伐罪，起而革命，亦是大仁。所謂「湯武革命，應乎天而順乎人」，所謂「聞誅一夫紂矣，未聞弒君也」，這是純實際的事理之當然。並不說革命不應該。（我在這裡看出中國的文化生命在根源上是比較講理；而民族生命在根源上亦比較清淨，不像西方那樣勢利。階級實是其民族生命中惡根濁根之表現。）

　　中國儒者的政治思想，全幅是由這「實際的直覺心靈」而抒發，就實際的生活（存在的生命個體）上事理之當然，而為理性之內容的表現。在儒者的政治思想上，生活是第一。這是一個普遍的、實體性的大海，直需直下被肯定。而政治思想上的「理性之內容的表現」亦相應這實體性的大海，相應這「生活實體」，就事理之當然，而為周匝圓轉、無遠弗屆、無微不至，全幅予以實際的、內容的處理。這種實際的、內容的處理是一個圓轉的輪子：轉到那裡，實際的具體的直覺心靈即潤澤到那裡；潤澤到那裡，即就那裡的事理之當然，該如何便如何。這個圓轉的輪子，順應生活實體上的事理之當然，無論轉到那裡，似皆有其一定的關節，一定的分際，一定的節拍；這一切都好像是很自然的，而又是很定然的；一切都有其一定的限度。《大學》說：「物有本末，事有終始，知所先後，則近道矣。」荀子說：「君子言有壇宇，行有防表，道有一隆。」（〈儒效篇〉）這實在是不錯的。這些關節、分際、節拍、限度，所表示的界線，沒有經過概念的思考、理性之外延的表現，予以形式的確定，所以一方面是很實際的、具體的，全靠實際的直覺心靈來展現，同時，另一方面，又好像是很隱微的、很微妙的，

若有若無、若隱若顯，很不容易把握，而又互相滲透牽連，很不容易割斷，此就是說：未有形式的確定。然而這些自然而定然的界線確實是有的，它是由生活實體上事理之當然來釐清，來確定。此種釐清與確定，是實際的、內容的釐清與確定，而不是形式的（概念的）、外延的釐清與確定。這種實際的、內容的釐清與確定，也並不是隨意的、漫無定準的。生活實體上事理之當然是客觀的標準，仁者的德性是主觀的標準。這是「理性」所由出之大源。理性是很具體的、很實際的理性，這裡有無限的活潑，亦有無限的幽默。就是這點，為懷悌海所欣賞，說中國人是十分「理性的」。（這「理性的」是合情合理之當然之「理性的」。）這確是中西文化心靈上最深微的差異點。這就是中國政治思想全幅是「理性之內容的表現」之妙處。

二、從「得天下」方面說明內容表現之不足

但是這點妙處，在生活上說是好的，在政治上說是不夠的。就一般文化說，中國文化心靈中這點妙處，也不容易為時下一般人所理解，因而中國文化在一般人心目中，遂成為落伍的、醜陋的、渾沌一團的、原始的，亦隨而成為被詆誣、被抹殺的對象。而所以至此，從西方來的政治上的民主政體是其中主要之一因，另一因是科學。可見中國政治思想上「理性之內容的表現」，雖有其妙處，想來也必有其不足處。我們是在渴求民主政體中。所以如果我們既不能認「理性之內容的表現」即為已形成而確定之民主政體，復不能如時下人之囫圇抹殺，侮蔑詆誣，即算完事，而已能認識這「內容的表現」之心靈方向之價值以及其意義，則我們即不能不正視此問

題，順自己之文化生命之發展而解答此問題。如是，「理性之外延
的表現」即有其鄭重被考慮之必要。

　　首先，在「得天下」上說，孟子的「推薦、天與」的公天下觀
念是不夠的；而在「與賢、與子」上說，對「與子」之實際上已成
為無限連續下去的「家天下」觀念，未能正視其為一個不合理的制
度，而只是順事地內容地拖下去，只籠統地亦納在「天與、天廢」
的觀念下，這亦是不夠的。「天與賢，則與賢；天與子，則與
子」，這在開始時，是直接合乎「推薦、天與」之公的。然「天與
子，則與子」並不函是「世襲與子」，亦不函是無窮連續下去的家
天下。「與子」類乎連選連任，但不能世襲地連。世襲地連，則已
不是「推薦、天與」之公，而是不須推薦，先天地定然地合該是
我。是以「天與子，則與子」，在開始時（即照孟子所說的禹、
益、啟的情形說），是公的，然到世襲下去的時候，則即不能納在
「推薦、天與」的觀念下而一例說。這中間似乎起了一點突變。當
該分別視之，另說另講。孟子未能正視此突變，而卻把長期連續的
世襲亦納在「推薦、天與」的觀念下，而說「匹夫而有天下，德必
若舜禹；繼世以有天下，天之所廢，必若桀紂」，且引孔子言以
明：「唐虞禪，夏后、殷、周繼，其義一也。」實則並不一。「繼
世以有天下」，本是不應該的，亦違背「推薦、天與」之觀念。
禪、繼之不一，關鍵即在「繼世以有天下」。在禪中，由推薦而天
與或不與，那是與在繼中，「天之所廢〔即不與〕，必若桀紂」，
很不相同的。「天之所廢，必若桀紂」，這個天廢（天不與），是
須要革命的，須要用「力」來打的。本來「繼世以有天下」不是經
過「推薦、天與」之方式的，乃是未經過天與人與之同意而自居

的，所以其爲天之所廢亦不是經過「天與或不與」之和平方式而被
廢，而是經過革命而被廢。由推薦而天與或不與，這其中並不函有
革命。但經過「繼世以有天下」這一突變，則必函有革命。這就是
亂之源、私之源。湯、武是很有德的，故能戰勝桀、紂。但以革命
之力得，得而仍繼世而不讓，這就是不德。其原來之德只是成就一
個私。桀、紂之被廢固不是經過「推薦、天與」之方式，而湯、武
之有天下亦同樣不是經過「推薦、天與」之方式。這裡的「天與」
是革命方式的「天與」，不是和平選替方式下的「天與」，所以禪
與繼是很不同的。「繼」必函革命，而革命是不得已的，究竟不是
好現象。在繼世循環中的革命亦必是循環的。循環的革命尤其不
好。孟子未能正視禪與繼之不同，以及循環革命之嚴重，遂使其
「推薦、天與」之公天下觀念變成軟疲的。至少「推薦、天與」之
觀念直接函有和平選替的意義，而這亦必須自覺地來促成與維持，
這原本須要有「人能」參與其中的，但因爲孟子未能正視禪繼之不
同，亦未能正視循環革命之嚴重，遂使「推薦、天與」之公變成爲
「純自然的」，因而亦成爲「純偶然的」，此即所謂「軟疲」。對
於「家天下」之繼，若不能形式地正視其爲一不合理之制度，而只
是順事地內容地拖下去，籠統地納於「天與、天廢」中，則「推
薦、天與」之公亦不能形式地當作一合理之制度而被建立起，此即
是此公之觀念之所以成爲軟疲者。此正是由於太實際、太順事、太
內容的緣故。此是「理性之內容的表現」之根本缺陷處。（《禮記
‧禮運》以「天下爲公」爲「大道之行」，以「天下爲家」爲「大
道之隱」，這是一好消息。這能正視禪繼之不同，雖未能制度地正
視之，積極地設法如何實現其公而祛除其私。孟荀諸大儒以及後來

儒者俱未能制度地正視之，積極地設法如何實現其公而袪除其私。孟荀諸大儒以及後來儒者俱未能制度地正視之，總在這裡轉不過彎。此可慨也。讀者欲知其詳，請參看拙著《歷史哲學》。）

三、從「治天下」方面說明內容表現之不足：「人存政舉，人亡政息」

復次，在「治天下」方面說，「仁者德治」的觀念亦是不夠的。仁者之德所開出「讓開散開，物各付物」的精神、「就個體而順成」的個體原則，乃是靠仁者的德性來支持的。但是「仁者」是可遇而不可求的。假定二帝三王合乎這仁者的德性，則自五霸以後，以及由漢高祖馬上得天下所開出的那些英雄，是少有能合乎這個標準的。至於繼世之昏君暴君，更不必說。此所以朱子謂三代而下無善治也。陳同甫雖力爭漢唐，謂天道之運在此期間亦並非架空漏過，然究竟是以力打天下而把持天下，未必能合乎這仁者之德。惟若這漫長時期竟無能合此標格者，則亦可見「仁者之德」之難求。而「仁者德治」似乎只成政治上一最高之理想，而從未或至少不是實現者。此儒者理想之所以有迂闊少功之譏也。是以欲求「仁者之德」所開之「物各付物」之精神以及「就個體而順成」之原則能充分實現，則光說「仁者之德」實是不夠的。

復次，若只從「仁者之德」說，則必函「人存政舉，人亡政息」之歸結。《中庸》：「哀公問政。子曰：文武之政，布在方策。其人存，則其政舉；其人亡，則其政息。」此蓋是必然的。蓋完全靠仁者之德性運用，則必是「現時法」，皆只是當下之呈現。每一仁者之德性運用皆是獨一無二的，皆是實現，皆是創造，而並

不能傳遞。雖有風流餘韵，然只是其德化之振動，非可以傳至另一
人，而保其必爲仁者。故「君子之澤五世而斬」。此「五世」一詞
亦是振動的強度觀念，並非具有形式確定性之廣度量。故「仁者德
治」之觀念完全是內容表現上之「人治主義」。重人不重法，這是
很具體很實際的政治心靈。孟子雖說：「徒善不足以爲政，徒法不
能以自行」，然其所謂「法」根本是指「先王之道」說，而先王之
道又根本是指「仁政」說。這與我們今日之所謂法治根本不同，而
與法家之法治亦根本不同。

孟子說：

> 離婁之明，公輸子之巧，不以規矩，不能成方圓。師曠之
> 聰，不以六律，不能正五音。堯舜之道，不以仁政，不能平
> 治天下。〔案：此可見以「仁政」爲政治之法度，即治天下
> 之「道」。〕今有仁心仁聞，而民不被其澤，不可法於後世
> 者，不行先王之道也。〔案：先王之道即「仁政」，此是有
> 一定的措施與具體的內容的。見上篇。徒有仁心，如齊宣王
> 不忍一牛之死，而以羊易之，可謂有仁心。徒有仁聞，如梁
> 武帝終日一食蔬素，宗廟以麵爲犧牲，斷死刑必爲之涕泣，
> 天下知其慈仁，可謂有仁聞。然而不行仁政，不依政治之法
> 度，則根本無用。所謂無用即一方面「民不被其澤」，另一
> 方面，不可爲後世爲政者所取法。〕故曰：徒善不足以爲
> 政，徒法不能以自行。〔案：「徒善」是說空有善心，即徒
> 有仁心仁聞也。「徒法」之「法」即上文所謂「仁政」，即
> 政治之最高指導方向也。亦即先王之道，爲政之最高法度

也。與法律條文之「法」、法家賞罰之「法」，根本不同，
亦與今之民主政體之法治根本不同。〕《詩》云：不愆不
忘，率由舊章。遵先王之法而過者，未之有也。聖人既竭目
力焉，繼之以規矩準繩，以爲方圓平直，不可勝用也。既竭
耳力焉，繼之以六律，正五音，不可勝用也。既竭心思焉，
繼之以不忍人之政，而仁覆天下矣。故曰：「爲高必因丘
陵，爲下必因川澤。爲政不因先王之道，可謂智乎？是以惟
仁者宜在高位。不仁而在高位，是播其惡於眾也。

案：此整段是言「仁者之德治」。故最後結之以「惟仁者宜在高
位」。仁政、先王之道，以及這裡所謂「法」，是同義語。而以規
矩與六律以喻此法之與爲政之關係。言此法是爲政之最高指導方
向，具體言之，亦即「先王之道」也。而仁政即「仁者之德治」。
故雖有「徒法不能以自行」之一語，亦切不可誤會此「法」爲法律
條文之法、賞罰之法也。故其旨歸必爲「人治主義」，亦必函「人
存政舉，人亡政息」之義。法律條文之法、賞罰之法，乃是第二義
的，此不成問題。即法家重視此第二義之法，普通視之爲法治，然
實則若只是這種法，則亦必靠統治者之「道」（道家之道）與
「術」，此仍是內容表現上之人治主義，惟此內容表現是法家式
的，而其人治之所以爲人治則是以「道」與「術」定，與儒家之以
「仁者德治」定不同。此第二義之法乃根本不成問題者，即儒家亦
不反對。惟依仁者德化敎化之義，儒家總想不用此種賞罰之法，而
期有以超過之。故曰：「道之以政，齊之以刑，民免而無恥；道之
以德，齊之以禮，有恥且格。」然第二義之法亦不只是此賞罰之法

一義，亦有處理公共事務上定一客觀標準或客觀程序之義的法。此
種法儒家亦不會反對。故言法治並不在這裡說。究極言之，中國以
往的政治思想，無論儒家、道家，或法家，皆是「內容表現」之路
數；而在此路上，嚴格言之，只有人治主義，而無真正的法治主
義。惟近代的民主政體之政治，始有真正的法治出現。而此法治之
法是就第一義的法（即憲法）說，不就第二義的法說。即，就政道
上的法說，不就治道上的法說。而此種法治之出現，不是「理性之
內容的表現」一路所能盡，須靠「理性之外延表現」來實現。然而
儒者「仁者德治」之觀念，則達不到此境。只說「仁者之德治」以
爲政治之最高指導方向、最高法度，而不能在政道上（相應政權而
言的政道），設立一個制度，以充分實現「仁者德治」所開出的
「物各付物」之精神與「就個體而順成」之原則，則「仁者之德
治」勢必只是「人存政舉，人亡政息」的「現時法」，而對於霸與
力之「非理性」亦根本無定法以對治，此即言其本身不能經常實現
而成爲「永久法」。（此「法」字非法律法度之法，乃現象義、事
物義、佛家所用「法」字義。上「現時法」中之「法」字亦然。）
因此，「仁者德治」亦成爲一個站不起來的軟罷觀念，此亦是「理
性之內容的表現」之缺處，蓋正因其太具體、太實際、太內容之故
也。

四、「唯仁者宜在高位」一觀念之函義：治者擔負過重

　　最後，在「仁者德治」的觀念下，「唯仁者宜在高位」，此即
必須以聖人爲王，故曰聖王。（聖王與柏拉圖所說的「哲王」，其
系統的內容完全不同，不可誤會爲一。聖王服從「物各付物」的精

神與「就個體而順成」的原則,不像柏拉圖那樣依金銀銅鐵質將人
分為三等,以概念的設計造成封閉的社會。)落在後來的君相上
說,必曰聖君賢相。君而不聖,即不成其為君;相而不賢,即不成
其為相。在此觀念下,唯是從治者個人方面著重其德量之提高。蓋
無此合乎仁者高度之德性與識量、器量,便不能實踐那「仁者德
治」所開的「物各付物」之精神與「就個體而順成」之原則,此即
不合為政之道。仁者用心如日月,仁者德量同天地。對於治者之要
求如此其高,即是加重其擔負。此擔負須從「讓開散開,物各付
物」的精神方面想,用道家的話說,須從「無為而無不為」的「無
為而治」之精神方面想,即從「減損」方面想,不可從「事必躬
親」之「增加」方面想。此是「為道日損」之精神,而此「損之又
損,以至於無為」的「為道」之工夫就是一個無限的工夫,而以此
道治天下亦即是一個無限的負擔。即讓人君完全法道,法天。故
曰:「天下大器也。器大者,不可以小道治。」(干寶論晉語。)
一切責望都集中在治者個人之德上,這擔負太重了。幾乎無人能合
此格。(後來君主專制政體成立,對於皇帝無法律制度上之有效限
制,更加重此觀念之提倡,期由此以昇華皇帝的無限權力之隨意揮
洒,此又見講說此觀念之不得已的苦衷。)天下大器,而治此大器
之位又是高位大位。位之所在,即是權之所在。雖說無「權力」之
觀念,只在位上盡分,然這是事實問題,不在有沒有此形式的觀
念。蓋位與權之所在如此其密切,而權之所在即是欲之所在,如是
而望其減損無為以合於道,此豈不是大難之事?此所以明末呂留良
憤慨地說:三代而後,只合孔孟作皇帝,此後只合程朱陸王作皇
帝。然事實上孔孟程朱陸王皆未作皇帝。作皇帝者,非夷狄即強

盜。求夷狄強盜而爲仁者，豈不是過分的奢望？

對於治者的德性既要求如此其高，其擔負又如此其重，則人民對於國家、政治、法律，即成爲無擔負者，或至少亦擔負過輕。本來，在生活第一的心靈裡，假定有仁者在上位，人民自適其性，自遂其生，是可以與國家、政治、法律相忘的。此即所謂「日出而作，日入而息，帝力于我何有哉？」人民與國家、政治、法律相忘，故亦不過問政權、治權，亦無人權、自由之爭。人民本來是很自由的。或者說，這只是儒者的理想，事實上並無仁者在位。然即使昏君、暴君、夷狄、強盜在位，而在中國現實歷史社會上，一般人民也實比較有多的自由，故仍未過問政權、治權、爭取人權、自由，不過易於促成革命，增加叛亂而已。是以無論就儒者的政治思想或現實政治言，在以前，中國人民以生活爲第一，以生活實體上事理之當然爲先天不移之信念，是比較有更多的自由，而且可以說並無特權、階級等限制的不自由，是即可說有無限制的自由。這是中國文化心靈所先天地培養成的。否則，這種與切身利害有關的事，中國人民苟非至愚且賤，豈不知起而爭取？難道唯西洋人聰明尊貴，始知爭自由乎？這其中必有歷史文化背景上的不同。中國人很知爭事理之當然，但無所謂爭人權。昏君、暴君、夷狄、強盜，鬧得不堪，人民忍受不了，則即造反革命，沒人說不應該。「應該」即是表示在中國文化心靈上，事理當然之信念上，並無特權階級之限制，剝奪人民革命造反之自由與權利，是即先天地有此自由，並不待後天去爭取。故中國有革命造反，而無爭人權。此其故蓋可深思。此是全套是「理性之內容的表現」中之一環。儒者的政治理想不易實現，即實現，亦是暫時的，而不可傳遞，則現實上即

只有循環革命與造反。此是中國歷史文化上一個最嚴重的問題。儒家「仁者德治」的政治理想不是不對，而是不夠。光從治者個人身上想，不能實現此理想。要實現此理想，根絕循環的革命與造反，必須從「治者個人」身上讓開一步，繞一個圈，再自覺地來一次「理性之外延的表現」，由此開出「政治之所以為政治者」，即政治之「自性」。就政治的自性言，政治要成其自己，不能單從「治者個人」一面作一條鞭地想，而須從治者與被治者兩面作雙邊地對待地想，使雙方都有責任。依此，政治的自性必然地要落在「對待領域」中，必然地要建立在雙方都有責任上，而不能只落在一面的無對中，只建立在仁者的無限擔負上。這一步轉進是「理性之內容的表現」所不能盡的。只從治者個人一面想，要求其為仁者，那是政治被吞沒於道德，結果是政治不得解放，道德不得解放。

五、結語與附識

我以上從治天下方面，說明「理性之內容的表現」上「仁者德治」一觀念之不足：一、可遇不可求；二、「人存政舉，人亡政息」，不能建立真正的法治；三、只從治者個人一面想，擔負過重，開不出「政治之自性」。由此三點，再加上得天下方面「推薦、天與」一觀念之不能立起，遂迫使我們必須進到「理性之外延的表現」。

附識：

一、儒家就事理之當然，徹頭徹尾，徹上徹下，全幅是內容的，隨生活之全而盡概無餘。隨事理之當然而有當然的韵節，故禮儀三百，威儀三千，莫非性情中出。禮者順乎人情而節文之者也。

天理、人情、國法，三者互相滲透。此種事理當然的韵節名曰「內容表現」上的界限，又此種事理當然的韵節亦可名曰社會世界的構成律則或實體性的律則。中國人的具體心靈很容易把握住它，而且對它有極堅定的信念與肯定，不像西方如卡西勒所說很難找到。以這實體性的律則爲底子（這是政治學中堅實可靠的基礎），故政治上得天下與治天下的最高律則亦容易見到而信其爲不可移。這種律則是政治世界的律則，對應那實體性的律則而言，此即可曰規約性的律則。儒家的性情之教、禮樂之教，既能賞識並肯定那社會世界實體性的律則，故亦總在此政治世界規約性的律則上建立其政治上的理想與願望。如本篇所述，就民主政治之形成言，雖有所不足，然要是極合理而富理想意義的。尤不能說在原則上不是向民主政體趨。其缺者唯在「外延表現」之一環。

（a）全幅是內容的，因其徹底透出，故在以前，亦圓滿而自足。此中國文化之所以獨有其蘊，獨成一骨幹也。它表現一自足的、獨特而根源的心靈。若不能徹底透出，則雜而不純，便非一根源的心靈，其爲內容的便不足自成一骨幹。

（b）徹底透出，全幅是內容的，因其就生活實體上事理之當然韵節而表現，故這全幅是內容的，背後必有一開朗明白之心靈源泉，具體活轉而無沾滯之通達智慧，爲其超越的根據，且亦具有超越的親和性。這是中華民族最根源的心靈，而爲儒家學術所代表。

二、當然，也並非無歧出，即亦有離此根源一步而起波瀾者：

（a）道家亦是內容的，但不能就生活實體上事理之當然而爲內容的。其爲全幅是內容的，蓋停滯於自然無爲層面上而爲平面的，而非立體的。故其爲內容的，不能盡事理當然之韵節，而似成

爲無韵節。若消融於儒家中，則亦見其用，而其本身不能自足也。

（b）在法家，內容與外延兼備，而皆離理性而歧出。法家在治道之法上比較能至外延之意義，不似儒家純就生活實體上事理之當然而爲內容的。儒家於此種外延意義之法，當然亦可承認而不反對。但其立言之重點與用心之方向，則不在此。又，即使承認之，亦不能不顧一切而一於此。法家特重在此，而又能不顧一切而一於此，故在中國治道上外延意義之法之措施，則開自法家。但此種外延之法只限於治道上，而在政道上，則仍無法。故法家之基本精神仍爲內容的。其爲內容的，不在人君之德，而在「術」。此即爲離理性而歧出。治道上之法能運行而有效，完全靠此「術」之內容的運用。此亦是「人存政舉，人亡政息」。而且法家之所以爲法家，其本質的意義實只在此根源上的「術」上，不在其治道之法上。在治道上，只重那法，而不講旁的（此亦是悖理性），則必然要引至那根源上內容意義之術。因爲在法上已排除一切而成爲封閉的，故必講術以成就此封閉。此所以法家雖能開出治道上外延意義之法的措施，而不能開出政道上外延意義之法的構成。此種內容外延之參雜，適足以成極權，而不足以成政治。今之極權專制皆是這種內容外延之混雜：根源上是內容的（術），次級上是外延的（法）。此亦類比根源上是魔術的，而次級上則是技術的。

乙、理性之外延的表現

一、使用內容外延兩詞之說明

　　邏輯裡講概念有內容與外延之別。內容是一個概念之意義，通過定義以確定者，而通過定義所確定之意義即有其應用上之一定的範圍，此一定的範圍即此概念之外延。例如「人」一概念，它的內容是它的意義，由定義以抒發而確定之，例如定「人」為「理性的動物」。此「理性的動物」即抒發「人」一概念之確定意義，而此即其內容也。具有如此內容之概念所應用的範圍，即全體人類，便是其外延。有了外延，它的範圍即客觀地被確定了。而它的外延之確定，根本由於其內容之確定。而內容之確定，則根本由於定義。定義之作用即在類族辨物：同時抒發而確定一概念之意義，同時即是劃類而盡其外延。如不經過定義，則一概念之「意義」可有許多方面的聯想，亦有許多線索可以追尋，而皆不必是此概念之當身，亦即不必是此概念當身之內容，即不必是此概念之「自性」。概念之自性不能確定，此概念之所以為此概念之本身即不能建立，而其外延亦不能確定。不能確定一概念當身之內容與外延，雖極具豐富之意義，而於許多方面或線索上，雖亦能盡其自然而當然之韵節，而究不是此概念當身之建立。蓋此許多方面或線索上之自然而當然之韵節可以牽涉出入於許多概念，而在此牽涉出入上顯其韵節，而卻不是各概念本身內之韵節。各概念本身不能先劃定建立，此即界域不清，而流於漫蕩與軟罷。雖能盡其出入與牽連而顯圓通與諧和，然而不能盡各概念當身之自性而見方正與界域。是以通過定義而見內容與外延是建立概念自性之內外面。我說中國儒家政治思想全幅是「理性之內容的表現」，此所謂「內容」是方法上的借用，不是言理性之內容也。即言表現理性，有是內容地表現之，有是外延地表現之。在政治上表現理性，而是內容地表現之，是說對政治

一概念本身既沒有客觀地表現其理性，以成就此概念之自性，復沒有在具備客觀的內容與外延之政治概念自性下以表現其理性，而單就生活實體上事理之當然，自「仁者德治」之措施與運用上，以表現其理性，故為「理性之內容表現」。此即政治一概念之自性與界域所以不能確立與建立之故。雖能極盡其出入與牽連而顯圓通與諧和，然而不能盡其方正與界域，遂顯漫蕩而軟罷。說外延的表現，則內容即限在一定界域中能使一概念當身之自性，因客觀的內容與外延之確定而被建立。雖不能盡其具體之牽連與出入，然而可以使人正視每一概念之自性。此雖不免於抽象，然在政治上（乃至科學知識上）卻是必須的。此即西方文化生命所走之途徑，所表現的理路。定義、內容、外延，這一起根本都是「理性之外延的表現」，吾亦曾總名之曰「概念的心靈」。

又，在邏輯上，有內容命題與外延命題之分。繫屬於主體的句子為內容命題，如：「我相信：X是人函著X有死」此中兩語句之連結為內容的連結，故此連結所成的整句即為內容命題。因其繫屬於「我相信」故。脫離主體而可以客觀地被主斷的連結為外延的連結，故其所成之命題亦為一外延命題。比如：「X是人函著X有死。」（詳解請參看拙著《理則學》頁26-27。）由此內容外延之分，更易明白吾這裡使用「內容的表現」與「外延的表現」兩詞之意義。由「仁者德治」所開出的「物各付物」之精神與「就個體而順成」之原則是「理性之內容的表現」，而通過階級對立以爭人權、權利、自由、平等，並進而論國家之主權，政府權力之分配與限制等，則是「理性之外延的表現」。

二、「外延表現」之現實的因緣：階級鬥爭之理想主義的解析

西方之「理性之外延的表現」，在政治上，有其現實的因緣。依本文之論題，須直就此「現實的因緣」說起。此當然與他們的「概念心靈」有關，而概念心靈是其文化生命之「本質的因緣」。然政治成果是由艱苦鬥爭的實踐而獲得的。故從「現實因緣」說起，比較直接而顯豁。

本質的因緣是他們形成智的文化系統之「概念的心靈」，而現實的因緣則是他們歷史現實中的「階級」。他們是在「階級」本身的認定與階級間的限制與爭取中而走上「理性之外延的表現」。

階級鬥爭在西方歷史中是事實。並不可因為馬克斯講階級鬥爭，而即忽視或躲閃此事實。要者在能辨別階級鬥爭，其鬥爭究竟為的是什麼，其鬥爭所以可能之超越根據、理性根據是什麼。馬克斯以唯物論與唯物史觀來解析，這是我們所反對的。依馬克斯的解析，階級間的鬥爭是為階級的私利，並不為正義、公道、人權與自由。這是完全從物質的生存條件著眼。當然，人是一現實的存在，自然需要有物質的生存條件：人總想保持其自己的生存，而且想改進自己的生存。就「現實的存在」言，人要維持並改進其生物的存在，自亦不能無其私利的本能。而這種私利，因以階級集團的方式去爭取，所以也就是公利：是屬於全階級的、客觀的，並不單屬於個人、主觀的。可是就是這爭取公利就函著爭取正義、公道、人權與自由。人間不能有不平，不能有被壓迫被奴役的人：壓迫、奴役、不平，是人間最大的不公道，不合天理。爭取階級的公利就是爭取公道與天理。而公道與天理不能見之於物質的生存條件，而是

見之於另一源泉：道德的心靈。馬克斯不願正視此「道德的心靈」，亦不願正視出於道德心靈之公道與天理。他還進一步抹殺此道德心靈的實體性（人的實踐上的實體性），抹殺此公道與天理的實體性。他不承認人有此普遍的人性，他認為人性只是階級性，只是私利性。縱使此私利是屬於階級的，是公利，然而如不承認普遍人性中的正義性、理想性，與天理性，以作其主宰，為其調節、糾正，以使其可能，為其站住其自己的超越根據，則公利亦是私利。縱使取得了階級的公利，亦未見得是實現了正義、公道，與天理，很可以只是集團搶劫，以暴易暴，而造成另一放縱恣肆，饕餮享受，專門壓迫奴役旁人的「新階級」。如果人性只是階級性、私利性，如果階級鬥爭只是為的階級私利，則被壓迫階級之起來爭取利益與壓迫階級之維護其利益，同是一樣的自私。你沒有理由責備壓迫階級之不應該，不合理，你也沒有理由說自己是應該，是合理：私利就是應該，就是合理；私利與應該，與合理，成為同一的。這樣便無所謂是非、善惡，只有有無。你有，我就眼紅；我無，我就要搶。你有，就是「非」；我無而搶，就是「是」。反過來，也是一樣。如是，應該、合理，成為不可能。你所爭得的私利公利也不能站住其自己，也同樣不可能。這樣，階級鬥爭完全失掉了意義，人類歷史亦真成了漆黑一團了。這是馬克斯抹殺了普遍的人性，而只承認階級性，所必然要至的歸結。他斬斷了階級鬥爭的正義性與理想性，也斬斷了鬥爭所以可能的超越根據與理性根據。依是，我們主張：

　　1.私利不能與應該、合理、是非、善惡，化為同一。

　　2.普遍的人性不能抹殺。

3.階級鬥爭為的是正義、公道，為的是實現應該與天理。

4.鬥爭所以可能的超越根據、理性根據，乃在具有理想、正義、天理的道德心靈這普遍的人性。

由這四點，保住了階級鬥爭的意義與價值，開出了人類歷史向上的光明源泉。

我們說：壓迫、奴役、不平，是人間極大的不公道，不合理，而爭取階級的公利就函著爭取正義、公道、人權與自由。這說法本是很自然的，亦是當然而不容疑的。所以人們很可以認為共黨的階級公利就是如此。他說階級的公利，你說正義、公道，這不過是字眼的變換，實際並無差別。但是須知你這「實際並無差別」，還是有「自然的常情」在心中，還是不自覺地預定了那四點作根據。可是馬克斯偏要造作地抹殺了普遍的人性，拿一套自覺建立的概念（階級性、唯物論、唯物史觀），驅除了那「自然的常情」，混私利與應該、合理、是非、善惡而為一，使階級鬥爭不為的是正義與公道，不在實現應該與天理，斬斷了鬥爭所以有意義的超越根據與理性根據：即使正義與公道不可能，又使鬥爭與公理不可能。這樣，階級公利與正義公道便不是字眼的變換，而確有內容實指上的差別。而馬克斯主義者、共黨的行動，亦正不能正視正義、公道、自由、人權，而流於極權專制，摧殘人性，成為放縱恣肆，饕餮享受，專門壓迫奴役人民的「新階級」。這也正是內容實指上的差別之彰明昭著者。故邪謬理論既不合過去歷史事實，亦遺害於未來。此其解析階級鬥爭差謬之故也。

衡諸西方歷史，若注意階級鬥爭為的是公道與正義，注意鬥爭所以有意義的超越根據與理性根據，則其發展的關節是如此：

1.在「上帝面前人人平等」：先解放人為一「靈的存在」、「精神的存在」。這是宗教的作用。

2.自然法與天賦人權：再解放人為一實際權利的存在、政治的存在，每一個人是一權利之主體。

這是近代人權運動的貢獻。

階級鬥爭要通過這兩個關節去著眼，不能單從物質的生存條件與階級的私利性上去著眼。這是西方政治發展史的實相，而吾人亦由之見其為「理性之外延的表現」。這不是唯物史觀所能解析的。我此下就此兩關節以明「理性之外延的表現」之意義。

三、在上帝面前人人平等：「超越的平等性」之肯定

當黑格爾論到印度的階級與西方的階級之不同時，他說：「在我們中世紀的封建社會，個體也是被限於生活中一定的狀態上；但是，對一切個體，卻有一個較高的存在，它超越乎最高的俗世尊嚴之上，而參與聖域也是任何人皆有份的。這即是這大的不同，即：在此，宗教對於一切是在同一地位；雖然工人之子常為工，農人之子常為農，而自由選擇亦常為許多限制的環境所限制，可是宗教成分對於一切人的關係卻是相同的，而一切人亦皆因宗教而予以絕對的價值。在印度，則情形卻正相反。又，存在於基督教世界的社會階級與存在於印度者，還有另一個不同點，即，在我們間，道德的尊嚴存在於每一階級，構成那人們必須在其自身而且經其自身以有之者。在這方面，較高階級平等於較低者；而當宗教是一較高之領域，一切人在其中光明其自己時，法律前之平等（人格底權利及財產底權利），每一階級皆可獲得。」（黑氏《歷史哲學》，英譯本

頁147）。

黑氏此段所論，即是在西方，「在上帝面前人人平等」一語之
所示。「參與聖域」，任何人皆有分，意即：「進入神聖之域」之
門，對一切人皆是敞開的。此即宗教成分對於一切人的關係皆相
同，並不因現實的階級之差別而有所偏私。一切人皆因宗教而可有
一「絕對的價值」。所謂「絕對的價值」，意即每一人皆因宗教而
為一獨立自足的「精神的存在」，因皆可進入「神聖之域」而為一
「精神的存在」，此是絕對的人格價值，不是世俗的寶貴之外在
的、相對的地位價值。這是直接穿過了俗世的現實階級之差別而直
透到人的為一精神存在之權利上的平等。這是越過了人的現實限制
而直觀其背後的「超越的平等」，因與一超越實體的關係而來的
「超越的平等性」。這「超越的平等性」之肯定，是人類解放其自
己，衝破階級的限制，實現其俗世地位權利之平等，以及創造其文
化，抒發其理想之最根源之精神動力。這肯定有不同的形態：在西
方是基督教的形態，如適所述；在中國是儒家的形態，孟子「所謂
良貴」；在印度，其正宗的婆羅門教，如黑格爾所觀察，便不顯此
義，但卻見之於佛教所宣稱的「一切眾生皆有佛性」。茲捨印度與
佛教方面不論，單看西方與中國，則知此兩方對此「超越的平等
性」之肯定與信念，其意識非常顯豁而積極。唯其所引生之作用，
與發展此觀念之方向，從過往歷史發展上看，卻大有不同。我們在
此可說：西方基督教之形態，在上帝面前人人平等，是儒家形態，
孟子所謂「良貴」之「外延的表現」。

孟子說：「仁義忠信，樂善不倦，此天爵也；公卿大夫，此人
爵也。」又說：「欲貴者，人之同心也。人人有貴於己者，弗思

耳。人之所貴者，非良貴也。趙孟之所貴，趙孟能賤之。」孟子所謂天爵、良貴，是「貴於己」，非「貴於人」。此是根據仁義內在之性善而說出的。此貴於己之良貴使人有一絕對的價值。人必須穿過公卿大夫之人爵之相對的貴、地位的貴，而直下肯定此良貴，人的道德尊嚴、人格的絕對價值，始能卓然站得住而不動搖。惟中國並無階級，故此良貴之觀念是直接在每一人之道德人格之完成與獨立自足上顯其作用，其發展之方向是「高尚其志，不事王侯」，是「視天子位如敝屣」，是「堯舜事業亦如太空中一點浮雲過目」，是視聖賢人格超過一切英雄豪傑而上之，是確立師道之尊嚴，而為天地間立人極，續慧命。並沒有客觀地向社會階級方面顯其作用，像西方那樣。此亦可說是「超越平等性」之個人內在的表現與內容的表現，而西方基督教形態，則是超越平等性之向客觀社會方面而為客觀的表現（故為外在的），因而亦為外延的表現。

　　它之所以為外延的表現，有種種積極消極的線索來迎接它是如此：一、現實的階級之差別對立；二、自古希臘以來，論道德是著重在正義與公道，而正義與公道則是在客觀的、社會的有對中顯，並不在個人德性人格之完成之先天的根據上顯，此即絕對的德性主體之不立；三、宗教雖予人以絕對的價值，而因絕對的德性主體之不立，使個人德性人格完成之「心性之學」不講，人們並不知如何來迎接神明，體之於自己生命中，以完成或實現其存在的德性人格之絕對價值，是則自己生命處可仍算是虛而不實，此一環之缺無，遂使他們所說之「絕對價值」徒因嚮往一超越而外在之上帝而顯，以主觀之虛情嚮往一客觀之實體（客觀方面是實、是體、是性、是理、是實有，而主觀方面則是虛、是情、是激越、是流蕩），此是

人的「絕對價值」之「外延的表現」。（黑格爾雖亦說及「道德的
尊嚴存在於每一階級。構成那人們必須在其自身而且經其自身以有
之者」，然此所說的「道德的尊嚴」仍是虛位義、外延義，與宗教
予人以「絕對的價值」同，尚未能達到實位義、內容義的境地，如
中國「心性之學」之所至。其所說「人們必須在其自身而且經其自
身以有之」，此在康德、黑格爾重視「絕對主體性」之哲學中，固
已幾近於實位義與內容義，然在文化上看，一般的意識方向上看，
仍是以虛位義、外延義為主脈。）

　　以上一、二兩點是積極的線索，此第三點是消極的線索。依此
三線索，遂使他們的「超越平等性」之觀念與意識易引向到客觀社
會方面而為客觀的表現、外延的表現，而引生對於政治、經濟、社
會各方面的改造之業績。

四、自然法與人權運動：「內在的平等性」之實現

　　此超越平等性之外延的表現必然函著對於階級限制之衝破，爭
取現實存在上的權利之平等。此即黑格爾所說：「當宗教是一較高
之領域，一切人在其中光明其自己時，法律前之平等〔人格底權利
及財產底權利〕，每一階級皆可獲得」。人，不但因宗教而為一精
神的存在，有一絕對的價值，有一超越的平等，且須為一實際的存
在，有一實際權利上的平等。（因他有一現實生命故，他需要有合
理的生存。）此即由解放人為一精神的存在，再解放人為一「權利
主體」的存在（每一個人皆是一種權利底主體），為一政治的存在
（公民）。那「超越的平等」之光投射到現實的階級上，立刻照出
現實人間的不公道，無正義。所以依照上帝的意旨來爭取權利上的

平等，那是人間最有理想意義與價值意義的客觀事業。此就是自然法與人權運動的貢獻。

　　「自然法」之觀念當該從希臘末期，馬其頓帝國形成後的斯多亞學派說起。這是從此開始一直貫穿西方政治思想史的一個觀念，也是一個劃時代的觀念。就像柏拉圖、亞里斯多德那樣的大哲學家，還是肯定奴隸為應當，即所謂「自然奴隸」是。柏拉圖在其《理想國》中，依金質、銀質、銅鐵質分人為三等。金質為國王或統治者，銀質為衛士或輔助者，銅鐵為農工商，從事經濟生產或交易者。此雖是從才能、職業的觀點、選擇統制者的觀點，來安排階級，此階級是人格價值的差等，然此人格價值是根據「材質原則」（宋儒所謂氣質之性）說的，並不是根據「德性原則」（宋儒所謂義理之性）說的。從材質原則而來的才能智愚本不一樣，這裡本不能說平等。故只根據材質原則（氣質之性）來了解人，「人格價值」之觀念不能真正地被建立，而人的尊嚴亦不能真正地被認識。在柏拉圖與亞里斯多德的哲學中，根據德性原則（義理之性）來了解人之「超越的平等性」，了解「人如其為一人」之「普遍的尊嚴性」，這層義理是並沒接觸到的。在這裡，見出這兩位理智清明的大哲學家之小家氣。在不關於人及人事的自然宇宙方面，在純知識方面，他們的理智活動對於「普遍之理」之把握是很能充其極的，這裡見出他們的阿坡羅型的清明精神之幽美。但是在關於人及人事方面，他們的德性之心並沒有全幅解放出來，不免為當時的城邦政治與社會狀況所限。故只能見其為智者之明，而不能見其為聖者之大。故黑格爾論希臘文化謂其只表現「美的自由」，只能算是文化發展的青年期。在此，真正內在的「普遍道德性」並未被提煉出

來。

在希臘末期，馬其頓帝國成立後，希臘人的心思轉變了，眼界
開闊了。人們直接與自治的城邦紐結在一起的那種密切關係也鬆開
了。人退處於其個人之自己。人人只知道他是一個個人，只知道他
與其他個人之個人的關係，而不甚感覺到他是國家的一個公民。古
希臘城市國裡那種國家與個人、法律與道德習慣、教育與政治，打
成一片的精神，自亞里斯多德以後，就不甚見於思想界。這些個人
所需要考慮的問題是他們個人生活上的規律以及他們對於世界上其
他個人之關係。對於前一問題，就生出了各種行為哲學；對於後一
問題，就生出了人類皆是兄弟之新觀念。斯多亞派的思想就表現了
這種心思的轉變與眼界的開闊。這些哲學家穿過了現實階級的限制
與邦國的限制，而直看到每一個體所遵循的「普遍的理性」。他們
心目中的「普遍理性」當然是形上學意義的，尚沒有達到黑格爾所
說的「內在道德性」之普遍性，即，作為眞正的道德性之本質的那
種「自由的主體性」之普遍性。他們所說的「普遍理性」就是「自
然」或「神」。這很有類乎後來斯頻諾薩所發展的思想。人也為這
普遍的理性所貫徹。遵循這普遍的理性而生活，就是遵循「自然」
而生活，就是「自然法」一名之所由立。自然法即「上帝之法」。
人，當作一個為普遍理性所規定的存在看，大家都是一樣的，無分
貴賤，都可度其合理的生活。在自然法所規定的人之自處與對他人
之關係上，即自然法所規定的人們間相互的權利與義務上（這不是
階級間的政治意義的權利義務），人類都是平等的。這當然也是
「超越的平等性」，這是由普遍的理性所達到的。斯多亞派的哲人
由形而上的普遍理性而達到了聖者的德量之大，這是從理上開出

的。後來的耶穌則是由宗教之情達到了聖者之大，這是從心上開出的。故凡論文化發展史者皆以斯多亞派的哲學為羅馬人接受基督教之先河。這兩者合起來，為「超越的平等性」建立了堅強的基礎。若從純理智興趣的哲學看，斯多亞派自不及柏拉圖、亞里斯多德的哲學之豐富與新奇，故哲學之士多不喜之。然從文化上政治上看，從建立「超越平等性」上看，則他們自有其「大」處。未經過世變之極與憂患之深者，不足以知此義之嚴肅。這不是純阿坡羅型的理智清明之精神所能盡，這是第昂秀斯型的道德宗教精神之所至：心量、德量、情量之大常是由這種精神而開出。淺人所視為迂闊矇矓、隱晦不經者，卻常是「生天生地，神鬼神帝」之根源。這是德性、生命之事，不是理智推比之事。

斯多亞派後，羅馬初期的人文主義者西塞洛，以及後來的神學家聖多瑪，皆講這種理性主義的「自然法」。聖多瑪且分法律為四種：一、永恆法，此即管轄全宇宙的「神聖理性」；二、自然法，此即管轄人類行為的「理性法」，施行於有理性的動物的那一部份永恆法就是「自然法」；三、神聖法，此即上帝在新舊約上所啟示的法律；四、人類法，此即人們根據人類理性上的自然法所制定的施用於各種不同環境的法律，此如國際法與國內法是。進入近代後，霍布斯、洛克等人，則是以經驗主義的態度，講人類的自然狀態與自然法：霍布斯由自私的生物本能看人的自然狀態，由此進而講自然法與自然權利（即天賦權利），洛克則從好的傾向方面看人的自然狀態，由此進而講自然法與自然權利。至於盧騷，則以浪漫主義的情調，歌頌自然（人的原始自然狀態），貶斥人為，宣揚人生而自由平等。這些思想家是要建立人類「原始的自然的平等

性」。但無論是理性主義與宗教所建立的「超越的平等性」，或是經驗主義與浪漫主義所建立的「原始的自然的平等性」，皆是對階級的不平而發。這是衝破階級的限制，爭取權利上的自由平等，以實現正義公道於現實的人間之「先在的設準」。這個先在的設準，雖然有點抽象，並有各種不同的講法（我在本文不欲一一作政治理論的討論），但它的意指卻決不是虛幻的。它在政治上已表現了理想與創造的作用。此即人權運動與近代民主政體之建立。通過「自然法」這個先在設準，人始由超越的平等性進而獲得其「內在的平等性」（immanent equality），由精神的存在進而為一「權利主體」的存在，每一個人皆是一享有權利的主體。

五、外延表現之成就

以上的脈絡是西方表現其理性綱維之途徑。這個途徑是外延的途徑，即吾所說「理性之外延的表現」。它是人類理性客觀地對社會階級而發，它的客觀妥實性即在階級間權利之取得，依階級集團的方式爭取權利上之平等。權利之取得與享有，從事實講，顯然不是現成的。「人生而自由平等」，黑格爾把它提煉凝斂而為「人性之理念」，即「人性之本質的所以然」。人，如其為一人，依其本質之定然之性是自由的。此所謂「自由」是指人本質上有自覺的主動的創發力以實現其定然之性而言。人皆有此定然之性與實現此性之自覺的創發力，無分貴賤，故依此本質而言，人亦皆是平等的。但此「本質的所以然」（即人之理念）只表示自由平等之「在其自己」，而「在其自己」是表示自由平等之潛存，這需要人的自覺以奮鬥實現之。黑格爾如此講，是「內容的」與「外延的」貫通而為

一的講法，而且是直就精神之發展而言的。內容地講，是言個人自
覺之過程，實現其「本質的所以然」之精神發展的過程，亦即意志
自由訓練其自己、建立其自己、實現其自己之過程。外延地講，則
是此自覺之過程在階級限制中表現而爲權利之爭取與獲得。這是扣
緊精神之表現與發展而爲言。（自由平等之實現當然是人之實踐上
的事，故繫屬於精神之發展亦是當然的。）故權利之爭取與獲得即
視爲個人內在精神之發展中之客觀化，故有主觀自由與客觀自由諸
詞之出現。此是黑氏對於其西方文化發展之深一層的觀察與解析，
把其「外延表現」上的種種成就提煉凝歛而升舉至其應有的內容及
深度，從精神發展上消融個體性與普遍性的矛盾，消融自由與國
家、組織、法律等之矛盾。此在浪漫主義的盧騷與經驗主義的霍布
斯、洛克，乃至今日之羅素等，所不能有善解，或置之而不問，或
根本不能處理者。這一義理的闡發，警策而通透，眞能定住理性之
所以爲理性，精神之所以爲精神，而不令其走失，實有其精朵處。
本文對政治理論不欲論及，故關於黑氏學亦不欲多所涉及。茲捨黑
氏之提升不言，就事論事，西方文化發展之途徑固是「外延表現」
之途徑，即，在權利之爭取與實現中而爲外延的表現。因爲是依階
級集團方式而爭取，故須一條一條地簽定；而由逐條簽定而得之權
利與自由，以及所謂權利上之平等，進而至於主權之問題，以及政
府組織中權利之分配與限制等，一是皆爲形式概念。權利是形式的
權利，自由是形式的自由（即權利上的自由），平等亦是形式的平
等（權利上的平等）：我只要在政治上社會上客觀地有此權利，有
此自由，有此平等，即已足矣，至於個人主觀地如何表現此自由，
如何運用此權利，如何充實此平等，那便是個人的事，不必問了。

至於主權、權利等觀念，那是由民主政體之形式組織中而限制出，故其爲形式概念尤顯。因這一切皆爲形式概念，故稱其爲「理性之外延的表現」，而此即所以建立民主政體，成就政治之自性者。

西方人是在這種「外延的表現」所成之種種法律、契約、架構、限制中生存活動，這些是他們的外在的舞臺與綱維網。他們是拿這綱維網來維繫夾逼著他們個人主觀的活動。至於其個人之主觀生命如何能內在地處理得順適調暢，則是他們所不甚著力的，他們的理性主要地是不在這裡用。而中國的文化生命，在以往的發展中，則卻恰好正在這裡用。此即吾所謂「理性之內容的表現」。在「內容的表現」中，則不注意那些形式概念，只注意個人之主觀生命如何能內在地處理得順適調暢。因此，在表現仁義上，則說如何能「仁精義熟」；在客觀表現上，則說如何能親親、仁民、愛物；在政治上，則說如何能齊家、治國、平天下，如何能爲王者、能爲仁者；而西方所表現的那些形式概念，則並未客觀地予以注意，而只吞沒於生活之全上事理當然之韵節中，此即「內容表現」之切義。中國人是生活在生活中，而不是生活在概念架構、法律契約中。自今日觀之，徒此「內容表現」，當然是不夠的。然不能說此途徑無價值。吾可以說，不但不能說無價值，而且其價值很高。反之，在西方，外延的表現固然有其精采，但若只是此途徑，亦未見得夠。在出現科學與建立民主政體上，這外延的表現是當行的，對此而言，是夠的。但人的「生活之全」並不只是科學與民主政體所能盡，因此就顯得他不夠。中國表現理性的途徑，對應科學與民主政體言，是不夠的。所以我們現在當該注意那「外延的表現」，當該正視那些形式概念。

六、外延表現之缺處

　　但在外延的表現中，那些依客觀集團方式而爭來的法律、契約、架構、限制、形式的自由、權利等，因其落在現實糾結中、利害爭講上、時間過程中之經驗事變上，故常是不能十分穩定的。這裡沒有「內容表現」上的親和性、軟圓性，與夫事理當然上的具體性與天然性。契約簽定方式本身就函著所簽訂的契約條文之被動性、限定性，與死板性。條文本身不能保其自身之穩當。既需要爭而簽訂契約，也可以因生命之非理性與事變之演進，而被推翻。

　　又，理性自始即客觀地向外延方面施展，而其客觀的落實處即在那些形式概念之建立，故形式概念所成的綱維網一旦造起，理性即歸寂而無著處。他自己不能見其自己究在何處，而人們亦可懷疑什麼是理性，理性究竟在那裡。如是，人們把那綱維網只看成是時代中一個特定的政體形態，一個既成的空架子。理性既歸寂、虛脫，而遠颺，而這空架子截斷了其理性之根，沈澱、下墮，而膠著。在一方歸寂、虛脫，而遠颺，一方沈澱、下墮，而膠著中。一方面因社會某處之漏洞（如經濟），或事勢之需要，掀起劇烈之變動，而根本推翻之，此即納粹、共產主義者之所為；一方面想保持此綱維網者，則又只陷溺膠著於此既成之形式概念，引用外延詞語，咬文嚼字，斤斤較量以論之，美其名曰科學方法，斥「理性」為玄學名詞，斥「普遍的人性」為抽象之空名，斥言「本質」者為本質主義，只落於現象主義、唯名主義，只著眼於既成之事實，截斷其所維護者之理性之根，忘其為前人本「超越的平等性」之理性與理想奮鬥而得之結果，好像前人皆在玄學之迷妄中，惟我今日才

是在科學之清醒中，此即今日自由世界一般知識份子之心態，吾總名之曰無體、無理、無力者。（只有事而無理，只有象而無體，只有既成事實之推移與平面之計算而無實體性的創造之力。）所以有如此之徵象，本亦難怪，理性之外延表現本易至此也。（理性之外延表現在成科學知識與講邏輯、數學上，甚當行，無弊無病。在成民主政體上，亦當行，然不能截斷其理性之根，又須隨時善講、實講、深講此理性之根，而不能只將自然科學上的「外延法」移來用於政治、社會，乃至歷史、文化上，而化除那理性之根。在自然科學上，順外延表現而截斷其理性之根，尚不甚要緊，但在政治社會上亦如此作，則其弊甚大。）

最後，理性之外延表現本在成就民主政體上那些形式概念。現在，民主政體已成矣，形式的自由與權利上的平等已取得矣，然則個人自己又如何？西方的理性途徑沒有在這裡用。形式的自由與權利上的平等並過問不著個人主觀生命之如何順適調暢其自己。如是，人們乃在此外在綱維網中，熙熙攘攘，各為利來，各為利往，盡量地鬆弛，盡量地散亂，盡量地紛馳追逐，玩弄巧慧，盡量地庸俗浮淺，虛無迷茫。不復見理性在哪裡，理想之根在哪裡，人生宇宙之本源在哪裡。一方外在地極端技巧與文明，一方內在地又極端虛無與野蠻。此即近時存在主義者所目擊而深引以為憂慮者。在此情形下，原始粗野的生命隨時可以爆炸。人類社會世界的理性律則究竟在哪裡？如此，遂迫使卡西勒說：「在政治學裡，我們還未找到堅實可靠的基礎。這裡似乎沒有清楚建立的宇宙秩序。我們永為一個突然地重回到老的混亂狀態所脅迫。我們正在建造高而可傲的大廈，但我們忘記使他的基礎穩固。」理性之外延的表現所表現之

經緯（脈絡與關節），超越的平等性與內在的平等性，以及民主政體中那些形式概念所成的綱維網，反不能使西方的思想家見到社會世界的理性律則與政治世界的堅實可靠的基礎，則我以上所說的外延表現之缺處與不足處並非無故矣。此不可不深長思也。

但我並不說理性之外延表現全無是處，不但不如此說，而且還要說，要找社會世界之律則，要在政治世界中找堅實可靠的基礎，這外延表現畢竟還是一條路，在西方還須首先順這條路找，而且在我們也須參考這條路。不夠，但並不是「不必須」。順中國「內容表現」之路，容易見到社會世界的理性律則，因為它有親親、尊尊、賢賢，以及重視倫常故；亦容易見到政治世界的堅實可靠之基礎，因為它能見到生活之全上事理當然之韵節。它亦容易使理性見到其自己，因為在內容表現之路數中，因注意個人主觀生命如何順適調暢其自己，故理性常在自覺提撕中，常在念念起作用中，常在覿面相對中（此即古人所謂常在腔子裡），不像西方外延的表現，雖是客觀的、見諸外的，然亦正因其是客觀的、見諸外的，而容易走失、消散，與淪陷。（此即上文所說歸寂、虛脫，而遠颺。）以我們的內容表現之路之眞實、定常，而易見，配合彼方外延表現之客觀性與業績性，則人類社會世界與政治世界之理性律則與堅實基礎，即呼之欲出而確然無疑矣。雙方的關係是如此：以內容的表現提撕並護住外延的表現，令其理性眞實而不蹈空，常在而不走失；以外延的表現充實開擴並確定內容的表現，令其豐富而不枯窘，光暢而不萎縮。

七、本文之目的以及對於「政治如何能從神話轉爲理性的」中之「如何」之說明

我以上疏導中國的「內容表現」之路與西方的「外延表現」之路，目的有三：一、使人確切而眞切地正視理性在人類歷史中之作用與表現之途徑。此堂堂大路不可一旦違離，直須嚴肅地對之起信而肯認之。二、使維護自由民主者知不可輕易抹殺傳統的理性主義與理想主義，不可斬斷民主政體底理性之根，不可輕易抹殺「普遍的人性」、「理性」，與「本質」諸詞之意義。科學的外延法之引用，須明白其分際與限度，不可藉之以爲抹殺理性、本質，與普遍的人性之工具，而自陷於有事無理，有象無體，遊魂無力之幽僻曲徑，須常常活轉其心思而正視理性，肯認理性，光大自己之信念與道路，以克服共產主義之神話與魔道。（對於理性，古人講之有未盡者，吾人須進而善講、實講、深講，但不可藉口科學以抹殺之，援引外延法以化除之。）三、使世人知縱然資本主義有問題，勞苦大衆應解放，亦應當本著理性之內容的表現與外延的表現之大路以前進，亦如第三階級之本著超越的平等性與自然法以促成人權運動與民主政體者。不可違離此大路，以邪僻謬妄反理性之唯物論與唯物史觀作起點，而由歪曲之路以前進，此則吾可斷然正告世之信仰共產主義者。

吾之問題本爲「政治如何能從神話轉爲理性的」。爲對治「政治神話」，故先展示人類歷史理性表現之途徑以及其成就。人類的活動總須在理性中始可有成就。故欲對治「政治神話」，人類過去歷史所已表現的理性道路實應活轉而承續之。理性之走失，所謂歸

寂、虛脫,而遠颺,已久矣。亦如侯德林之所謂「上帝隱退」,尼采之所謂「上帝死亡」。此由馬克斯主義之由歧途邪進而從事所謂第四階級之解放,便可明白見出。由此亦可見,在「外延表現」之路數中,理性之不易自見其自己與自持其自己。理性走失,政治神話即不可免。故吾先就歷史之發展而活轉之,並指出其所以易於走失之故與夫所以定住其自己之道。

惟吾人須知,理性之道路縱已點醒而朗現,而政治神話之對治與化除亦未易言。「政治如何能從神話轉為理性的」?此「如何」之問,其解答並不像一個純思想問題或邏輯問題之解答,那樣易於奏效。這是屬於生命與行動的事。這「如何」一問之解答,不是屬於思辨之工巧,乃是屬於人之自覺與實踐。以所表現出的「理性道路」來調暢生命,消除非理性的神話,並不是一說就行的。尤其就政治說,那表現在這裡的理性是客觀的,而那發動神話的主體則是一個強烈的、情欲的、不由自主的生命,這是最內在的事。那從政治上看的理性之道路,對此最內在的生命言,猶是外在的,其對治之關係亦是一種很外在的對治關係。那不由自主的情欲生命未必能聽此理性之對治。凡是造成政治神話的極權專制者都是有極強烈的情欲生命與極不正常的心理變態。那外在的綱維網對他們說又算得是什麼!如是,則必引我們正視生命而深深照察其自身獨立之一套。(生命本身,若退處於其自己,而不能提升至德,由德以潤之,則即為一獨立之機括。)一、須有一種心理分析學來作心理糾結之解剖;二、須從個人生命主體中看理性,把理性收進來,內在於純主觀性中而觀其潤身之作用,此即引我們必須進到「心性之學」之講習。然即使進到此,亦不是一說就行的。一念之間可以超

凡入聖，一念之間也可以終生沈淪。《書》云：「克念作聖，罔念作狂。」聖狂之分，只在一念之間，人生之嚴肅與可悲，全在這裡見。從根上超化其非理性，而讓生命走上理性之坦途，實誠非易事也。

第九章　社會世界實體性的律則與政治世界規約性的律則

上篇　顧、黃、王諸儒之理想

一、序言：實體性的律則與規約性的律則

　　吾前章言理性之內容表現，推出「生活實體上事理之當然韵節」。此為中國文化心靈所極重視，對之有極敏銳之感覺，而且有極堅定之信念與肯定。此種生活實體上事理之當然韵節，吾人名之曰「社會世界實體性的律則」（substantial law）。此是一極賅括的說法。其具體的線索，則為親親、尊尊、長長、男女有別。故《禮記・喪服小記》篇云：「親親、尊尊、長長、男女之有別，人道之大者也。」而〈大傳〉篇亦云：「聖人南面而治天下，必自人道始矣。立權度量，考文章、改正朔、易服色、殊徽號、異器械、別衣服，此其所得與民變革者也。其不可得變革者，則有矣。親親也、尊尊也、長長也，男女有別，此其不可得與民變革者也。」其可得而變革者，乃是表示受命或時代變更時之政治上的事。此是屬於第二層者。其不可得而變革者，乃是生活實體上之人道。此是屬

于基層或實體層者。故曰「實體性的律則」。這些律則,簡括之,則曰倫常。再簡括之,則曰天理人情。散之則曰禮儀三百,威儀三千。總之則曰禮義。(除去政治者。)再總之,則皆本於人情,故曰性情之敎。

而第二層政治上的事,則有可變革者,亦有不可變革者。此不可變革者,即吾前章,就「得天下」方面所說之「公天下」之最高原則,以及就「治天下」方面所說之「讓開散開,物各付物」之最高精神與「就個體而順成」之最高原則。此等最高原則,吾人名之曰「政治世界規約性的律則」(regulative law)。此是對應「實體性的律則」所開出的政治世界中所必須如此的律則。此是不可變革者。此亦是以往儒家所一直如此用心,藉以充實其內聖外王之最高理想者。以往諸儒追溯二帝三王是如此,復以此爲準則來責斥後世家天下之自私。而對於此等最高原則,孔孟而後,意識之最清楚、最積極者,則爲明末顧、黃、王諸大儒。諸大儒之所以爲大者,即在此。

二、《待訪錄》中之〈原君〉

黃宗羲《明夷待訪錄‧原君》篇云:

> 有生之初,人各自私也,人各自利也。天下有公利,而莫或興之;有公害,而莫或除之。有人者出,不以一己之利爲利,而使天下受其利;不以一己之害爲害,而使天下釋其害。此其人之勤勞,必千萬於天下之人。夫以千萬倍之勤勞,而己又不享其利,必非天下之人情所欲居也。故古之人

君，去之而不欲入者，許由、務光是也；入而又去之者，堯、舜是也；初不欲入而不得去者，禹是也。豈古之人有所異哉？好逸惡勞，亦猶夫人之情也。

案：此就最實際之人情，「好逸惡勞」，說禪讓。然亦顯出君之職分並非享富貴，乃是爲天下興公利，除公害。

後之爲人君者不然。以爲天下利害之權皆出於我。我以天下之利盡歸於己，以天下之害盡歸於人，亦無不可。使天下之人不敢自私，不敢自利，以我之大私爲天下之大公。始而慚焉，久而安焉。視天下爲莫大之產業，傳之子孫，受享無窮。漢高帝所謂「某業所就，孰與仲多」者，其逐利之情，不覺溢之於辭矣。此無他，古者以天下爲主，君爲客。凡君之所畢世而經營者，爲天下也。今也以君爲主，天下爲客。凡天下之無地而得安寧者，爲君也。是以其未得之也，屠毒天下之肝腦，離散天下之子女，以博我一人之產業，曾不慘然，曰：我固爲子孫創業也。其既得之也，敲剝天下之骨髓，離散天下之子女，以奉我一人之淫樂，視爲當然，曰：此我產業之花息也。然則爲天下之大害者，君而已矣。向使無君，人各得自私也，人各得自利也。嗚呼！豈設君之道，固如是乎？

案：黃氏言君「爲天下之大害」，此在當時，可謂晴天霹靂。非有大仁大勇，何敢言此？非其智足以澈透儒家所代表之最高理想傳

統，又何能言此？君既爲天下之大害，即應除之而已矣。然終不能
除者，則因爲天下之害者，本不合爲君之道，是即亦本非君也。乃
孟子所謂「獨夫」，人民所視之如寇讎者。是則除去者，除害也，
非眞除君也。對應設君之道，使之合乎君道，而恢復君之本義，而
除其爲害，是眞成爲政治學中之眞實問題矣。以往儒者知君之本義
矣，而不知如何實現之。此中國文化中一大癥結也。

> 古者天下之人愛戴其君，比之如父，擬之如天，誠不爲過
> 也。今也天下之人怨惡其君，視之如寇讎，名之爲獨夫，固
> 其所也。而小儒規規焉以君之義無所逃於天地之間，至桀、
> 紂之暴，猶謂湯、武不當誅之，而妄傳伯夷、叔齊無稽之
> 事，使兆人萬姓崩潰之血肉，曾不異於腐鼠。豈天地之大，
> 於兆人萬姓之中，獨私其一人一姓乎？是故武王聖人也。孟
> 子之言，聖人之言也。後世之君，欲以如父如天之空名禁人
> 之窺伺者，皆不便于其言，至廢孟子而不立，非導源於小儒
> 乎？

案：《荀子》書中多有俗儒、陋儒、賤儒之稱。梨洲亦痛斥小儒之
無識。業師熊十力先生亦言後世儒生多陷于小康下之禮教，而不能
上窺大同公天下之大義。此皆表示孔孟內聖外王之敎有固具之弘
規。小儒無識，不能承續光大以立其志，遂安于卑賤而不知恥，忍
視天下之荼毒而不知痛。愚而不仁，賤而無恥，一至此哉！

> 雖然，使後之爲君者，果能保此產業，傳之無窮，亦無怪乎

其私之也。既以產業視之，人之欲得產業，誰不如我？攝緘
縢，固扃鐍，一人之智力不能勝天下欲得之者之眾。遠者數
世，近者及身。其血肉之崩潰在其子孫矣。昔人願世世無生
帝王家，而毅宗之語公主亦曰：「若何為生我家？」痛哉斯
言！回思創業時，其欲得天下之心，有不廢然摧沮者乎？
是故明乎為君之職分，則唐虞之世，人人能讓，許由、務光
非絕塵也；不明乎為君之職分，則市井之間，人人可欲，許
由、務光所以曠後世而不聞也。然君之職分難明，以俄頃淫
樂不易無窮之悲，雖愚者亦明之矣。

案：以上為〈原君〉全文。梨洲固顯然肯定禪讓之公，並顯指家天
下之私為不義。然其辨說，則鬆弛而不嚴整。彼以「好逸惡勞」之
通情以明古人不欲居君位。此事，若真可以「好逸惡勞」解之，則
禪讓亦是自私。此足以掩蔽此中問題之嚴重。然則此事必有不可以
「好逸惡勞」解之者。為天下興公利除公害，是客觀的理想事業。
此中有「當仁不讓」者在，亦有「當權不讓」者在。當仁不讓是其
中之理想性。當權不讓是其中之權力欲。當仁不讓以任勞，功成身
退以讓賢，此是徹頭徹尾之公心，終始完成其理想性。此非有大德
者不能。故孔子總是稱贊堯舜之德，而未曾以「好逸惡勞」解之
也。既然是德，則知此德之不易。知此德之不易，則知其中必有不
德之惰性之難克服。當權不讓，即是不德之惰性之所繫。是以大仁
之事，大權存焉。大權之門，大利存焉。大利所在，大私隨之。當
權不讓是家天下之根也。仁德神性之理想性與私利魔性之權力欲，
混雜于一起，是此問題癥結之所在。是以人皆知家天下之私之為不

義，而亙數千年而不能去也。此豈好逸之所可解哉？然則君之職分
並不難明。不勝其權力之私，雖明之而終爲其所壓服。故孔孟雖稱
堯舜之德，而不知如何化除其中之權力欲，以實現禪讓之公于現實
之歷史。「以俄頃淫樂不易無窮之悲，雖愚者亦明之」，此固然
矣。然家天下者，不顧其子孫血肉之崩潰，而寧取「俄頃之淫
樂」，是何故哉？權力之門，大利存焉，並非其不明也。不勝其權
力之私，雖明之而終必躬自蹈之，且傾其生死以爭奪。然則此亦顯
非「俄頃淫樂」與「無窮之悲」之簡單對比也。古賢終不肯正視此
中權力欲之魔性，故雖知「公天下」之是，而不知如何實現之。雖
知「家天下」之非，而不知如何去除之。聖人高懸是非之標準，後
賢即就如何實現而用心。然而此「如何」之構造總展不開。此吾所
以有「理性之內容表現與外延表現」之論也。然在中國歷史中，明
末諸儒能紹繼聖人之是非而不令其泯，則于羣昏庸闇之中，亦算火
炬高照矣。

三、《待訪錄》中之〈原法〉

《待訪錄》中復有〈原法〉一篇，亦甚精到。其言曰：

> 三代以上有法，三代以下無法。何以言之？二帝三王知天下
> 之不可無養也，爲之授田以耕之；知天下之不可無衣也，爲
> 之授地以桑麻之；知天下之不可無教也，爲之學校以興之，
> 爲之婚姻之禮以防其淫，爲之卒乘之賦以防其亂。此三代以
> 上之法也。固未嘗爲一己而立也。後之人主，既得天下，唯
> 恐其祚命之不長也，子孫之不能保有也，思患於未然以爲之

法。然則其所謂法者，一家之法，而非天下之法也。是故秦
變封建而爲郡縣，以郡縣得私於我也；漢建庶孽，以其可以
藩屏於我也；宋解方鎭之兵，以方鎭之不利於我也。此其法
何曾有一毫爲天下之心哉？而亦可謂之法乎？

案：此所謂法是從治天下方面說之治道之法。「三代以上有法」，
其所以有法，乃因其法爲天下而立，不爲一己而立。此依據禪讓之
公而說下來。此亦正合于吾所說之「讓開散開」之精神、「就個體
而順成」之原則。讓開散開是不把持天下以爲己物。就個體而順
成，是不逆提牽率天下人民以從己。故其法無法，而可謂眞有法。
此爲敞開之法。「三代以下無法」，其所以無法，乃因其法全爲一
己而設，全違背讓開散開之精神，就個體而順成之原則。此爲「非
法之法」，乃封閉禁錮之法。

 三代之法，藏天下於天下者也。山澤之利不必其盡取，刑賞
之權不疑其旁落，貴不在朝廷也，賤不在草莽也。在後世方
議其法之疏，而天下之人不見上之可欲，不見下之可惡，法
愈疏而亂愈不作，所謂無法之法也。後世之法，藏天下於筐
篋者也。利不欲其遺於下，福必欲其歛於上。用一人焉，則
疑其自私，而又用一人以制其私；行一事焉，則慮其可欺，
而又設一事以防其欺。天下之人，共知其筐篋之所在，吾亦
鰓鰓然，日唯筐篋之是虞，故其法不得不密。法愈密而天下
之亂即生於法之中，所謂非法之法也。

案：家天下必藏天下于筐篋。儒者雖日勸其讓開散開，就個體而順成，然一遇政權之處，則一切皆碎。是故阿諛勢利之輩，則只有落于其非法之法，而為之左右彌縫，以成其私，「以博憲章之餘名」。

> 論者謂一代有一代之法，子孫以法祖為孝。夫非法之法，前王不勝其利欲之私以創之，後王或不勝其利欲之私以壞之。壞之者固足以害天下，其創之者亦未始非害天下者也。乃必欲周旋于此膠彼漆之中，以博憲章之餘名，此俗儒之勦說也。

案：「一代有一代之法」，此固有于不影響其政權處隨時損益之法，然大體皆是為己之私法。此焉得為憲章耶？然則考究典章制度亦須有識，通曉法意。于古今治亂之大源，洞徹明白，而後可與于言制度。俗儒周旋于膠漆之中，乃所以成帝王之私。訓詁家博習私法下之故事掌故，亦喪志而玩物之幫閒耳。（如滿清考據家是。）此可云考制度以明聖人之道乎？

> 即論者謂天下之治亂，不繫於法之存亡。夫古今之變，至秦而一盡，至元而又一盡。經此二盡之後，古聖王之所惻隱愛人而經營者，蕩然無具。苟非為之遠思深覽，一一通變，以復井田、封建、學校、卒乘之舊，雖小小更革，生民之戚戚終無已時也。

案：此駁「天下治亂不繫於法之存亡」之論點。「為己」之「非法之法」與「為天下」之法，乃絕然不同之兩類。此種公私截然相反之法當然與治亂有關。經秦、元之二盡，古聖王「為天下」之法蕩然無存，此所以三代以下無善治。處梨洲之時代，以為井田、封建、學校、卒乘等即是古聖王「為天下」之法，必復之而後可語于治，而後可語于有法。吾人今日所注意者，則在「散開讓開」之精神、「就個體而順成」之原則，此即是「為天下」之法之最高原則。至於井田封建，則隨時代演變，自無必然之相干。

> 即論者謂有治人無治法。吾以謂有治法而後有治人。自非法之法桎梏天下人之手足，即有能治之人，終不勝其牽挽嫌疑之顧盼。〔亭林、船山皆痛言此弊。見下。〕有所設施，亦就其分之所得，安於苟簡，而不能有度外之功名。使先王之法而在，莫不有法外之意存乎其間。其人是也，則可以無不行之意；其人非也，亦不致深刻羅網，反害天下。故曰：有治法而後有治人。

案：此駁「有治人無治法」之論點。此隨上一論點而直接推演下者。「為天下」之公法正是治法。無此治法，雖有治人，無所用之。焉得謂「有治人無治法」？梨洲于此截得最為分明。此非隨意顛倒皆無不可之說也。

　　以上為〈原法〉之全文，最足見儒者「理性之內容表現」之至意。

四、《日知錄》中之論〈法制〉

顧亭林《日知錄》卷十一「法制」條亦列舉往事前言以明私法之弊，如下：

> 法制禁令，王者之所不廢，而非所以爲治也。其本在正人心，厚風俗而已。故曰：「居敬而行簡，以臨其民。」周公作《立政》之書曰：「文王罔攸兼於庶言、庶獄、庶慎。」又曰：「庶獄、庶慎，文王罔敢知於茲。」其丁寧後人之意，可謂至矣。
>
> 秦始皇之治天下之事，無大小皆決於上。上至以衡石量書，日夜有呈，不中呈不得休息，而秦遂以亡。太史公曰：「昔天下之網嘗密矣。然姦僞萌起，其極也上下相遁，至於不振。」然則法禁之多，乃所以爲趣亡之具，而愚闇之君，猶以爲未至也。杜子美詩曰：「舜舉十六相，身尊道何高。秦時任商鞅，法令如牛毛。」又曰：「君看燈燭張，轉使飛蛾密。」其切中近朝之事乎！
>
> 漢文帝詔置三老、孝弟、力田、常員，令各率其意以道民焉。夫三老之卑，而使之得率其意。此文景之治，所以至於移風易俗，黎民醇厚，而上擬于成康之盛也。
>
> 諸葛孔明開誠心，布公道，而上下之交，人無間言。以蕞爾之蜀，猶得小康。魏操、吳權，任法術以御其臣，而篡逆相仍，略無寧歲。天下之事，固非法之所能防也。
>
> 叔向與子產書曰：「國將亡，必多制。」夫法制繁，則巧猾

之徒，皆得以法爲市，而雖有賢者，不能自用，此國事之所以日非也。善乎杜元凱之解《左氏》也，曰：「法行則人從法，法敗則法從人。」（原注：〈宣公十二年傳〉解。）前人立法之初，不能詳究事勢，預爲變通之地。後人承其已弊，拘於舊章，不能更革，而復立一法以救之，於是法愈繁而弊愈多。天下之事，日至於叢脞，其究也，眊而不行。（原注：語出《漢書‧董仲舒傳》。師古曰：眊，不明也。）上下相蒙，以爲無失祖制而已。此莫甚於有明之世，如勾軍、行鈔二事，立法以救法，而終不善者也。

案：法之繁，由于私。私法之法乃非法之法。亭林所謂「前人立法之初」云云，即梨洲論「一代有一代之法」皆非法之法也。「三代以上有法」，乃「無法之法」。其最高精神能讓開散開，故法疏而事亦成。「三代以下無法」，乃「非法之法」。把持私天下，故一切法皆非法，是故總歸無法耳。此最高分水嶺，梨洲言之最分明，意識最清楚。而亭林則徒言「不能詳究事勢，預爲變通之地」。此若純就「因事制宜」之法言，固可。殊不知一代之祖制，大抵皆有把持之私存于其中，非純爲就事論事者也。兩人皆知把持愈繁之弊，而梨洲則能極公私之最高分野，而亭林則常只就事務之得失而立言。此見兩人學問路數之不同。梨洲較富理想，而亭林則較實際。然此等處，非于孔孟內聖外王之理想風範有所透徹，固不易眞能言公天下之外王也。常只就事務而言，久之則易落于現實之局中，而不能透至其最根本之關鍵，故亦不易引發根本之創造與改革。此梨洲所謂「周旋于此膠彼漆之中」者是也。然則心性之學、

義理之學，焉可不講？思想不透，則智慧不開。亭林反談心性，固
是有激而發，然閉而不談，亦未為得。故其言經世致用，常有事務
主義之嫌，不及梨洲船山之宏通與高遠也。就公天下與私天下之大
分界言，亭林固不及船山梨洲之警策而易引人注目也。此事務主義
之蔽也。

> 宋葉適言：「國家因唐五代之弊，收斂藩鎮之權，盡歸於
> 上。一兵之藉，一財之源，一地之守，皆人主自為之也。欲
> 專大利，而無受其大害，遂廢人而用法，廢官而用吏。禁防
> 纖悉，特與古異，而威柄最為不分。雖然，豈有是哉？故人
> 才衰乏，外削中弱，以天下之大而畏人，是一代之法度，又
> 有以使之矣。」又曰：「今內外上下，一事之小，一罪之
> 微，皆先有法以待之。極一世之人，志慮之所周浹，忽得一
> 智，自以為甚奇，而法固已備之矣，是法之密也。然而人之
> 才不獲盡，人之志不獲伸，昏然俛首，一聽於法度。而事功
> 日墮，風俗日壞，貧民愈無告，奸人愈得志。此上下之所同
> 患，而臣不敢誣也。」又曰：「萬里之遠，嚬呻動息，上皆
> 知之。雖然，無所寄任，天下泛泛然而已。百年之憂，一朝
> 之患，皆上所獨當，而群臣不與也。夫萬里之遠，皆上所制
> 令，則上誠利矣。百年之憂，一朝之患，皆上所獨當，而其
> 害如之何？此外寇所以憑陵而莫禦，雠恥所以最甚而莫報
> 也。」

> 陳亮〈上孝宗書〉曰：「五代之際，兵財之柄，倒持於下，

　　藝祖皇帝束之於上，以定禍亂。後世不原其意，束之不已，
　　故郡縣空虛，而本末俱弱。」

案：亭林錄葉適、陳亮之言，可見對於私天下而集權于上之一人，
皆所同感。其多制非法之法以爲桎梏，其弊而至于「郡縣空虛，本
末俱弱」，亦皆能知之，而均能言之。然感受雖同，而推溯此弊之
源，則有強弱之差，有透不透之異。只知法密之弊，而又維護家天
下而不知其私，而以英雄主義沖淡之，則陳同甫（亮）也。（見本
章下篇，及下章論道德判斷與歷史判斷。）只痛恨法密之弊，而不
甚意識及家天下之私，即意識之而不甚強，則亭林、葉適也。其意
識甚強而透者，則船山、梨洲與朱子也。然其所透者又只是三代以
上之「古儀」（船山語）。空有嚮往，而不知正視政道問題，就客
觀制度上（政道之制度）思所以實現其公天下之公者，而只知于治
道上以言古先聖王之德，此中國儒者「理性之內容表現」之不足
也。然此「內容表現」之至意已將政治之最高原則，即讓開散開之
精神、就個體而順成之原則，表露無餘矣。此種理念，若能暢達不
已，必至民主政體之出現。梨洲、亭林等所處之時代正是西方十
七、八世紀拉克、盧騷等之時代。而彼等之人權運動，開出近代之
民主政治，正是一帆風順之會。而顧、黃、王等所遭遇者，則是斷
潢絕港之時，遭遇滿清一絕大之歪曲。東西運會之異，豈不令人長
嘆息乎？

　　《日知錄》卷十三「守令」條云：

　　所謂天子者，執天下之大權者也。其執大權奈何？以天下之

權寄之天下之人，而權乃歸之天子。自公卿大夫，至於百里
之宰，一命之官，莫不分天子之權，以各治其事，而天子之
權乃益尊。後世有不善治者出焉，盡天下一切之權而收之在
上，而萬幾之廣，固非一人之所能操也，而權乃移於法。於
是多為之法，以禁防之。雖大奸，有所不能逾。而賢智之
臣，亦無能效尺寸於法之外，相與競競奉法，以求無過而
已。於是天子之權不寄之人臣，而寄之吏胥。是故天下之尤
急者，守令親民之官，而今日之尤無權者，莫過於守令。守
令無權，而民之疾苦不聞於上，安望其致太平而延國命乎？
《書》曰：「元首叢脞哉！股肱惰哉！萬事墮哉！」蓋至於
守令日輕，而胥吏日重，則天子之權已奪，而國非其國矣。
尚何政令之可言耶？削考功之繁科，循久任之成效，必得其
人而與之以權，庶乎守令賢而民事理。此今日之急務也。

案：此亦言之切矣。只因藏天下於筐篋，故集權於一人。復多為之
法，以禁錮天下，而結果其所集之權乃下寄於胥吏。此蓋私天下所
必有之循環。故必如梨洲之判，而後乃知此問題之癥結。徒就事務
本身之得失而擬議補綴之，終不能勝其權力之私也。「以天下之
權，寄之天下之人，而權乃歸之天子」，而後始能成就其「執天下
之大權」，此亦智慧之言。然既藏天下於筐篋，則此智慧之玄理乃
不能實現者。即或遇有聰明豁達之君而一時實現之，則亦是「理性
之內容的表現」，而終不能客觀地完成「天下之權，寄之天下之
人」也。此真成為政治學中之嚴重問題矣，而亦是儒家外王理想之
難關。於以見「理性之內容表現」為不足也。

五、《待訪錄》中之論〈學校〉

《待訪錄》中，復有〈學校〉篇曰：

> 學校所以養士也。然古之聖王，其意不僅此也。必使治天下
> 之具，皆出於學校，而後設學校之意始備。非謂班朝、布
> 命、養老、恤孤、訊馘、大師旅則會將士，大獄訟則期吏
> 民，大祭祀則享始祖，行之自辟雍也。蓋使朝廷之上，閭閻
> 之細，漸摩濡染，莫不有詩書寬大之氣。天子之所是未必
> 是，天子之所非未必非。天子亦遂不敢自爲非是，而公其非
> 是於學校。是故養士爲學校之一事，而學校不僅爲養士而設
> 也。

案：前〈原君〉、〈原法〉（尚有〈原臣〉、〈置相〉兩篇，義相
生，故略），是從治者方面說。今〈學校〉則是自社會方面說，期
予政治以制衡之作用。學校爲教化之系統，其作用有三：一、司
教；二、養士；三、議政。是非不獨存於朝廷，亦且公諸天下，而
由學校之是非以制衡天子之是非。君師殊途，二元駢行，自始即爲
儒者所力爭。

> 三代以下，天下之是非一出於朝廷。天子榮之，則群趨以爲
> 是；天子辱之，則群擿以爲非。簿書、期會、錢穀、訟獄，
> 一切委之俗吏。〔……〕而其所謂學校者，科舉囂爭，富貴
> 薰心，亦遂以朝廷之勢利一變其本領。而士之有才能學術

者,且往往自拔於草野之間,於學校初無與也。究竟養士一事,亦失之矣。

於是學校變而爲書院。有所非也,則朝廷必以爲是而榮之;有所是也,則朝廷必以爲非而辱之。僞學之禁,書院之毀,必欲以朝廷之權與之爭勝。其不仕者有刑,曰:此率天下士大夫而背朝廷者也。其始也,學校與朝廷無與;其繼也,朝廷與學校相反。不特不能養士,且至於害士。猶然循其名而立之,何與?

東漢太學三萬人,危言深論,不隱豪強,公卿避其貶議。宋諸生伏闕搥鼓,請起李綱。三代遺風,惟此猶爲相近。使當日之在朝廷者,以其所非是爲非是,將見盜賊奸邪懾心於正氣霜雪之下,君安而國可保也。乃論者目之爲衰世之事。不知其所以亡者,收捕黨人,編管陳、歐,正坐破壞學校所致,而反咎學校之人乎?

嗟乎!天之生斯民也,以教養託之於君。授田之法廢,民買田而自養,猶賦稅以擾之。〔案:梨洲主井田可復。見《待訪錄‧田制》篇〕。學校之法廢,民蚩蚩而失教。猶勢利以誘之,是亦不仁之甚,而以其空名躋之曰君父,君父,則吾誰欺!

案:「家天下」之私,一切皆私。故學校養士,亦必威迫利誘,使之從於己。蹂躪其人格,奴靡其心神,牽率天下之知識分子而爲奴才是歸,則道德學術皆無可言矣。梨洲爲爭學校之獨立,遂有以下之設計:

郡縣學官，毋得出自選除。郡縣公議，請名儒主之。自布衣以至宰相之謝事者，皆可當其任，不拘已仕未仕也。其人稍有干於請議，則諸生得共起而易之，曰：是不可以爲吾師也。其下有《五經》師，兵法、曆算、醫、射，各有師，皆聽學官自擇。凡邑之生童，皆裹糧從學。離城煙火聚落之處，士人眾多者，亦置經師。民間童子十人以上，則以諸生之老而不仕者，充爲蒙師。故郡邑無無師之士，而士之學行成者，非主六曹之事，則主分敎之務，亦無不用之人。

學宮以外，凡在城在野寺觀庵堂，大者改爲書院，經師領之；小者改爲小學，蒙師領之，以分處諸生受業。其寺產即隸於學，以贍諸生之貧者。二氏之徒，分別其有學行者，歸之學宮，其餘則各還其業。〔案：此條不可行。二氏仍歸二氏。〕

太學祭酒，推擇當世大儒。其重與宰相等，或宰相退處爲之。每朔日，天子臨幸太學。宰相、六卿、諫議，皆從之。祭酒南面講學，天子亦就弟子之列。政有缺失，祭酒直言無諱。

天子之子年至十五，則與大臣子之子就學於太學，使知民之情僞，且使之稍習於勞苦。毋得閉置宮中，其所聞見不出宦官宮妾之外，妄自崇大也。

郡縣朔望，大會一邑之縉紳士子。學官講學，郡縣官就弟子列，北面再拜。師弟子各以疑義相質難。其以簿書期會不至者，罰之。郡縣官政事缺失，小則糾繩，大則伐鼓號於眾。其或僻郡下縣，學官不能驟得名儒，而郡縣官之學行過之

者，則朔望之會，郡縣官南面講學可也。若郡縣官少年無實
學，妄自壓老儒而上之者，則士子譁而退之。

案：以上皆盡力提高師教之地位。講學之時，政治系統者皆就弟子
列，且得議政之缺失，「小則糾繩，大則伐鼓號於眾」。

擇名儒以提督學政。然學官不隸屬於提學，以其學行名輩，
相師友也。每三年，學官送其俊秀於提學而考之，補博士弟
子；送博士弟子於提學而考之，以解禮部，更不別遣考試
官。發榜所遺之士，有平日優於學行者，學官咨於提學補入
之。其弟子之罷黜，學官以生平定之，而提學不與焉。
學曆者能算氣朔，即補博士弟子。其精者同入解額，使禮部
考之，官於欽天監。學醫者送提學考之，補博士弟子，方許
行術。稽其生死效否之驗，書之於冊，分為三等：下等黜
之，中等行術如故，上等解試禮部，入太醫院而官之。

案：以上為考用，非當時時文之科舉也。

凡鄉飲酒，合一郡一縣之縉紳士子。士人年七十以上，生平
無玷清議者，庶民年八十以上，無過犯者，皆以齒南面，學
官、郡縣官，皆北面，憲老乞言。
凡鄉賢名官祠，毋得以勢位及子弟為進退。功業氣節則考之
國史，文章則稽之傳世，理學則定之言行。此外鄉曲之小
譽，時文之聲名，講章之經學，依附之事功，已經入祠者皆

罷之。

凡郡邑書籍，不論行世藏家，博搜重購。每書鈔印三冊：一
冊上秘府，一冊送大學，一冊存本學。時人文集，古文非有
師法，語錄非有心得，奏議無裨實用，序事無補史學者，不
許傳刻。其時文、小說、詞曲、應酬代筆，已刻者皆追板燒
之。〔案：小說、詞曲，可不在內。〕士子選場屋之文，及
私試義策，蠱惑坊市者，弟子員黜革，見任官落職，致仕官
奪告身。

民間吉凶，一依《朱子家禮》行事。庶民未必通諳，其喪服
之制度，木主之尺寸，衣冠之式，宮室之制，在市肆工藝
者，學官定而付之，離城聚落，蒙師相其禮，以革習俗。

凡一邑之名蹟，及先賢陵墓祠宇，其修飾表章，皆學官之
事。淫祠通行拆毀，但留土穀，設主祀之。故入其境，有違
禮之祀，有非法之服，市懸無益之物，土留未掩之喪，優歌
在耳，鄙語滿街，則學官之職不修也。

案：以上為美風化者，學風、民風俱在內。

　　以上〈學校〉篇全文。其所說者，大體皆可行或當行于今日。
與〈原君〉、〈原法〉等篇所說，皆有永恆之意義。其基本精神實
欲以儒教領導社會並制衡政治。故在今日勢必將儒家之「教的精
神」提煉而上之，以代其他國家之宗教地位。只有在此教之精神之
提煉與宏揚上，始能培育名儒與大儒，以主持學宮。提煉並護持儒
教之為教，不別設教會，即以學校為憑藉。以教的精神為主導，而
學術，則仍分門別類，聽任士子自由研究，以容納今日學校之精

神。故依梨洲之設計，學校實爲教與學之合一。學術本身有其獨立
之意義，然必于學校中有教之精神以冒之。在今日，儒教自有其
學，而其學之當身不含分門別類之學術。然分門別類之學術卻必于
學校中有儒教儒學以範圍之。（此範圍關係是外在的，與各門學術
無關，與人有關。）今日學校之弊正缺此主導之精神。故欲使學校
能盡養士、議政、研究學術、司教以美風化之四責，則必恢復儒教
之教的精神以爲主導不可。

明末諸大儒弘揚中國文化傳統精神，而遭滿清之歪曲，其統緒
遂閉塞而不能傳。演變至今日，而有共黨之出現，則中國文化之傳
統精神漸滅已盡。吾茲疏導明末諸儒之統緒，亦只欲使其繩繩相
繼，以爲建國保文之根據。克共禍，保自由，以開太平，胥賴此
焉。

顧亭林讀黃著《待訪錄》而與之書曰：「讀之再三，於是知天
下之未嘗無人，百王之敝可以復起，而三代之盛可以徐還也。」又
曰：「炎武以管見爲《日知錄》一書，竊自幸其中所論，同於先生
者十之六七。」惟提及建都問題，則主在關中，不同于黃之主南
京。于是可知于外王之最高精神，顧實同于黃也。故通常顧、黃、
王並稱，而列爲一系。

六、《黃書》中之〈原極〉

王船山尤重夷夏之意識，以奠三維（天維、地維、人維），保
華夏，而不使夷類間之，爲中國文化傳統之「古儀」。然自家天下
之私，「藏天下於筐篋」，則是步步斲喪此古儀。始于秦政之廢封
建，終于趙宋之去藩鎮。斲喪古儀之弊，乃招夷狄之禍。故斥秦爲

「孤秦」，斥宋為「陋宋」。秦之孤、宋之陋，皆原于私也。船山于《讀通鑑論》及《宋論》，隨處表露此意。《宋論》卷十五最後一段言「漢唐之亡，皆自亡。宋亡，則舉黃帝、堯、舜以來道法相傳之天下而亡之」，痛切言宋之愚陋。吾曾引之于《歷史哲學》第四部第一章中。茲不再引。茲就《黃書》中〈原極〉、〈古儀〉兩篇以明此義。

〈原極〉篇云：

> 夫觀初始於天地者，豈不大哉！洋洋乎金以銑之，本以幹之，土以敦之，火烜、風撓、水裹以烝化之，彼滋此孕以繁之，脈脈門門、泮渙摶翕以離合之。故盛德行於無疆，而不知其屆也。
>
> 然而清其族，絕其畛，建其位，各歸其屏者，則函輿之功，所以為慮至防以切。
>
> 是故山禽趾疏，澤禽趾冪，乘禽力橫，耕禽力縱。水耕宜南，霜耕宜北。是非忍於其泮散，而使析其大宗也。亦勢之不能相救，而絕其禍也。

案：天地雖生化無疆，而萬物各有其族類，萬事各有其所宜。就其族類而劃清其界限，各固其自己而不使相濫，亦所以絕亂源也。就其所宜，因而分之，不使強合。此非忍于其泮散而離析其大宗，亦理勢如此，絕其禍也。若雜揉牽合，乖其所宜，則失天地位育之道。天地位育之道如此，則聖人仰觀俯察，裁成輔相，知其所本矣。故繼云：

是故聖人審物之皆然，而自畛其類，尸天下而爲之君長。區
其靈冥，湔其疑似，乘其蠱壞，峻其墉廓，所以絕其禍，而
使之相救。故曰「聖人與天地合德」者，豈虛獲哉？

案：此言聖人審知萬物皆各有其族類，畛域分明而不亂，故亦「自
畛其類」，而固保之，不使其淪于禽獸，而濫于夷狄。此其「尸主
天下而爲之君長」之所以能與天地合德也。不使其淪于禽獸，則保
人類。此爲人禽之辨。不使其濫于夷狄，則保華夏。此爲夷夏之
辨。此兩辨者，皆是畛域其類而界限之，「所以絕其禍，而使之相
救」也。其所以畛域其類者，即在「區其靈冥」等四句也。靈者聰
明秀出，冥者冥頑不靈。夷狄即冥頑不靈也。「湔其疑似」者言刷
洗其不眞不正者，如亂德之人即「疑似」也。「乘其蠱壞」，言于
其「蠱壞」之處而修治之，此如大禹之治洪水。「峻其墉廓」，言
高峻其城廓以固防之，此如「城廓溝池以爲固」是也。此種種固保
其類之措施，皆聖王治天下之所以與天地合德。《孟子·滕文公
下》、〈公都子〉章所說「禹抑洪水而天下平，周公兼夷狄，驅猛
獸，而百姓寧」，即其事也。

夫人之於物，陰陽均也，食息均也，而不能絕乎物。華夏之
於夷狄，骸竅均也。聚析均也，而不能絕乎夷狄。〔案：
「不能絕乎物」，「不能絕乎夷狄」兩句，「不能」下似皆
脫一「不」字。否則，與下語意不可通。〕
所以然者何也？人不自畛以絕物，則天維裂矣。華夏不自畛
以絕夷，則地維裂矣。天地制人以畛，人不能自畛以絕其

黨，則人維裂矣。是故三維者，三極之大司也。

案：此即言聖人自畛其類以奠三維。何謂三維？天維、地維、人維
是也。天、地、人亦曰三極。天覆地載，天生地成，人處於其間亦
爲一極。而「三維者，三極之大司也」。三維立，則三極亦立。三
維裂，則三極之道亦於是乎息矣。何以言天維？人與物，從陰陽食
息方面說，無以異。同是陰陽之化，同稟陰陽之氣，此其受于天道
之生化同也。同受乎天道之生化而成爲個體，則其食息之動物性亦
均也。然而人畢竟是人。雖同其陰陽食息，而不能純就此陰陽食息
之同，而即泯其獨特之異以混同于物。故人不能不順其獨特之異而
隔絕乎物。若人不能維持此人禽之大界，則人道息。人道息，則天
道之盛德清光，亦無以見，同歸于洪荒而已耳。此即謂天維裂。故
人自畛以絕物，即天維也，「不自畛以絕物，則天維裂矣」。

　何以言地維？華夏與夷狄，雖同處于大地之上，其生物之存
在，百骸九竅均也，或聚或析小均也。然而華夏畢竟是華夏，夷狄
畢竟是夷狄。只可以夏變夷，不可以夷變夏。夏之所以爲夏，以其
禮義文教也。夷之所以爲夷，以其無禮義文教也。若華夏不能自固
以隔絕乎夷狄，而爲夷狄野蠻之所亂，則亦禮義喪，人道息，而大
地之厚德持載亦無以見，亦同歸于率獸食人之境而已。此即謂地維
裂，故華夏自畛以絕夷即地維也，「華夏不自畛以絕夷，則地維裂
矣」。

　何以言人維？人既有其獨特之異，即天之所以殊人于物也。此
即人固有之畛。周濂溪云：「惟人也，得其秀而最靈。〔……〕聖
人定之以中正仁義，而主靜立人極焉。」然則人之獨特之異即以其

秀而靈，能有中正仁義也。人不能順其特異而表現中正仁義，則偏
黨阿私，日趨下流，其爲惡將有甚于禽獸者，是即不能成其獨異而
自固其畛也。故曰：「天地制人以畛，人不能自畛以絕其黨，則人
維裂矣。」黨者偏黨之黨，私也。私欲橫流，人不成人，即人維
裂。人自畛而絕黨私，即人維也。不自畛以絕其私，則人維裂矣。

　　船山此文艱深晦澀，語意多有不通順者。或因有脫訛。即如
「人不能自畛以絕其黨」，此「黨」字即晦澀不明。今作「黨私」
解，未知合原意否？因多晦澀，而大意可窺，故詳爲疏解如上。如
下，順三維之道，以明《春秋》明王道，尤重夷夏之辨。

　　　　昔者周之衰也，誓誥替，刺雅興，鎬京淪，東都徙，號祭
　　　　存，綱紐佚，詛盟屢私，數圻日兼。故抱器服而思烹溉者，
　　　　日惻惻然移玉之爲憂。而聖人之所深長思者，或不在此。作
　　　　《春秋》，明王道。内中夏，外戎狄。疑號者，正其韋而終
　　　　徠之。外會者，斥其賤而等擯之。
　　　　夫周之衰，非有匈奴、吐蕃、契丹、韃靼，以爲之外逼也。
　　　　陸渾、吾離、允姓、僑如之族種，不能配中國之一名都也。
　　　　燕之北鄙，秦之西陲，未嘗晨夕於奔命也。葵邱束牲，而小
　　　　白求三脊之茅。城濮館穀，而重耳干隧道之請。周之玉步將
　　　　上逼之爲競競。而聖人終不以彼憂易此恤者，則其故何也？
　　　　文、武之興，昕履牧率，夕步天祚。濫唐沿虞，服夏褐商。
　　　　承建列侯，各君分長，山河塞阨，際蠻戎夷貊者，昔之天下
　　　　也。既規規然惴其旁午，復鼎鼎然虞其上下。諸侯或僻介荒
　　　　小，用寡捍強，以小藩大。勢詘於所守，力僅於所爭，固未

嘗不糾迴蜿蟺於聖王之心。

夫廷萬國，一君長，挾尺捶而奔役四宇。功施鈇鉞，爛然開於共主，而天下弗分其功名。聖人豈異人情而不欲此哉？然而山、河以西，師旦分牧。函、崤以東，召奭代理。五侯九伯，州長連率。經緯縫紩，割制員幅者，使之控大扶小，連營載魄。是故偏方遠服，不受孤警。連城通國，若運攬臂。則周之盛王所以維繫神臯，擯絕夷類者，意未有所弛，而權不可得而衰。

案：以上四段，首段言周室東遷，日見衰微，然而聖人並不甚注意其衰微，而作《春秋》明王道，卻以內諸夏、外夷狄爲大眼目。二段言周室之衰，並非因有強大的夷狄。然聖人終不因齊桓、晉文之驕縱，而忽視夷狄之爲患。故曲予獎誘，徒因其能尊王攘夷耳。三、四兩段言周之封建正所以鞏固華夏，惟恐其墜落。聖人非不欲以己力統一天下。所以分封君長，使之分土而治者，意在「維繫神臯，擯拒夷類」耳。世人以分封同姓爲自私，而船山獨注意其「維繫神臯」之作用。此正是公而非私，而秦之廢封建，爲郡縣，孤總于一身，始眞爲私心把持耳。

夷、屬而降，牧長無命，綱維潰破，鋒矢尋於同仇，牖户薄於外禦。是故孤竹蹙燕，淮夷病杞，鄭瞞、義渠、侮齊、宋而窺河、渭，然而天子不能命伯。列侯之強大者，矯激奮起，北斥南征。故斬令支，轘卑耳，拓西戎，刘潞氏者，猶赫赫然震矜其功，以張赤縣之幟。彼其左旋右擭，夸武辟疆

者，雖不足以與聖王權衡三維、裒領八極之盛心，而聖人猶
將登進之。爲稍持其禍，而異於澌滅也。是以周之天子，賜
胙俎，錫彤弓，命隨會，放黻冕，賀任好，播金鼓，而不見
譏於《春秋》。故曰：「其事則齊桓、晉文，其義則某竊取
之矣。」蓋進之也。

案：此言《春秋》所以登進桓文，亦正因其能捍衛華夏耳。故孔子
云：「微管仲，吾其被髮左衽矣。」船山之所論，可謂得聖人之心
矣。

夫奠三極，長中區，智周乎四皇，心盡乎來許。清露零柯，
而場圃入保。片雲合岱，而金堤戒濫。吳呼好冠，而晉視命
圭，杞用夷禮，而冒紲神禹，莫不逆警萌甲，而先靖宮廷。
是故智小一身，力舉天下。保其類者爲之長，衛其群者爲之
邱。故聖人先號萬姓而示之以獨貴，保其所貴，匡其終亂，
施於孫子，須於後聖。可禪、可繼、可革，而不可使夷類間
之。

然後植其弱、披其強，〔「強」字，原爲「僵」，恐誤。〕
揚其潔，傾其滓。冠昏飲射以文之，哭踊虞祔之以哀之，堂
廉級次以序之，刑殺征伐以整之。清氣疏曜，血脈強固。物
不干人，沴不侵祥。黃鐘以節之，唱歎以瀏之。故禮樂興，
神人和，四靈集，而朱草醴泉，相踵而奔其靈也。

今夫玄駒之有君也，長其穴壞。而赤蚍、飛蟊之窺其門者，
必部其族以嚙殺之。終遠其垤，無相干雜，則役眾蠢者，必

有以護之也。若夫無百祀之憂，鮮九垓之辨，尊以其身於天
下，憤盈儔侶，畛畔同氣，猜割牽役，弱靡中區，乃霍霍然
保尊貴，偷豫尸功，患至而無以敵，物偪而無以固。子孫之
所不能私，種類之所不能覆。蓋王道泯絕，而《春秋》之所
大慝也。

案：以上三段，首段言凡能保類衛群者，始可為天下君長，而聖人
亦必褒獎而貴之。凡不能以自固，擯拒夷類者，聖人亦必貶黜而賤
之。貴為天子，以其能貞固天下也。貴之或禪或繼或革，皆無不
可。要間之以夷類。二段言神皋既固，然後興禮樂以和神人。三段
言凡不能貞固族類，猜忌自私，以敗壞天下者，皆是苟偷之獨夫。
此即秦漢以下之局。自秦政壞古儀，而王道泯絕，極其惡果于陋
宋。故下〈古儀〉篇即言孤秦陋宋也。

七、《黃書》中之〈古儀〉

自昔炎裔德衰，軒轅肇紀，閔阽危，鑄五兵，誅銅額，滌飛
沙，弭刃于涿鹿之野，垂文鼓弦，巡瑞定鼎，來鷗夢弼，建
屏萬邦，而神明之冑，聯武以登天位，迄于劉漢，五姓百十
有七后，豈不偉與？是豈有私神器以貽曾玄之心哉？而天既
不捨，靈光來集者，蓋建美意以垂家法，傳流雲昆，不喪初
旨。群甿蒸蒸，必以得此，而後足于憑依。故屢瀕播棄，而
卒不能舍去，以外求宗主。蹟其所以焄冒天下者，樹屏中
區，閑擯殊類而止。若乃天命去留，即彼捨此之際，無庸置
心。要以衣冠焉帶之倫，自相統役。奠維措命，長遠醜孽

者，實以爲符，得人而遂授之。然而帝眷民懷，絲遊膠液，
紛紛延延，彌保雲系者，則貿于相求，而隱于相報也。

案：此言自炎黃以來相傳之古儀，即華夏之家法也。一、無私神器
以貽曾玄之心；二、樹屛中區，閑擯殊類；三、要以衣冠舄帶之倫
自相統治，不能舍此，以外求宗主；四、天命去留，即彼舍此之
際，無庸置心。此即前又「可禪、可繼、可革，而不可使夷類間
之」之意。此全同于孟子「唐虞禪，夏后、殷、周繼，其義一也」
之說。船山所說之古儀，不背孔、孟、《春秋》王道之心法。此以
文化意識爲最高原則。要以公天下而捍衛中區，爲大義之所在。至
于政權之禪繼，則落於第二義，未能就之以區別禪繼之不同，並思
所以實現禪讓之會之制度基礎，未能正視家天下之繼之必流于私。
而只以文化意識之捍衛中區所示之治天下之公，支柱其間，以爲準
則，以夾持政權處之禪、繼、革之「公」義。此亦徹頭徹尾是理性
之內容表現者。理性之內容表現，于文化意識之捍衛中區，固恰當
而亦盡至。但于政權處，則不充足。純以治天下之公夾持政權處禪
繼革皆無不可之公，則政權之「公」乃軟罷而立不起者。此即顯此
處內容表現之不足，而需有一外延表現以確立之。此亦示「古儀」
之不盡。古儀之實或即如船山之所述。然後之繼者當就政權而正視
之，未可輕易滑過也。如此，則原初之古儀方有進一步之充實與建
立，而可逐步健全其自己。若以原初之古儀爲已盡至，則政權處之
漏洞必隨時反蝕治天下處捍衛中區之「公」意。此即示古儀中有一
內在之矛盾，而終不得解決者。船山之文化意識可謂強矣。故其叙
古儀，斥秦宋，皆極切至，而具大慧。惟于古儀中之漏洞，則不能

擿而去之，此亦前賢之一憾也。其癥結即在缺一外延表現也。

> 迄於孤秦，家法淪墜，膠膠然固天下於攬握，顧盼驚猜，恐強有力者旦夕崛起，效己而劫其藏。故翼者翦之，機者撞之，腴者割之。貳人主者，不能藉尺土；長亭邑者，不能槖寸金。欲以凝固鴻業，長久一姓，而僨敗旋趾。由此言之，詹詹鑿陋，未嘗迴軫神區而援立靈族，豈不左與？

案：此言秦之廢封建、為郡縣，其動機在于私。固天下于攬握，藏天下于筐篋，欲以一人私其治，視天下為己有；不肯將天下付天下，與天下人共之，以固神區，此眞梨洲所謂主客倒置，本為主者反為客，而隸屬于一君自私之主矣。不旋踵而亡，此其所以為孤也。焉得不謂之為獨夫？廢封建，于君主之私與天下之公，兩無利焉。于君主之私無利，則在其無藩屏而一君孤懸。于天下之公無利，則在其無藩屏以貞固神區。以文化意識為主，則重在後者。此船山之所眞切言之者。然進入政治，自政治形態本身之演進言之，則廢封建，雖源于君主之自私，亦有公理為其私所帶出。此即將天下自封君貴族之私有中解放出。此亦是一步公也。天下固不應隸屬于君主之一人，亦不應隸屬于諸多貴族而為其采地。自演進言之，以漸不以頓。先自貴族解放，采地轉而為郡縣，亦是公也。此為另一系之義理，則重視政治漸由此而得客觀化；君取得超然而客觀之地位，為一國之元首，不為貴族所束縛；民亦取得客觀之地位，不為貴族之隸屬，而為國家之公民；士參與政治，亦取得政治上之客觀地位，不為貴族之家臣。君、士、民俱得客觀之意義，即示政治

格局漸向客觀化而趨。故法家爲壓抑貴族，必尊君。然尊君之極，
無政道以限制之，則廢封建、爲郡縣所示之政治格局之客觀化，即
不能得其充分之實現。此爲秦漢後君主專制之問題。欲得充分客觀
化，則必再向民主政體趨而後可。此系義理，吾曾展示于《歷史哲
學》第二部第二章第一節。然既不能充分客觀化，而陷于君主專制
中，故後來之儒者即不重視原初對壓抑貴族而尊君之意，而特重視
過分尊君之不當，家天下之私心，以及「猜割牽役，弱靡中區」之
爲禍。此皆明末諸大儒所慨乎言之者。諸儒之王道意識中函有兩問
題：一、嚮往三代以上之公天下，而不知有政權治權之別，故亦不
知何以堵絕家天下之私，而實現其公天下之公；二、維護華夏，貞
固神區，原初封建固有其功績，然原初之封建形式不可復，此問題
遂轉爲地方勢力之培養與中央統一如何能協調之問題。諸儒只意識
及封建之作用，而不知此中有一內在之矛盾，亦不知究如何以解決
之。此以往儒者理性之內容表現之所以不足也。以上兩問題之解
答，皆須賴民主政體之出現。茲再看船山述秦以後之局。

> 漢承其敝，古型秦軌，白黑兼半。而強幹植條爲數百年之計
> 者，亦自創異意，冥合十九。侯王封君，兼城占籍，鑄兵支
> 粟，不爲禁戒。故長沙可以支三粵之侵叛，而燕旦受封制冊
> 之中，所以防過獷驁氏者，三致意焉。景、武以還，推恩少
> 力，酎金奪侯。雖輔輔弱助，而命大將，遣單使，得以意行
> 消息，權制士馬。而且金虎銅竹，雖握禁閫，軍民部署，尤
> 隆剌守。故元、成運替，安、順爽凌，然而樓蘭、郅支，絕
> 亢懸首；烏桓、羌部，躓駕伏尸。雖莽僭西都，丕奪許鼎，

而南陽、益部連衍而接墜緒者，猶此枌榆之苗裔也。

晉氏失計，延非族以召禍亂。中國憒憒，非無自致，而州牧分土，長其君、子其民，措施不拔，瑯琊以延。向使泮散消弱，守牧無資，十六國之戎馬精悍，非江東之所能敵也。

六代文嬴，漫不足紀，遺法餘力，僅支江介者二百七十年。使彼屛主孤邦，日斤斤焉以孤寡陵遲、倒柄藩牧爲慮，曾不足以建十年，而石、符、拓拔，已褰裳而絕安流矣。是故天下之勢，有合者，有分者，有張者，有翕者，有縱而隨者，強彼而固此者。故曰「大制不割」，樂天下之成而成之，選天下之利而利之。今夫柔鷲擊，輯縱橫，驅合於農，則實去。要愿朴，建脆弱，驅合於兵，則名存。名存實去，則自忘其弱，而喪其畛。方且割萬有，專己私，侈身臂，矜總持，不縱以權，不強其輔，則所以善役天下而救其禍者，蕩然無所利賴。此仁者之悲膚疾頸，而俗儒之利以爲名也。

唐無三代牧伯帥長之援，無深仁大計，建民，固本，清族類，拒外侮之謀。竊尸寓農之遺號，強合兵農，分制府兵，徵發宿戎，一聽於京師。此其法，足以數世速亡，而迄於天寶，禍發始剋者，豈府兵之敗軌特遲哉？溯其僅存，尋其利賴，自西州沿北庭迄遼左，置都護、都督者，不隨腹裡，得專措置。故一時大勳名將，若李勣、薛仁貴、王忠嗣、郭元振之流，進止刑賞，不受中覆。選士馬，審機宜，滂沛榷酌，奴隸偏裨，下至乾沒，猶無所問。〔案：乾沒，出《史記·酷吏傳》：「張湯始爲小吏乾沒。」亭林《日知錄》有「乾沒」條疏解之。船山用此詞，意指小吏、徼幸無賴之

徒。〕極重不返,而節度逆行。干天曆以成五季者,事勢瀾
流洄漩,激而反倒其歸也。然且更迭閏位,圖籙弈改。石晉
北傾,恃怙蠢醜,而幷陽不拔;胡馬北首,數閱而仍歸中
國。內強之效,亦可覩焉。

案:以上歷述兩漢、六代以及隋唐之局,地方尙有裕力,中樞猶不
掣肘。故足以勉維神區,不至全淪於夷狄。下至陋宋,遺法全喪,
而三維裂矣。

宋以藩臣,暴興鼎祚,意表所授,不寐而驚。趙普斗筲菲
姿,負乘鉉器,貢謀苟且,肘枕生猜。於是假杯酒以固歡,
託孔云而媚下,削節鎮,領宿衛,改易藩武,建置文弱,收
總禁軍,衰老填籍。孤立於強虜之側,亭亭然無十世之謀。
縱佚文吏,拘法牽縶,一傳而弱,再傳而靡。趙保吉之去
來,劉六符之恫喝,玩在廷於偶線之中,而莫之或省。城下
受盟,金繒歲益,偷息視肉,崇以將階,推轂建牙,遺風漸
滅。狄青以樞副之任,稍自掀舉,苟異一切。而密席未溫,
嫌疑指斥,是以英流屏足,巨室寒心。
降及南渡,猶祖前謀。蘄、循僅存於貨酒,岳氏遽隕於風
波。撓棟觸藩,莫斯為甚。
夫無為與者,傷之致也;交自疑者,殊俗之所乘也。卒使中
區趨靡,形場解散。一折而入於女眞,再折而入於韃靼,以
三、五、漢、唐之區宇,盡辮髮負笠。漸喪殘剟,以瀆無窮
之防。生民以來未有之禍,秦開之而宋成之也。

是故秦私天下而力克舉，宋私天下而力自詘。禍速者絕其
胃，禍長者喪其維。非獨自喪也，抑喪天地分建之極。嗚
呼！豈不哀哉！

夫石守信、高懷德之流，非有韓、彭倔強之質也。分節旄，
擁鎮牙，非有齊秦百二，剖土君民之厚實也。談笑尊豆，兵
符立釋，非有田承嗣、王武俊、李納之跋扈而不可革也。使
宋能優全故將，別建英賢，顛倒奔奏，星羅牙錯，充實內
地，樹結邊隅，一方潰茂，聲援谷響，雖逮陵遲，取資百
足，亦何至延息海濱，乞靈潮水，皋亭納璽，碙島沈淵，終
使奇渥吞舟，乾坤霾塞，濱百年而需遠復哉？

惟其塗蔽萬民，偷鍧大器；瓦缶之量，得盈為歡；嬰兒護
餌，偃鼠貪河。愚夫之惑，智者晒焉。《易》曰：「其亡其
亡，繫於苞桑。」苟有繫也，足以固矣，而必於苞桑焉。
秦、宋之繫於苕枝，而不知其根之拔也。故曰：「前事之
失，後事之師」，其來茲之謂與。

案：以上歷述宋之愚陋，故於〈宰制〉篇云：「聖人堅擘定趾，以
救天地之禍，非大反孤秦陋宋之為，不得延固。以天下為神器，毋
凝滯而盡私之。故《易》曰：『聖人之大寶曰位，何以守位曰人，
何以聚人曰財。』非與於貞觀之道者，亦安足以窮其辭哉！」然反
之而如何能協調地方與中央之衝突，則為不易解決之問題。徒教之
以不私，而不知如何實現此不私，則中國之政道終未能盡其至也。

八、《日知錄》中之論〈藩鎮〉

顧亭林《日知錄》卷十三〈藩鎮〉條亦與船山有相同之意識，而不及船山之透與嚴。茲附錄於此，以見儒者之共同意識與共同理想。

國朝之患，大略與宋同。

岳飛說張所曰：「國家都汴，恃河北以為固。苟憑據要衝，峙列重鎮，一城受圍，則諸城或撓或救，金人不敢窺河南，而京師根本之地固矣。」

文天祥言：「本朝懲五季之亂，削除藩鎮，一時雖足以矯尾大之弊，然國以寢弱。故敵至一州，則一州破；至一縣，則一縣殘。今宜分境內為四鎮，使其地大力眾，足以抗敵，約日齊奮，有進無退。彼備多力分，疲於奔命。而吾民之豪傑者，又伺間出於其中，則敵不難卻也。」

嗚呼！世言唐亡於藩鎮。而中葉以降，其不遂並於吐蕃、回紇，滅於黃巢者，未必非藩鎮之力。宋至靖康而始立四道，金至元興而始建九公，不已晚乎？

尹源《唐說》曰：「世言唐所以亡，由諸侯之強，此未極於理。夫弱唐者，諸侯也。唐既弱矣，而久不亡者，諸侯維之也。燕、趙、魏首亂唐制，專地而治，若古之建國，此諸侯之雄者。然皆恃唐為輕重，何則？假王命以相制，則易而順。唐雖病之，亦不得而外焉。故河北順而聽命，則天下為亂者不能遂其亂；河北不順而變，則姦雄或附而起。德宗

世，朱泚、李希烈始遂其僭，而終敗亡。田悅叛於前，武俊
順於後也。憲宗討蜀平夏，誅蔡夷鄆，兵連四方，而亂不
生，卒成中興之功者，田氏稟命，王承宗歸國也。武宗將討
劉稹之叛，先正三鎮，絕其連衡之計，而王誅以成。如是二
百年，姦臣逆子專國命者有之，夷將相者有之，而不敢窺神
器，非力不足，畏諸侯之勢也。及廣明之後，關東無復唐
有，方鎮相侵伐者，猶以王室為名。及梁祖舉河南，劉仁恭
輕戰而敗，羅氏內附，王鎔請盟，於是河北之事去矣。梁人
一舉，而代唐有國，諸侯莫能與之爭，其勢然也。向使以
僖、昭之弱，乘巢、蔡之亂，而田承嗣守魏，王武俊、朱滔
據燕、趙，強相均，地相屬，其勢宜莫敢先動，況非義舉
乎？如此，雖梁祖之暴，不過取霸於一方爾，安能強禪天
下？故唐之弱者，以河北之強也；唐之亡者，以河北之弱
也。或曰：諸侯強，則分天子之勢，子何議之過乎？曰：
秦、隋之世，無分於諸侯，而亡速於唐，何如哉？不獨此
也，契丹入大梁，而不能有者，亦以藩鎮之勢重也。王應麟
曰：「郡縣削弱，則夷狄之禍烈矣。」

《宋史》，劉平為鄜延路副總管。上言：「五代之末，中國
多事，唯制西戎為得之，中國未嘗遣一騎一卒，遠屯塞上，
但任土豪為眾所服者，封以州邑，征賦所入，足以贍兵養
士，由是無邊鄙之虞。太祖定天下，懲唐末藩鎮之盛，削其
兵柄，收其賦入，自節度以下，第坐給俸祿。或方面有警，
則總師出討。事已，則兵歸宿衛，將還本鎮。彼邊方世襲，
宜異於此，而誤以朔方李彝興，靈武馮繼業，一切亦徙內

地。自此靈夏仰中國戍守。千里饋糧，兵民並困矣。」宋初之事，折氏襲而府州存，繼捧朝而夏州失。一得一失，足以爲後人之鑑也。

賈昌朝爲御史中丞，請陝西緣邊諸路守臣，皆帶安撫蕃部之名，擇其族大有勞者爲首帥，如河東折氏之比，庶可以爲藩籬之固。

《路史‧封建後論》曰：「天下之枉，未足以害理，而矯枉之枉常深；天下之弊，未足以害事，而救弊之弊常大。方至和之二年，范蜀公爲諫院，建言：恩州自皇祐五年秋至去年冬，知州者凡七換。河北諸州，大率如是。欲望兵馬練習安可得也？伏見雄州馬懷德、恩州劉渙、冀州王德恭，皆材勇智慮，可責辦治，乞令久任。然事勢非昔，今不從其大，而徒舉三二州爲之，以一簣障河海，猶無益也。請以昔者河東之折、靈武之李，與夫馮暉、楊重勛之事言之。馮暉節度靈武，而重勛世有新秦，藩屏西北。它日暉卒，太祖乃徙其子馮翊，而以近鎮付重勛。於是一方始費朝廷經略。折、李二姓，自五代來，世有其地，二寇畏之。太祖於是俾其世襲，每謂虜寇內入，非世襲不克守。守世襲則其子孫久遠家物，勢必愛吝，分外爲防，設或叛渙，自可理討。縱其反噬，原陝一帥禦之足矣。況復朝廷恩信不爽，奚自而他？斯則聖人之深謀，有國之極算，固非流俗淺近者之所知也。厥後議臣，遽以世襲不便。折氏則以河東之功姑令仍世，而李氏遂移陝西，因茲遂失靈夏。國之與郡，其事固相懸矣。議者以太祖之懲五季，而解諸將兵權，爲封建之不可復。愚竊以爲

不然。夫太祖之不封建，特不隆封建之名，而封建之實，固已默圖而陰用之矣。李漢超齊州防禦，監關南兵馬，凡十七年，胡人不敢窺邊。郭進以洺州防禦，守西山巡檢，累二十年。賀惟忠守易，李謙溥刺隰，姚內斌知慶，皆十餘載。韓令坤鎮常山，馬仁瑀守瀛，王彥昇居原，趙贊處延，董遵晦屯環，武守琦戍晉，何繼筠牧棣，若張義之守滄景，咸累任，榷之利，貿易之權，悉以畀之。又使得自誘募驍勇，以爲爪牙，軍中之政，俱以便宜從事。是以二十年間，無西北之虞。深機密策，蓋使人由之不知爾。胡爲議者不原其故，遂以兵爲天子之兵，郡不得而有之？故自寶元、康定，以中國勢力，而不能抗一偏方之元昊。靖康醜虜，長驅百舍，直搗梁師，蕩然無有藩籬之限，卒之橫潰，莫或支持。由今日言之，奚啻春水之冰？嗚呼！欲治之君不世出。而大臣者，每病本務之不知。此予所以每咎徵、普，以及唐室、我朝之不封建，皆鄭公、韓王之不知以帝王之道責難其主，而爲是尋常苟且之治也。」

《黃氏日抄》曰：「太祖時，不過用李漢超輩，使自爲之守，而邊烽之警，不接於廟堂。三代以來，待夷狄之得，未有如我太祖者也。不使守封疆者，久任世襲，而欲身制萬里，如在目睫，天下無是理也。」

藩鎮既罷，而州縣之任，處之又不得其方。眞宗咸平三年，濮州盜夜入城，略知州王守信、監軍王昭度。於是知黃州王禹偁上言：「《易》曰：『王公設險，以守其國。』自五季亂離，各據城壘，豆分瓜剖，七十餘年。太祖、太宗，削平

僭偽，天下一家。當時議者，乃令江淮諸郡，毀城隍，收兵甲，撤武備。書生領州，大郡給二十人，小郡十五人，以充常從。號曰長吏，實同旅人；名為郡城，蕩若平地。雖則尊京師，而抑郡縣，為強幹弱枝之計，亦匪得其中道也。蓋太祖削諸侯跋扈之勢，太宗杜僭偽覬望之心，不得不爾。其如設法救世，久則弊生。救弊之道，在乎從宜，疾若轉規，不可膠柱。今江淮諸州，大患有三：城池墮圮，一也；兵仗不完，二也；軍不服習，三也。望陛下特紆宸斷，許江淮諸郡，酌民戶眾寡，城池大小，並置守捉軍士，多不過五百人，閱習弓劍，然後漸葺城壁，繕完甲冑，則郡國有禦侮之備，長吏免剽掠之虞矣。」

嗚呼！人徒見藝祖罷節度，為宋百年之利，而不知奪州縣之兵與財，其害至於數百年而未已也。陸士衡所謂「一夫從橫，而城池自夷」，豈非崇禎末年之事乎？

案：以上亭林所鈔者，皆關於宋之情形。由宋可以知明。藩鎮固有其藩屏之作用，然此作用，在本質上，乃與家天下之私不相容者。故在家天下之政體下，封建勢不能行。所封侯王皆皇帝之子孫。即周之封建，亦大都屬于姬姓。骨肉之親，且不能信，況異姓乎？況一般之郡首而能專兵與財乎？權力之本質，即在集中，此其自然之勢。若無一種人為之技巧，施以曲折，予以制度之安排，則其單一性乃不可分拆者。故家天下之為私、專，與把持，乃必然者。亭林言：「以天下之權，寄之天下之人。」此固公之至矣。然客觀而公之「天下之權」乃一抽象之「形式之有」，必附於一具體之存在始

能表現。旣打天下而得天下矣,則客觀之「天下之權」即隸屬於具
體之一人,而失其客觀性。如是而欲使其吐出來,「寄之天下之
人」,此乃不可能者。「天下之權」,到「寄之天下之人」,而恢
復其客觀性,並非自然之趨勢。須經一人爲之技巧,施以曲折,成
一支撐對待之構造,將其自然之單一性拆開而成爲一結構之統一
性,始能恢復其客觀性,而眞成爲「天下之權」,始眞可「寄之天
下之人」。此即人權運動、民主政體之所以形成。然在前儒者,只
知嚮往「天下之權,寄之天下之人」之爲公,而不知其如何實現
之。此如何實現之,是一政治意識。不落于就如何實現之而措思,
只說先王之德,或理當如此,則政治意識與制度意識即轉爲敎訓意
識或道德意識(當然是政治之道德意識)。此即儒者之「理性之內
容的表現」,而見其爲不足者。假定無先王之德,或空知理當如
此,而在家天下之制度下勢不能如此,則「天下之權寄之天下之
人」即成一空理。無人就此「天下之權」而思如何恢復其客觀性,
則只有落在第二義上就事務之得失而循環彌補之。亭林關于「法
制」與關于「藩鎭」所鈔者,大體皆是此第二義上之議論。而未能
就「天下之權,寄之天下之人」,而思徹底解決者。亦未能知「天
下之權,寄之天下之人」,乃與家天下根本不相容者,乃是家天下
帝王所根本作不到者。徒就事務本身而論得失,有何益哉?權力,
順其自然之單一性必向集權走。此可謂其自然之惰性。即演至今
日,此惰性仍在各種方式下作各種反動之拉長。其極爲共黨之極
權、人民公社。此政治之所以須賴隨時奮鬥以維持而獲得其權力之
客觀性也。一如修道者之常惺惺然,不容一時之或懈。亭林對于家
天下之爲私、專與把持,其常惺惺之程度不及梨洲也。故吾云:惟

梨洲截得最爲分明。就事務本身而論得失，即梨洲所謂「周旋於此
膠彼漆之中」也。梨洲一眼看定，家天下政體下一切之法皆一家之
法，皆非法之法。無論封建或郡縣皆以其私利爲中心。故曰：「秦
變封建而爲郡縣，以郡縣得私於我；漢建庶孽，以其可以藩屏於我
也；宋解方鎮之兵，以方鎮之不利於我也。」然則，藩鎮封建雖有
維護神皐之作用，而私天下者決不肯客觀地以正視此公義也。欲使
其讓開散開，將「天下之權，寄之天下之人」，以維護此公義，乃
是其本身之否定。此如何其可耶？梨洲斷然指其爲「一家之法」，
雖不知如何實現「天下之法」，然在惺惺之意識上比亭林爲深而
強。船山雖痛斥孤秦陋宋之私，然不點出此私乃是家天下制度之必
然地私，並非個人一時之德性問題，則猶有不足也。

　雖點出之，而不能廢除家天下之制度，則終落于事務之得失以
論之。故梨洲《待訪錄》中復有〈方鎮〉篇也。其言曰：

今封建之事遠矣。因時乘勢，則方鎮可復也。自唐以方鎮亡
天下，庸人狃之，遂爲厲階。然原其本末則不然。當太宗分
置節度，皆在邊境，不過數府。其帶甲十萬，力足以控制寇
亂。故安祿山、朱泚，皆憑方鎮而起，乃制亂者亦藉方鎮。
其後析爲數十，勢弱兵單，方鎮之兵不足相制，黃巢、朱溫
遂決裂而無忌。然則唐之所以亡，由方鎮之弱，非由方鎮之
強也。是故封建之弊，強弱吞倂，天子之政教有所不加。郡
縣之弊，疆場之害，苦無已時。欲去兩者之弊，使其並行不
悖，則沿邊之方鎮乎？
宜將遼東、薊州、宣府、大同、榆林、寧夏、甘肅、固原、

是故業師熊十力先生言:「諸儒皆嚴毅不至拘礙,廣博而備極深厚,崇高而不失愷弟。是其矯枉而無或過正,所以爲美。」(《讀經示要》卷二,頁129)斯言信矣。

不幸生不逢辰,此正大之理想乃不能得其正常之發展。故彼等以遺老終其身,而思想言論亦只托空文以期待渺茫之未來。彼等之心境與處境是斷潢絕港之時也。滿清入關,民族生命遭受極大之曲折。民族生命受曲折,文化生命亦不得不受曲折。諸儒之正大而健康之理想遂遭堵塞而不能續。而歪曲庸陋卑鄙畏縮淸客幫閒之學風,遂于焉開始。其第一代即爲閻若璩與胡渭。業師熊先生曰:

閻若璩、胡渭之徒,首被寵眷。若璩以康熙元年遊燕京,投降臣龔鼎孳,爲之延譽,後雍正甚寵之。胡渭遊徐乾學之門頗久。康熙南巡,渭獻平成頌,無恥至極。徐乾學爲東胡效用,網羅諸名士。罪不下於李光地輩。亭林固莫如之何。嘗戒潘次耕勿主其家云。〔案:徐乾學亭林之甥。〕彼之官彌貴,客彌多。便佞者留,剛方者去。今且欲延一二學問之士,以蓋其群醜,不知薰蕕不同器而藏也。〔……〕自群奸效順,而天下皆知淸廷意向所在,始相率俯首就範。不敢運其耳目心思之力于所當用之地。而王、顧、黃諸大儒之學術思想,遂乃相戒而不敢過問。久之習非成是,則且以其業爲時主之所獎,王公疆帥牧令之所尚。(原注:兩宋常有道學之禁,明世王學亦常受禁。獨清代漢學,始終爲官僚所擁護。)乃忘其爲一技之長,竟以學術自負,而上托漢氏,標幟漢學。天下之蔽聰塞明,而同出于此一途者三百年。

（《讀經示要》頁140。）

又云：

> 清初士人無恥者，皆效法閻、胡，以考據之業取容當世。自
> 是成為風尚。王、顧、黃諸大儒之思想，本清儒所不欲知，
> 且不敢求知者。諸大儒之精神志事，更為清儒所絕不能感
> 受。江藩《清代漢學師承記》，以閻、胡列首，可謂徵實。
> 阮文達《清史》〈儒林傳稿〉，第一次顧亭林先生居首，第
> 二次黃梨洲先生居首。而江藩此記，以兩先生編于卷末，以
> 其本非漢學家所宗故也。皮錫瑞《經學歷史》，以此譏江
> 藩，實大誤。阮元欲首兩先生，但欲假以為清世儒林增重，
> 而不悟其厚誣兩先生。（同上，頁143-144。）

又云：

> 清世漢學家，實際上本承宋學考據一脈。如疑偽《古文尚
> 書》，疑〈易圖〉，皆自朱子及其後學。而王應麟輯《三家
> 詩》與《鄭易注》，清人輯佚一派，實承其緒。孔廣森治
> 《公羊》，亦源出趙汸。江永《禮經綱目》，本朱子《儀禮
> 經傳通解》。他不具論。獨惜其完全喪失宋儒精神，而絕不
> 求宋學之大體。故清人考據學，卒不得不自別于宋學，蓋外
> 實之不容混者。清初閻若璩嘗執贄亭林門下。江藩謂若璩所
> 著書中，不稱亭林為師。疑為亭林歿後，遂背之。若璩與亭

林志業，本絕無似處。宜其然也。

惠周惕子士奇、孫棟，三世治經籍。棟名尤著。論者以爲擬諸漢儒，在何劭公服子慎之間。士奇自題《紅豆山齋楹帖》云：六經尊服鄭，百行法程朱。（原注：皮錫瑞《經學歷史》引此帖，作六經宗孔孟。殊誤。）是直以經學當宗服鄭，而于行誼不必有關。程朱行誼可法，而其行誼又不本于經學。惠氏三世爲學，蓋全不知經學果爲何學，而直以考據之業當之。宜其視程朱爲曲謹好人，而不見其有何學術也。生而瞽者，不知日月之明。蟻旋大磨，自以爲世界更無有大于此者。非惠氏之謂歟？（原注：江藩〈宋學淵源記〉即本惠氏見解。）〔案：此陋見直延至近時章太炎，且尤邪謬狂悖而肆無忌憚。〕

昔南宋之亡也，其時大儒，眞誦法程朱者，皆畢志林壑，不肯仕元。許衡家世陷寇已久，垂死猶念仕胡之恥。惠氏當中夏正朔猶存海外之日，（原注：永明絕於緬，而鄭氏康熙二十二年始亡。）便已晏然仕清，稱天頌聖，無絲毫不安于者。其異於禽獸之幾希，尚有存乎？法程朱者如是乎？清人之業，本無可托於宋學。其終以漢學自標榜，固其宜也。（同上，頁145。）

清人之業，其本性具如先生所述。其爲大歪曲，自甚顯然，孔孟之傳統理想，晚明諸儒所紹繼以展示者，至清乃全斷。而近人乃欲以西方文藝復興比之，其愚妄無知蓋亦甚矣。若晚明諸儒之志業，能得正常之發展，則始眞可謂晚周「內聖外王」之敎之復興，而中華

民族光明之境亦可逐步展開，而與西方之近代相比並，且可過之而無其弊。何至有若滿清三百年之歪曲黑暗，日趨下流，將吾神皋投至今日之境乎？吾茲所述，正欲光暢晚明諸儒之心志，使世人意識豁然醒悟于滿清以來直至今日之歪曲邪謬而扭轉之，直通中國文化生命之固有傳統，而延孔孟宋明以及晚明諸儒之線索，使其續接之于今日。夫如此而後可以爲國族立大信，藉以光暢吾人之心志，正大吾人之步驟，昂揚吾人之天行，以克服共禍之魔難焉。

　　既朗現此統緒，復進而觀其足與不足，則自得充實發展之道。本文引述顧、黃、王之言而疏解之，正所以例證吾以上諸篇之所說者。吾適言顧、黃、王諸儒之精神即在要求向外開，以期成就外王之功業。而要求外王功業之意識，本不始于顧、黃、王。前乎此者，則有南宋之葉水心、陳同甫。陳同甫與朱子爭漢唐，即爲此鉅大問題之爭辯。關此見下第十章。讀者觀之，可以知此問題之究竟。

下篇　葉適、陳亮論有宋一代立國之格局

序　言

　　前文第九章第四節顧亭林《日知錄》中論法制，已錄及葉適、陳亮之言。葉、陳與顧、黃、王俱知宋之集權與法密之非，然雙方之心境與處理則異。葉、陳言之之心境是在挽救當時危弱之局，而其處境則是當身之南宋。身處其中，對于自身之家國不能無直接之責任感。故其言論乃處于局中之言論，不能不順宋朝之皇統而爲

言，而對于家天下之政體亦無意反省及之。故其言論之最高層次乃
爲「順」而非「逆」者。而顧、黃、王言之之心境，則是徹底反省
之心境。而其處境則是斷潢絕港。明已亡矣，無可救矣。新來之滿
淸是其仇視之對象，非其言論之對象。時代不屬于彼等。故其言無
對：一無物對（非對當時之政局而言）；二無人對（非對當時之皇
帝而言）。如其有對，其所對者唯是華夏之所以自立自固之道耳。
故其述以往乃是反省的、批判的，易于接觸到政道治道之根本問
題，即家天下之私爲一切非法惡果癥結之所在。雖有強弱透不透之
異，雖不知正視政道，如何實現其公天下之公，然大體是向此最根
本處而用心，以開眞正外王之切義，非只泛言之「事功」也。故其
心思爲逆而非順，易于湧現眞正之理想。此就理而言與就事而言之
異也。（黃梨洲名其書曰《明夷待訪錄》。船山于《黃書》後，有
《俟解》、《噩夢》。而亭林與友人書曰：「所著《日知錄》三十
餘卷，平生之志與業皆在其中。惟多寫數本，以貽之同好，庶不爲
惡其害己者〔指滿淸與漢奸言〕之所去。而有王者起，得以酌取
焉」。是皆示其言之無對，只著義以待來者。）

　　葉、陳身處局中，就事而言，其言有對。對有宋一代立國之格
局，皆言之眞切，而中肯要。對其弊之積重而難挽轉，尤言之痛
切。非有大英雄、人震動，莫能裂大網而起沈痾，以收雲合響應之
效。此即自然開陳亮（同甫）重生命、重才氣之英雄主義一路，而
斥談「正心誠意之學者，皆風痺不知痛癢之人」。茲先錄葉適（水
心）之言以明之。

一、葉水心論宋立國之格局

葉水心〈法度總論〉曰：

昔人之所以得天下也，必有以得之；其失天下也，亦必有以
失之。得失不相待而行，是故不矯失以為得。何也？蓋必有
真得天下之理，不俟乎矯其失而後得之也。矯失以為得，則
必喪其得。

唐、虞、三代皆有相因之法，而不以桀、紂之壞亂，廢禹、
湯之治功。漢雖滅秦，亦多因秦舊。然大抵天下之政，日趨
於細，而法日加密矣。惟其猶有自為國家之意，而不專以懲
創前人之失計，矯而反之，遂以為功。且東漢之末，四方分
剖，壞亂甚矣。魏武雖嚴科條，審律令，以重足屏息，操制
群下，而截然使人各得自盡以行其職守者猶在也。至晉之
敗，尤甚於漢，南北角立，遞興遞滅。及其崛然自見者，猶
皆自有為國之意，使其下無飾非養過之心，人存政舉，稽其
所立，亦或瞭然可見。及隋之末年亂蠱起，癰疽潰裂，而太
宗一旦立法定制，疏明簡直，上下易遵。然則魏不以譚漢之
失為興，唐不以懲隋之亡為強。

夫興亡治亂，各有常勢。欲興者由興之塗，將敗者趨敗之
門，此其所以不相待，而非出於相矯也。唐末之亂，重以五
代，雖生人之無寧歲久矣，然考其所以禍敗，亦何以遠過於
秦、漢、晉、隋之亡？蓋國之將亡，則其形證固若此矣。
而本朝所以立國定制，維持人心，期於永存，而不可動者，

皆以懲創五季，而矯唐末之失策爲言。細者愈細，密者愈密，搖手舉足，輒有法禁。而又文之以儒術，輔之以正論。人心日柔，人氣日惰，人才日弱，舉爲懦弛之行，以相與奉繁密之法。遂揭而號於世曰：此王政也，此仁澤也，此長久不變之術也。以仁宗極盛之世，去五季遠矣。而其人之懲創五季者，不忘也。於至宣和，又加遠矣，其法度纂矣，而亦曰所以懲創五季而已。況靖康以後，本朝大變，乃與唐末五季，同爲禍亂之餘。紹興更新，以及於今日，然觀朝廷之法制，士大夫之議論，隄防局鏑，孰曰非矯唐末而懲創五季也哉？夫以二百餘年所立之國，專務以矯失爲得，而眞所以得之之道，獨棄置而未講。故舉一事，本以求利於事也，而卒以害是事；立一法，本以求利於法也，而卒以害是法。上則明知其不可行，而姑委之於下；下則明知其不可行，而姑復之於上。虛文相擬，浮論相倚。故君子不可用，而用小人，官不可任而任吏，人情事理不可信而信法。惟其惻怛寬平，粗得古人之意，而文具亡實，亦獨何以異於周、秦之弊哉？於是中原分割，而不悟其由；請和仇讎，而不激往憤。皆言今世之病，而自以爲無療病之方。甘心自處於不可振救，以坐視其敗。據古鑒今，而陛下深思其故者，豈非眞所以得之之道未講歟？誠講之而行之，當舉者舉，當廢者廢，昔之密者今爲疏，昔之細者今爲大，今日出令而明日丕變矣，何俟於卒歲之久哉！

案：以上言立國皆有所以得之之道，「不矯失以爲得」。而宋朝立

國則「專務以矯失爲得,而眞所以得之之道,獨棄置而未講。」
「矯失以爲得」,則其立國之基礎純爲消極之負面,並無正面積極
之基礎。即並無「自爲國家之意」,並無自立之道。有宋二百餘
年,其心思與議論全寄託在矯唐末五代之失上。天地間焉有如此立
國者乎?其無勇智亦甚矣。葉適此論,可謂觀入其微,一語破的。
下即言一切法禁皆輾轉爲害。

> 所謂舉一事,求利於事,而卒以害是事;立一法,求利於
> 法,而卒以害是法者,何也?今朝廷之法度,其經久常行,
> 不可改變者,十數條而已,而皆爲法度之害。
> 故用人以資格爲利,而資格爲用人之害;銓選以考任爲利,
> 而考任爲銓選之害;薦舉以關陞、改官爲利,而關陞、改官
> 爲薦舉之害。
> 至於任子則有數害:自員郎致仕,即得蔭補,爲一害;太中
> 大夫待制以上,蔭補得京官,爲一害;一人入仕,世爵無
> 窮,爲一害;今者汰其謬濫,限其員數,又爲一害。
> 科舉亦有數害:取人以藝,既薄於古,今併與藝而失之,爲
> 一害;古者化天下之人而爲士,使之知義,今者化天下之人
> 而爲士,盡以入官,爲一害;解額一定,多者冒濫,少者陸
> 沈,奔走射利,衰其初心,於今之法又自壞之,爲一害;一
> 預鄉貢,老不成名,以官錫之,既不擇賢,又不信藝,徒曰
> 恩澤,官曹充滿,人才敗壞,又爲一害。
> 京師之學,有考察之法,而以利誘天下;州縣之學,無考察
> 之法,則聚食而已,而學校之法爲害。

制科所以求卓越方聞之士，而責之於記誦，取之以課試，所言不行，所習不用，而制科之法為害。

博學宏詞者，以罷詞賦而進人於應用之文耳。美官要職，遂為捷徑，一居是選，莫可退解，而宏詞之法為害。

募役之法，本以免天下之為役者耳。今也保正長之弊，通天下皆患之，而役法為害。

著之律敕，綜理萬事，朝廷隨時制宜，定為新書，以一條貫。有出意見，莫知推行，但曰檢坐申嚴而已，而《新書》為害。

國家本患州縣之過失不得上聞，故置監司以禁切之。而今也禁切監試之法，反甚於州縣之吏，豈以監司為非其人乎？抑惟其人，而必用是法乎？而監司之法為害。

府吏胥徒，所以行文書，給趨走，雖堯舜不能廢也。而今也植根固木，不可搖動。大官拱手，惟吏之從。而胥吏為害。又因是以推昔之所行：行經界，則經界為害；行保甲，則保甲為害；行方田，則方田為害；行青苗、市易，則青苗、市易為害。

舉事立法，無非所以求利，而事立法行，則無非為害。上下內外，亦舉皆知其為害矣。然而賢者，則以為是必不可去之害；庸愚者，則恃其有是害也，足以自容；而其小人，則或求甚於所害。天下皆行於法度之害，而不蒙法度之利，二百年於此，日極一日，歲極一歲，天下之人皆以為不知其所終。陛下將何以救之哉？故臣願陛下揭其條目而治之。去害而就利，使天下曠然一日得行於昭昭之塗，雖三代以上，遠

而未易言，兩漢及唐之盛世，可立至也。

案：此所條舉，或有推之過甚者。然銓選之害與胥吏之害，則當時所同感。蓋宋之立國，以矯失爲得。層層法禁成一桎梏之網，使天下人「舉爲懦弛之行，以相與奉繁密之法」。所謂「虛文相挺，浮論相倚，故君子不可用而用小人，官不可任而任吏，人情事理不可信而信法」者，則是事實。故法法爲害，初聞之，似覺其言之過甚，然總而成此沈悶窒塞之局，則「無非爲害」之言，亦不爲過矣。

顧亭林《日知錄》卷十二錄葉適論銓選之害曰：

夫甄別有序，黜陟不失者，朝廷之要務也。故自一命以上，皆欲用天下之所謂賢者，而不以便其不肖者之人。竊怪人主之立法，常爲不肖者之地，而消靡其賢才，以俱入於不肖而已。而其官最要，其害最甚者，銓選也。

吏部者，朝廷喉舌之處也。尚書、侍郎者，天子貴近之臣也。處之以其地，任之以其官，與之甄別黜陟天下士大夫之柄，而乃立法以付之，曰：吾一毫不信汝也，汝一毫不自信也。其人之賢否，其事之罪功，其地之遠近，其資之先後，其祿之厚薄，其闕之多少，則曰是一切有法矣。天下法度之至詳，曲折詰難之至多，士大夫不能一舉措手足者，顧無甚於邊選之法也。嗚呼！與人以官，賦人以祿，生民之命，致治之本，由此而出矣。奈何舉天下之大柄，而自束縛蔽蒙之，乃爲天下大弊之源乎？雖然，是幾百年於是矣。其相承

者，非一人之故。學士大夫，勤身苦力，誦説孔孟，傳道先
正，未嘗不知所謂治道者，非若今日之法度。及其一旦之爲
是官，噤舌拱手，四顧吏胥，以問其所當知之法令。吏胥上
下其手以視之，其人亦抗然自辯曰：吾有司也，固當守此法
而已。嗟夫！豈其人之本若是陋哉？陛下有是名器，爲鼓舞
羣動之具。與奪進退，以敕天下，何忍襲數百年之弊端，汩
沒於區區壞爛之法，以消靡天下之人才，而甘心以便其不
肖？如此，則治道安從出，而治功安從見哉？況自唐中世以
前，吏部用人之意猶有可考，今之所循者乃其衰亂之餘弊
耳。百王之常道，不容於陛下而不復也。

同時楊萬里作〈選法論〉上下篇，亦言「吏部之權不異於宰相，亦
不異於一吏」。《日知錄》亦錄之，讀者可參看。

　　以上爲葉適論法度。彼復有〈上孝宗皇帝劄子〉，總論當時之
局有四難變，與五个可動。一爲國是難變。「重誓約，畏先事，以
金弊啗虜」，爲宋「立國之素規」。寧「包容垢恥，忝受奇禍」，
而不肯變此基本國策。國是既難變，則士大夫之議論亦環繞此中心
而有種種苟且偷生不切事情之浮論、迂論。小人之論以秦檜爲首。
「至若爲奇謀秘畫者，則止於乘機待時；忠義決策者，則止於親征
遷都；沈深慮遠者，則止於固本自治；高談者，遠述性命，而以功
業爲可略；精論者，妄推天意，而以夷夏爲無辨。小人之論如彼，
君子之論如此」。此爲第二、議論之難變。第三、則爲人材難變。
所謂「人心日柔，人氣日惰，人才日弱」，沈悶窒塞之局難容奇特
雄偉之士。而第四、則爲「以矯失爲得」之法度難變。其言曰：

國家規模，特異前代。本緣唐季陵夷，藩方擅命，其極爲五代廢立，士卒斷制之禍，是以收攬天下之權，銖分以上，悉總於朝，上獨專操制之勞，而下獲享其富貴之逸。故內治柔和，無狡悍思亂之民，不煩寸兵尺鐵，可以安枕無事，此其得也。然外網疏漏，有驕橫不臣之虜，雖聚重兵勇將，而無一捷之用，卒不免屈意損威，以就和好，此其失也。論者方偏樂安靖，以爲寧有外虞，而無使內變。課其功效，固已過於漢唐遠矣。且靖康之事，未聞我有一城一邑，敢爲叛命，而坐視胡虜長驅深入，惕息待死，屠戮之慘，與五代何異？其得失之算，豈不明哉？夫徒鑒五代之致亂，而不思靖康之得禍，故李綱請裂河南爲藩鎮，范宗尹嘗割邊面爲鎮撫，皆隨以廢格。陛下循守舊模，而欲驅一世之人以報君仇，則形勢乖阻，誠無展力之地。若順時增損，則其所更張，其所動搖，關係至重，豈得易言？此則法度之難四也。

此法度之難變，爲最根本者，以其爲有宋立國之祖制也。此即前文所謂「專務以矯失爲得，而眞所以得之之道，獨棄置而未講」者是也。

四難變以外，又有五不可動。養兵愈多而愈弱，「此舉天下以爲不可動者一也」。搜刮愈多而財愈乏，「此舉天下以爲不可動者二也」。「不信官而信吏」，「此舉天下以爲不可動者三也」。「夫以官聽吏，疲瘁之名，人情之所避也。然而不免焉何也？國家以法爲本，以例爲要。其官雖貴也，其人雖賢也，然而非法無決也，非例無行也。驟而向之，不若吏之素也。暫而居之，不若吏之

久也。知其一不知其二，不若吏之悉也。故不得不舉而歸之吏。官舉而歸之吏，則朝廷之綱目，其在吏也何疑？夫先人而後法，則人用。先法而後人，則人廢。不任人而任法，則官失職，而吏得志矣。此舉天下以爲不可動者四也。法雖用矣，人雖廢矣，然人材之定品，孰堪爲某官，孰不堪爲某官，孰宜爲小，孰宜爲大，其可用之實猶在也。今也任職則以人爲可廢，擇官則爲人之餌。學科舉，掛名蔭。計級而取，循塗而進。無不可爲者。何賢何不肖，何君子何小人之有哉？廉恥日缺，名寶日喪，風俗大壞，而不可救。蓋不任人而任法之弊，遂至於不用賢能而用資格耳。此舉天下以爲不可動者五也。」

此四難變與五不可動，形成一窒悶之局。「公卿大夫私竊告語，咸以今之事勢，舉無可爲者。姑以美衣甘食，老身長子，自足而已。豈非今之實患深害，一大事〔指恢復復仇言〕之殘賊者歟？沿習牽制，非一時矣。其利害當講，其虛實當明，其是非當斷，其廢置當決。不講、不明、不斷、不決，陛下之志，雖欲有爲，將何所恃而獨行哉？一世之人，維繫手足，塗塞耳目，失正性矣。豈知君仇之當報，而爲陛下盡死力哉？臣故曰：二十六年於此，終未能奮發明昭，有所舉動者，積今之所謂難者陰沮之，積今之所謂不可者默制之而然也。」

四難變與五不可動陰沮默制，期望中庸繼體之主排蕩而超拔之，此蓋爲勢之所不可能者。蓋此幾百年累積之局，有祖宗法度以冒之，長時積靡以推之，而欲一旦裂大網，大有爲，非英雄之主莫辦。葉適期望孝宗講之明之，斷之決之。非講明之爲難，斷決之爲難。斷決談何容易哉！高宗南渡，是一良機。然高宗之庸懦陰私，

一秉家法如故，而望繼體之孝宗乎？故以葉適分析如此清楚，洞察
如此肯要，不可不謂之講而明之矣。然而朝野上下有誰能斷而決之
乎？于以見成規定勢之不易轉也。機括一成，莫使復陽。「其溺之
所爲之不可使復之也」（《莊子·齊物論》語），信哉信哉！故陳
同甫即不止于講明斷決之平實說法，每多奇偉雄特之詞。重生命才
氣之恢廓得開，自然引生其嚮往英雄主義之一路。

二、陳同甫論宋立國之格局

陳同甫在〈上孝宗皇帝第一書〉中，首斥通和之謬：

> 臣以爲通和者，所以成上下之苟安，而爲妄庸兩售之地，宜
> 其爲人情之所甚便也。
> 自和好之成，十有餘年。凡今日之指畫方略者，他日將用之
> 以坐籌也；今日之擊毬射雕者，他日將用之以決勝也。府庫
> 充滿，無非財也；介胄鮮明，無非兵也。使兵端一開，則其
> 迹敗矣。何者？人才以用而見其能否，安坐而能者，不足恃
> 也；兵食以用而見其盈虛，安坐而盈者，不足恃也。而朝廷
> 方幸一旦之無事，庸愚齷齪之人，皆得以守格令，行文書，
> 以奉陛下之使令，而陛下亦幸其易制而無他也。徒使度外之
> 士，擯棄而不得騁，日月蹉跎而老將至矣。臣故曰：通和
> 者，所以成上下之苟安，而爲妄庸兩售之地也。〔……〕
> 陛下何不明大義而慨然與虜絕也？貶損乘輿，卻御正殿，痛
> 自克責，誓必復讎，以勵群臣，以振天下之氣，以動中原之
> 心。雖未出兵，而人心不敢惰矣；東西馳騁，而人才出矣；

盈虛相補，而兵食見矣；狂妄之辭，不攻而自息；懦庸之夫，不卻而自退縮矣；當有度外之士起而惟陛下之所使用矣。是雲合響應之勢，而非可安坐而致也。

臣請爲陛下陳國家立國之本末，而開今日大有爲之略；論天下形勢之消長，而決今日大有爲之機。〔……〕

唐自肅代以後，上失其柄，而藩鎭自相雄長，擅其土於人民，用其甲兵財賦，官爵惟其所命，而人才亦各盡心於所事，卒以成君弱臣強，正統數易之禍。藝祖皇帝一興，而四方次第平定，藩鎭拱手以趨約束。使列郡各得自達於京師，以京官權知，三年一易。財歸於漕司，而兵各歸於郡，朝廷以一紙下郡國，如臂之指使，無有留難，自管庫微職，必命於朝廷，而天下之勢一矣。故京師嘗宿重兵以爲固，而郡國亦各有禁軍，無非天子所以自守其地也。兵皆天子之兵，財皆天子之財，官皆天子之官，民皆天子之民，綱紀總振，法令明備，郡縣不得以一事自專也。士以尺度而取，官以資格而進，不求度外之奇才，不慕絕世之雋功。天子早夜憂勤於上，以禮義廉恥嬰士大夫之心，以仁義公恕厚斯民之生，舉天下皆由於規於準繩之中，而二百年太平之基，從此而立。然夷狄遂得以猖狂恣睢，與中國抗衡，儼然爲南北兩朝，而頭目手足，混然無別。微澶淵一戰，則中國之勢浸微，根本雖厚，而不可立矣。故慶曆增幣之事，富弼以爲朝廷之大恥，而終身自論其勞。蓋夷狄征令，是主上之操；天子供貢，是臣下之禮也。夷狄之所以卒勝中國者，其積有漸也。立國之初，其勢固必至此。

故我祖宗常嚴廟堂而尊大臣，寬郡縣而重守令。於文法之
內，未嘗折困天下之富商巨室；於格律之外，有以容獎天下
之英偉奇傑。皆所以助立國之勢，而為不虞之備也。

慶曆諸臣，亦嘗憤中國之勢不振矣。而其大要，則使群臣爭
進其說，更法易令，而廟堂輕矣；嚴按察之權，邀功生事，
而郡縣又輕矣。豈惟於立國之初無所助，又從而朘削之。雖
微章得象、陳執中，以排沮其事，亦安得而不自沮哉？獨其
破去舊例，以不次用人，而勸農商，務寬大，為有合於因革
之宜，而其大要已非矣。此所以不能洗夷狄平視中國之恥，
而卒發神宗皇帝之大憤也。

王安石以正法度之說，首合聖意。而其實則欲藉天下之兵，
盡歸於朝廷，別行教閱以為強也；括郡縣之利，盡入於朝
廷，別行封樁以為富也。青苗之政，惟恐富民之不困也；均
輸之法，惟恐商賈之不折也。罪無大小，動輒興獄，而士大
夫緘口畏事矣。西北兩邊，至使大臣經畫，而豪傑恥於為役
矣。徒使神宗皇帝見財兵之數既多，銳然南征北伐，卒乖聖
意。而天下之勢，實未嘗振也。彼蓋不知朝廷立國之勢，正
患文為之太密，事權之太分，郡縣太輕於下，而委瑣不足
恃，兵財太關於上，而重遲不易舉。祖宗惟用前四者以助其
勢，而安石竭之，不遺餘力。不知立國之本末者，真不足以
謀國也。〔案：同甫能鑒及此，勝于王安石遠矣。畢竟有英
雄氣概之心胸者不專以把持束括為事，猶知讓開散開以蓄天
下之勢，以為國本。此猶合于儒者外王之真義。〕

元祐、紹聖，一反一覆，而卒為夷狄侵侮之資，尚何望其振

中國以威夷狄哉？

南渡以來，大抵遵祖宗之舊。雖有因革增損，不足爲輕重有
無。如趙鼎諸臣，固已不究變通之理。而況秦檜盡取而沮毀
之，忍恥事讎，飾太平於一隅以爲欺，其罪可勝誅哉！

陛下憤王業之屈於一隅，勵志復讎，而不免藉天下之兵以爲
強，括郡縣之利以爲富；加惠百姓，而富人無五年之積；不
重征稅，而大商無巨萬之藏，國勢日以困竭。臣恐尺籍之
兵，府庫之財，不足以支一旦之用也。〔案：讓開散開，藏
富于民以助國勢，即藏天下于天下。保經濟上之自由即保政
治上之自由。急切之流只知束括專權以急虛僞之富強。近時
復益之以社會主義之意識，其極爲共產主義之集體主義、極
權專制，而人民成爲赤裸裸之零件。非人之富強，蟻道也，
物道也。窮途知反，則儒者外王之大義究爲政治之不移之
理，望時人反覆深思之。〕

陛下早朝宴罷，以冀中興日月之功，而以繩墨取人，以文法
涖事。聖斷裁制中外，而大臣充位；胥吏坐行條令，而百司
逃責。人才日以闒茸，臣恐程文之士、資格之官，不足以當
度外之用也。

藝祖皇帝經畫天下之大略，太宗皇帝已不能盡用，臣不敢盡
具之紙墨。今其遺意，豈無望於陛下也？陛下苟推原其意而
行之，可以開社稷數百年之基，而況於復故物乎？不然，維
持之具既窮，臣恐祖宗之積累，亦不足恃也。

下論天下形勢之消長，決大有爲之機，主開發武昌。天道六十

年一變,正是大有爲之機,機不可失。略。

案:同甫之意可謂恢廓得開矣。彼欲孝宗一反「矯失以爲得」之傳統家法,擯棄束權于上,重重法禁之密網。法網一裂,則英雄豪傑可以施展四體,而度外之功可以不期而至矣。孝宗誠能得其意而行之,則誠可謂英雄之主,且具聖王之規模,謂之爲「大有爲之略」誠不誤,「可開社稷數百年之基」亦不誤。然而談何容易!孝宗非其人也。

> 臣不佞,少有馳驅四方之志,常欲求天下豪傑之士,而與之論今日之大計。蓋嘗數至行都,而人物如林,其論皆不足以起人意,臣是以知陛下大有爲之志孤矣。辛卯、壬辰之間,始退而窮天地造化之初,考古今沿革之變,以推極皇帝王伯之道,而得漢、魏、晉、唐長短之由。天人之際,昭昭然可察而知也。始悟今世之儒士,自以爲得正心誠意之學者,皆風痺不知痛癢之人也。

案:如上所錄,可知葉水心、陳同甫,對于時代之觀察,局勢之了解,實比朱子爲較眞切。既切中其弊,又切中其扭轉之竅,實比較能扣緊政治之客觀意識而立言(有無其人,能不能行,當然是另一事)。彼等要求事功,實非寡頭泛言之事功,亦非功利主義與事務主義之事功。如茲所錄,可知彼等之事功意識實由觀察有宋立國之陋局而期扭轉之而開出。此是光復故物,重開華夏之大略。此是客觀之大事業。彼能對應格局之弊而開相應之略,此固非普泛之道德意識所能盡。朱子並非不主光復,對于當時政治風俗之弊亦並非無

痛切之感，然彼不就有宋立國之格局而言，而只是彼之道德意識之應用，故以講明聖學爲主。此于「對應格局之弊而開光復之略」爲不切。故同甫隱斥其爲風痺不知痛癢之人。朱子立教之意識重，故對佛老爲切要，而對當時政局爲不切。即切，亦是教化風俗的。此或是更根本的，但于政局當身不是中肯的。此兩種意識固難兼備也。而同代之人，身處局中，又極難互相了解，極難互知其分際。

革有宋之陋局，幹光復之大業，此葉水心所謂「一大事」（見〈上孝宗皇帝劄子〉）。此一大事是當時朝野上下共同之要求。稍有良心者，無人能謂其不應當。故此一大事，即是一大義。此不獨對有宋言爲迫切，即對中華民族言，亦永遠須念茲在茲，警惕此大事。然此種客觀之事業，常須一客觀之意識與客觀之大略以冒覆之，且須有恢廓得開之才具與風力以幹旋而持載之。此非個人之事業，亦非普通之事務，亦非只講德性與義理所能盡所能至。德性與義理是其必要條件，而非其充足條件。其充足條件須就客觀意識、客觀大略，以及恢廓得開之才具與風力說。要成功此大事，此充足條件甚爲突出。就此大事言，實可謂「功到成處，便是有得；事到濟處，便是有理」。蓋此事功是一大事，即是大義，並非寡頭泛言之事功。若無簡別，則此原則性之語句，當然有可批評處。故朱子說：「功有適成，何必有德？事有偶濟，何必有理？」然同甫等之事功意識實由此大事大義而發。就此大事大義言，決無適成之功，亦決無偶濟之事。其充足條件並非偶然。此須注意普遍之德性、義理以外之另一根源，即生命、才氣是。故同甫于「對應格局之弊而開相應之略」外，復進一步特重英雄之生命與才氣。若無震動之生命與奇特雄偉之士之呼應，根本即不能言此事功之實現。其〈戊申

再上孝宗皇帝書〉曰：

陛下即位之初，喜怒哀樂，是非好惡，皦然如日月之在天。
雷動風行，天下方如草之偃。惟其或失之太怯，故書生得拘
文執法以議其後。而其眞有志者，私自奮勵以求聖意之所
在，則陛下或未之知也。陛下見天下士，皆不足以望清光，
而書生拘文執法之說，往往有驗，而聖意亦少衰矣。故大事
必集議，除授必資格；才者以跅弛而棄，不才者以平穩而
用；正言以迂闊而廢，巽言以軟美而入；奇論指爲橫議，庸
論謂有典則。陛下以雄心英略，委曲上下於其間，機會在前
而不敢爲翻然之喜，隱忍事雠而不敢奮赫斯之怒。朝得一才
士，而暮以當路不便而逐；心知爲庸人，而外以人言不至而
留。泯其喜怒哀樂，雜其是非好惡，而用依違以爲仁，戒喻
以爲義，牢籠以爲禮，關防以爲智。陛下聰明自天，英武蓋
世，而何事出此哉？〔……〕

夫喜怒哀樂愛惡，人主之所以鼓動天下而用之之具也。而皇
極之所謂无作者，不使加私意於其間耳。豈欲如老莊所謂槁
木死灰，與天下爲嬰兒，而後爲至治之極哉！

陛下二十七年之間，遵時養晦，示天下以樂其有親，而天下
歸其孝；行三年之喪一誠不變，示天下以哀而從禮，而天下
服其義。陛下以一生之哀樂，而鼓天下以從之，其驗如影響
矣。乙巳、丙午之年，虜人非無變故，而陛下不獨不形諸
喜，而亦不泄諸機密之臣。近者非常之變，虜人略於奉慰，
而陛下不獨不形諸怒，而亦不密其簡慢之文。陛下不以喜示

天下，而天下惡知機會之可乘？陛下不以怒示天下，而天下
惡知讎敵之不可安？棄其喜怒以動天下之機，而欲事功之自
成，是閉目而欲行也。

小臣之得對，陛下有卓然知其才者；外臣之奉公，陛下有隱
然念其忠者。而已用者旋去，既去者無路以自進，是陛下不
得而示天下以愛也。大臣之弄權，陛下既知其有塞路者；議
人之多私，陛下既知其有罔我者。而去之惟恐傷其意，發之
惟恐其悵恨而不滿，是陛下不得而示天下以惡也。

陛下翻然思即位之初心，豈知其今日至此乎？臣猶爲陛下悵
念於既往。而天生英雄，豈使其終老於不濟乎？長江大河一
瀉千里，苟得非常之人以共之，則電掃六合，非難致之事
也。

案：同甫以「喜怒哀樂愛惡」爲人主「所以鼓動天下而用之之
具」，此亦非凡之言。而眞能表現其喜怒哀樂愛惡，而朗然明白，
無所隱曲，「用其喜怒哀樂愛惡之權，以鼓動天下者」，即是英雄
之生命。孝宗何足以語此！故于此而嚮往英雄主義之一路，亦是應
有之意識。當時無其人，終使其「大有爲之略」只成空言，遂回顧
以往，特重漢唐英雄之主。蓋以其畢竟能恢廓得開，幹濟一代之事
功也。其嚮往漢唐英雄之主，非必以其志業能全合理，能全合先王
之道，或聖王天理之公。其初意或只是重視其能恢廓得開之英雄生
命。此由宋格局之陋，積習之深，扭轉之難，光復大業之終于無
成，而特別感受到者。設南宋能有一英雄之生命，眞能了解葉適、
陳亮所說之爲是，丟棄其「以矯失爲得」之傳統，對應其格局之弊

而開「大有爲之略」，以充沛之生命朗然立其「眞所以得之之
道」，則光復華夏，維護神皋，眞不難至，而其功亦豈不偉哉？然
而無此生命，則眞成定命之難矣。吾意陳同甫對于生命之獨特性，
確有其獨特之感受與眞切之了解。此爲中國思想史中最特出者。一
般俗儒、小儒、庸陋之士，固無所知，即大儒、雅儒，則以嚮往聖
賢、德性、理性爲主，以立敎而發其光輝，亦不能正視此生命之獨
特性。生命一範疇雖不是一最高者，然確有其獨特之領域。于客觀
之功業上，惟同甫能正視之（于文學上，則曹雪芹能正視之）。以
其特重英雄生命之恢廓得開，故凡眞能恢廓得開者，必不「矯失以
爲得」，必不重重法禁以窒死天下人，必不驚猜顧盼，束權于上，
牢緊把持而不肯放鬆；必自能讓開散開，藏天下于天下，蓄國勢以
固華夏。此即以其生命之朗然，而自然合乎儒者外王之眞義，自然
合乎治道之最高原則。此即爲同甫所深切著明者。故由此線索而思
之，則「功到成處，便是有德；事到濟處，便是有理」，亦確爲不
移之名言。其德是朗然之生命所自然帶出者，其理亦是恢廓得開之
生命所自然帶出者。此德是客觀功業上之德。此理是光復華夏，維
護神皋之大事上之理。同甫只注意此一點，故其對于家天下之制度
之私不甚措意。彼欲以朗然之英雄生命沖淡此家天下之制度上之
私。故彼乃徹頭徹尾之英雄主義者，徹頭徹尾之重生命才氣者。故
朱子謂其「王霸並用，義利雙行」，並不能得同甫之心。同甫並不
認可此義也。同甫基于此立場，遂與朱子展開漢唐之爭。此見下
文。吾人于此，對于同甫之立場，及其所以有此立場之來歷，先作
如此之預備了解。至對其所爭辯之漢唐問題，因須照顧朱子之立
場，故須進一步作詳細之討論。此中義理，深遠宏闊，而所關甚

大。若暢達而通之，則可引吾人至一更高之理境。既能承認英雄主
義之價值而又能克服之，則儒者內聖外王之理想始可有進一步之發
展與建立。

第十章　道德判斷與歷史判斷

序　言

　　陳同甫與朱子往復爭漢唐，是中國學術思想史上一鬱而不發，闇而不明之大問題。此問題之中心意義是歷史哲學中道德判斷與歷史判斷如何能綜和之問題。朱子是理性主義，對於歷史只停在道德判斷上，而不能引進歷史判斷以眞實化歷史，其理性本體只停在知性之抽象階段中。而陳同甫力爭漢唐，謂天地並非架漏過時，人心並非牽補度日，漢唐英雄之主亦有價值。此儼若能引進歷史判斷以眞實化歷史。然考其實，彼只是英雄主義、直覺主義，只能了解自然生命之原始價值，而非眞能引進歷史判斷以眞實化歷史者。對於歷史，道德判斷與歷史判斷無一可缺。道德判斷足以保住是非以成褒貶，護住理性以爲本體，提挈理想以立綱維；而歷史判斷則足以眞實化歷史，使歷史成爲精神之表現與發展史，每一步歷史事實皆因其在精神之表現與發展上有其曲折之價值而得眞實化。無道德判斷，而只有歷史判斷，則歷史判斷只成爲現象主義、歷史主義，此不足以眞實化歷史。無歷史判斷，而只有道德判斷，則道德判斷只

是經，而歷史只成爲經之正反事例，此亦不足眞實化歷史。吾今就朱陳之論爭，將此義予以充分展露，以見解決此問題之義理規模。惟因就朱陳論爭而言，故不得不先將同甫原書以及關於同甫之原料，摘錄於篇，以備讀者之先覽（朱子答書不在錄中）。此即本文之上篇也。下篇則是本文之正文。

上篇　陳同甫的觀念及其所代表的境界

一、論同甫與足以見同甫者原料摘錄

《宋史·陳亮傳》：

> 陳亮字同甫，婺州永康人。生而目光有芒，爲人才氣超邁，喜談兵，議論風生。下筆數千言立就。

《李氏藏書·名臣傳》：

> 李卓吾曰：終始知公者葉〔葉適〕，雖與文公遊，文公不知也。乃郡守周葵早歲便知亮，異哉！堂堂朱夫子，反以章句繩亮，麤豪目亮。悲夫！士唯患不麤豪耳。有粗有豪，而後眞精細出矣。不然皆假也。

案：明人雖講王學，然泰州門下大抵皆有豪氣，故能欣賞同甫也。李卓吾亦所謂不守故常之怪人也。然明儒之豪氣爲狂禪，此又一轉

也。而陳同甫則直就國政兵事而重才氣。才氣者生命之事也,故常有「度外之功」、「雄偉之士」,以及「擔當開廓得當」等字眼。蓋其所代表之境界為天才境界也。由同甫之觀念而知其能正視天才與生命之獨特。處此亦獨特之心靈也。

《四庫全書總目提要》:

> 《龍川文集》三十卷,宋陳亮撰。亮有《三國紀年》,已著錄。亮與朱子友善,故構陷唐仲友於朱子,朱子不疑。然才氣雄毅,有志事功,持論乃與朱子相左。羅大經《鶴林玉露》記朱子告亮之言曰:凡真正大英雄,須是戰戰兢兢,從薄冰上履過去。蓋戒其氣之銳也。岳珂《桯史》又記「呂祖謙歿,亮為文祭之,有孝弟忠信常不足以趨天下之變,而材辨智常不足以定天下之經」語。朱子見之大不契,遺書婺人,詆為怪論。亮聞之,亦不樂。他日上孝宗書曰:「今世之儒士,自謂得正心誠意之學者,皆風痺不知痛癢之人也。」蓋以微諷晦翁,晦翁亦不訝也云云,足見其負氣傲睨,雖以朱子之盛名,天下莫不攀附,亦未嘗委曲附和矣。今觀集中所載,大抵議論之文為多。其才辯縱橫,不可控勒,似天下無足當其意者。使得其志,未必不如趙括、馬謖,狂躁僨轅。但就其文而論,則所謂開拓萬古之心胸,推倒一時之豪傑者,殆非安妄。與朱子各行其志,而始終愛重其人,知當時必有取也。

同甫〈上孝宗書〉末有云：

> 臣不佞，自少有馳騁四方之志，常欲求天下豪傑之士，而與
> 之論今日之大計。蓋嘗數至行都，而人物如林，其論皆不足
> 以起人意，臣是以知陛下大有爲之志孤矣。辛卯、壬辰之
> 間，始退而窮天地造化之初，考古今沿革之變，以推極皇帝
> 王伯之道，而得漢、魏、晉、唐長短之由。天人之際，昭昭
> 然可察而知也。始悟今世之儒士，自以爲得正心誠意之學
> 者，皆風痺不知痛癢之人也。舉一世安於君父之仇，而方低
> 頭拱手以談性命，不知何者謂之性命乎？

案：朱子當時一方闢象山，而重其人，一方斥同甫，而亦重其人。
雖愛重之，而究不相知。此亦孟子所謂「智之於賢者也命也」。說
「命也」，是「實然」；說「有性存焉，君子不謂命也」，是「應
然」。

〈壬寅答朱元晦秘書〉：

> 〈田說〉，讀得一遍，稍詳。若事體全轉，所謂智者獻其
> 謀，其間可採取處亦多，但謂有補於圓轉事體，則非某所知
> 也。居法度繁密之世，論事正不當如此。此亦一述朱耳，彼
> 亦一述朱耳。欲以文書盡天下事情，此所以爲荊揚之化也。
> 度外之功，豈可以論說而致？百世之法，豈可以轇合而行
> 乎？天下大物也，須是自家氣力可以幹得動，挾得轉，則天

下之智力無非吾之智力，形同趨而勢同利，雖異類，可使不約而從也。若只欲安坐而感動之，向來諸君子，固已失之偏矣。今欲餖飣而發施之，後來諸君子無乃又失之碎乎？論理論事，若箍桶然，此某所不解也。

又書：

前日偶說《論語》到舜五人、周十亂、孔子所謂才難處，不覺慨然有感。自古力足以當天下之任者，多只一個兩個，便了一世事。超世邁往之才，豈可以人人而求之乎？虞、周至於五人、九人，真可謂盛矣，亦古今之所無也。

又〈癸卯秋書〉：

每空閒時，復念四方諸人過去見在，如秘書方做得一世人物。伯恭、欽夫敏妙固未易及，然正大之體，挺特之氣，豎起脊梁，當得輕重有無，獨於門下歸心而已。臺州之事，是非毀譽，往往相半，然其為震動則一也。世俗日淺，小小舉措，已足以震動一世。使秘書得展其所為於今日，斷可以風行草偃。風不動則不入，蛇不動則不行，龍不動則不能變化。今之君子，欲以安坐感動者，是真腐儒之談也。孔子以禮教人，猶必以古詩感動其善意，動盪其血脈，然後與禮相入。未興於詩，而使立於禮，是真嚼木屑之類耳。況欲運天下於掌上者，不能震動，則天下固運不轉也。此說雖麤，其

理卻如此。〈震〉之九四,有所謂「震遂泥」者。處群陰之中,雖有所震動,如俗諺所謂「黃泥塘中洗彈子」耳。豈有拖泥帶水,便能使其道光明乎?

案:震動有聖人功化之震動,有英雄才氣之震動。「寂然不動,感而遂通」,此安坐而感動者。宋儒大抵嚮往此路,故以正心誠意為本。此正兵也。同甫所論者為英雄生命才氣之震動,此奇兵也。

二、與朱子往復論漢唐原書摘錄

〈甲辰答書〉:

秘書若更高著眼,亮猶可以舒一寸氣。若猶未免以成敗較是非,以品級論量行,則途窮之哭,豈可復為世人道哉?李密有言:人言當指實,寧可面諛?研窮義理之精微,辨析古今之同異,原心於秒忽,較禮於分寸,以積累為功,以涵養為正,睟面盎背,則亮於諸儒誠有愧焉。至於堂堂之陣,正正之旗,風雨雲雷,交發而並至,龍蛇虎豹,變見而出沒,推倒一世之智勇,開拓萬古之心胸,如世俗所謂麤塊大臠,飽有餘而文不足者,自謂差有一日之長。而來教乃有義利雙行、王霸並用之說,則前後布列區區,宜其皆未見悉也。海內之人,未有如此書之篤實真切者,豈敢不往復自盡其說,以求正於長者。自孟荀論義利王霸,漢唐諸儒未能深明其說。本朝伊洛諸公,辨析天理人欲,而王霸義利之說,於是大明。然謂三代以道治天下,漢唐以智力把持天下,其說固

已不能使人心服。而近世諸儒遂謂三代專以天理行，漢唐專以人欲行，其間有與天理暗合者，是以亦能久長。信斯言也，千五百年之間，天地亦是架漏過時，而人心亦是牽補度日，萬物何以阜蕃，而道何以常存乎？〔案：同甫不解所謂「暗合」、「天資之美」、「獲禽之多」，以及「田地根本利欲之私」諸詞之意。〕

故亮以爲漢唐之君，本領非不洪大開廓，故能以其國與天地並立，而人物賴以生息。惟其時有轉移，故其間不無滲漏。曹孟德本領一有蹺敧，便把捉天地不定，成敗相尋，更無著手處，此卻是專以人欲行，而其間或能有成者，有分毫天理行乎其間也。諸儒之論爲曹孟德以下諸人設可也。以斷漢、唐，豈不冤哉？高祖、太宗豈能心服于冥冥乎？天地鬼神，亦不肯受此架漏。〔案：同甫爲漢唐伸冤，只是英雄主義立場，能直覺到自然生命之原始價值。〕

謂之雜霸者，其道固本於王也。諸儒自處者曰義、曰王，漢、唐做得成者曰利、曰霸。一頭自如此説，一頭自如彼做。説得雖甚好，做得亦不惡。如此卻是義利雙行，王霸並用。

如亮之説，卻是直上直下，只有一個頭顱做得成耳。向來十論，大抵敷廣此意。只如太宗，亦只是發他英雄之心，誤處本抄忽，而後斷之以大義。豈右其爲霸哉？發出三綱五常之大本，截斷英雄差誤之幾微，而來論乃謂其非三綱五常之正，是殆以人觀之，而不察其言也。〔……〕

夫人之所以與天地並立而爲三者，以其有是氣也。孟子終日

言仁義，而與公孫丑論一段勇，如此之詳，又自發爲浩然之
氣。蓋擔當開廓不去，則亦何有於仁義哉？氣不足以充其所
知，才不足以發其所能，守規矩準繩而不敢有一毫走作，傳
先民之說而後學有所持循，此子夏所以分出一門，而謂之儒
也。成人之道，宜未盡於此。故後世所謂有才而無德，有智
勇而無仁義者，皆出於儒者之口。才德雙行，智勇仁義交出
而並見者，豈非諸儒有以引之乎？〔案：以儒由子夏而分
出，非是。〕

故亮以爲學者，學爲成人，而儒者亦一門戶中之大者耳。秘
書不教以成人之道，而教以醇儒自律。豈揣其分量，則止於
此乎？不然，亮猶有遺恨也。

狂瞽輒發，要得心膽盡露，可以刺劖而補正之耳。秘書勿以
其狂而廢其往復，亦若今世相待之淺也。

向時〈祭伯恭文〉，蓋亦發其與伯恭相處之實，而悼存亡不
盡之意耳。後生小子遂以爲某爲假伯恭以自高，癡人面前眞
是不得說夢。亮非假人以自高者也。擎拳撐腳，獨往獨來，
於人世間亦自傷其孤另而已。秘書若不更高著眼，則此生眞
已矣。亮亦非縷縷自明者也。痛念二三十年之間，諸儒學
問，各有長處，本不可以埋沒。而人人須著些針線，其無針
線者，又卻輕佻，不是屈頭肩大擔底人。所謂至公血誠者，
殆只有其說耳。獨秘書傑特崇深，負孔融、李膺之氣，有霍
光、張昭之重，卓然有深會於亮心者，故不自知其心之惓
惓，言之縷縷也。

〈與朱元晦祕書〉：

昔者三皇五帝與一世共安於無事，至堯而法度始定，爲萬世
法程。禹、啓始以天下爲一家，而自爲之。有扈氏不以爲是
也，啓大戰而後勝之。湯放桀於南巢而爲商，武王伐紂，取
之而爲周。武庚挾管蔡之際，求復故業，諸嘗與武王共事
者，欲修德以待其自定，而周公違眾議，舉兵而後勝之。
夏、商、周之制度，定爲三家，雖相因而不盡同也。五霸之
紛紛，豈無所因而然哉？老莊氏思天下之亂無有已時，而歸
其罪於三王，而堯舜僅免耳。使若三皇五帝相與共安於無
事，則安得有是紛紛乎？其思非不審，而孔子獨以爲不然。
三皇之化，不可復行，而祖述於堯舜，而三王之禮，古今之
所不可易，萬世之所當憲章也。芟夷史籍之繁詞，刊削流傳
之訛謬，參酌事體之輕重，明白是非之疑似，而後三代之
文，燦然大明，三王之心迹，皎然不可誣矣。後世之君，徒
知尊慕之，而學者徒知誦習之，而不知孔氏之勞，蓋若此
也。當其是非未大明之時，老莊氏之至心，豈能遽廢而不用
哉？亮深恐儒者之視漢唐，不免如老莊當時之視三代也。儒
者之說未可廢者，漢唐之心迹未明也。故亮嘗有區區之意
焉，而非其任耳。

〔案：陳氏意，儒者之視漢唐亦如老莊之見三代。三代經孔
氏之點化，而老莊之說廢，亮亦欲點化漢唐而使儒者之說
廢。是其意謂漢唐亦三代也。三代之心迹未明，則三代不必
高于漢唐；漢唐之心迹若明，則漢唐亦不必低于三代。此所

以下書又有「九轉丹砂，點鐵成金」之說也。〕

夫心之用有不盡，而無常泯；法之文有不備，而無常廢。人之所以與天地並立而為三者，非天地常獨運，而人為有息也。人不立，則天地不能以獨運，捨天地則無以為道矣。夫不為堯存，不為桀亡者，非謂其捨人而為道也。若謂道之存亡，非人所能與，則捨人可以為道，而釋氏之言不誣矣。〔案：此與釋氏無關。〕使人人可以為堯，萬世皆堯，則道豈不光明盛大於天下？使人人無異於桀，則人紀不可修，天地不可立，而道之廢亦已久矣。天地而可架漏過時，則塊然一物也；人心而可牽補度日，則半死半活之蟲也。道於何處而常不息哉？〔案：此段議論，朱子答之甚諦。〕

惟聖為能盡倫，自餘於倫有不盡，而非盡欺人以為倫也；惟王為能盡制，自餘於制有不盡，而非盡罔世以為制也。欺人者人常欺之，罔世者人常罔之，烏有欺罔而可以得人長世者乎？

不失其馳，舍矢如破，君子不必於得禽也，而非惡於得禽也。範我馳驅，而能發必命中者，君子之射也。豈有持弓矢審固，而甘心於空返者乎？御者以正，而射者以手親眼便為能，則兩不相值，而終日不獲一矣。射者以手親眼便為能，而御者委曲馳驟以從之，則一朝而獲十矣。非正御之不獲一，射者之不以正也。以正御逢正射，則不失其馳也。舍矢如破，何往而不中哉？孟子之論不明久矣，往往返用為迂闊不切事情者之地。亮非喜漢唐獲禽之多也，正欲論當時御者之有罪耳。

高祖、太宗，本君子之射也。惟御者之不純乎正，故其射一出一入，而終歸於禁暴戢亂、愛人利物，而不可掩者，其本領宏大開廓故也。故亮嘗有言：三章之約，非蕭、曹之所能教，而定天下之亂，又豈劉文靖之所能發哉？此儒者之所謂見赤子入井之心也。其本領開廓，故其發處，便可以震動一世，不止如赤子入井時，微眇不易擴耳。

至於以位為樂，其情猶可以察者，不得其位，則此心何所從發於仁政哉？以天下為己物，其情猶可察者，不總之於一家，則人心何所底止？〔案：此不成義理。〕自三代聖人，固已不諱其為家天下矣。〔案：不諱未必即是也。〕

天下大物也，不是本領宏闊，如何擔當開廓得去？惟其事變萬狀，而真心易以汨沒，到得失枝落節處，其皎然者終不可誣耳。高祖、太宗及皇家太祖，蓋天地賴以常運而不息，人紀賴以接續而不墜。而謂道之存亡，非人之所能預，則過矣。〔案：此非朱子意。〕漢唐之賢君，果無一毫氣力，則所謂卓然不泯滅者，果何物耶？〔案：卓然不泯滅者，未必即在漢唐之氣力也。此當別有工夫。〕道非賴人以存，則釋氏所謂千劫萬劫者，是真有之矣。〔案：此不相干。〕此論正在於毫釐分寸處較得失，而心之本體實非　釘鉸合以成。此大聖人所以獨運天下者，非小夫學者之所能知。使兩程而在，猶當正色明辨。〔……〕

天地人為三才。人生只是要做個人。聖人，人之極則也。如聖人，方是成人。故告子路者，則曰：亦可以為成人。來諭謂非成人之至，誠是也。謂之聖人者，於人中為聖；謂之大

人者，於人中爲大。才立個儒者名字，固有該不盡之處矣。學者，所以學爲人也，而豈必其儒哉？子夏、子張、子游皆所謂儒者也。學之不至，則荀卿有某氏賤儒之說，而不及其他。《論語》一書，只告子夏以女爲君子儒，其他亦未之聞也。則亮之說亦不爲無據矣。管仲儘合有商量處，其見笑於儒家亦多。畢竟總其大體，卻是個人，當得世界輕重有無。故孔子曰：人也。〔案：成人不能離儒學。賤儒自是賤儒。〕

亮之不肖，於今世儒者無能爲役，其不足論甚矣，然亦只要做個人，非專徇管、蕭以下規摹也。正欲攬金銀銅鐵熔作一器，要以適用爲主耳。亦非專爲漢唐分疏也，正欲明天地常運，而人爲常不息，要不可以架漏牽補度時日耳。〔案：同甫不能極成此義。其所至者，只肯定英雄生命之原始價值。詳論見下。〕

夫說話之重輕，亦係其人。以秘書之重德爲一世所尊仰，一言之出，人誰敢非。以亮之不肖，雖孔子親授以其說，才過亮口，則弱者疑之，強者斥之矣。願秘書平心以聽，惟理之從，盡洗天下之橫豎、高下，清濁、黑白，一歸之正道，無使天地有棄物，四時有剩運，人心或可欺，而千四五百年之君子，皆可蓋也。

故亮嘗以爲得不傳之絕學者，皆耳目不洪，見聞不慣之辭也。人只是這個人，氣只是這個氣，才只是這個才。譬之金銀銅鐵，只是金銀銅鐵，煉有多少，則器有精粗。豈其於本質之外，換出一般以爲絕世之美器哉？故浩然之氣，百煉之

血氣也。使人世爭鶩高遠以求之，東扶西倒，而卒不著實而適用，則諸儒之所引之者亦過矣。〔案：同甫不能正視心性之學之價值。詳論見下。〕

〔案：此書，朱子有答辯。〕

又書：

〔……〕，如亮之本意，豈敢求多於儒先？蓋將發其所未備，以窒後世英雄豪傑之口而奪之氣，使知千塗萬轍，卒走聖人樣子不得。〔案：同甫不能極成此義。〕而來諭謂亮推尊漢唐，以為與三代不異，貶抑三代，以為與漢唐不殊。如此，則不獨不察其心，亦併與其言不察矣。某大概以為三代做得盡者也，漢唐做不到盡者也。故曰：心之用，有不盡而無常泯；法之文，有不備而無常廢。惟其做得盡，故當其盛時，三光全而寒暑平，無一物之不得其生，無一人之不遂其性。惟其做不到盡，故雖其盛時，三光明矣，而不保其常全；寒暑運矣，而不保其常平。物得其生，而亦有時而夭閼者；人遂其性，亦有時而乖戾者。本末感應，只是一理。使其田地根本無有是處，安得有來諭之所謂小康者乎？只曰獲禽之多，而不曰隨種而收，恐未免於偏矣。〔案：隨種而收，其所隨之種只是自然生命之開廓得去。〕

孔子之稱管仲曰：威公九合諸侯，不以兵車，管仲之力也。如其仁，如其仁。又曰：一匡天下，民到於今受其賜，微管仲，吾其被髮左衽矣。說者以為孔氏之門，五尺童子，皆羞

稱五伯。孟子力論伯者以力假仁。而夫子稱之如此,所謂如
其仁者,蓋曰:似之而非也。觀其語脈,決不如說者所云。
故伊川所謂如其仁者,稱其有仁之功用也。仁人明其道,不
計其功,夫子亦計人之功乎?若如伊川所云,則亦近於來諭
所謂喜獲禽之多矣。功用與心不相應,則伊川所論心跡元不
曾判者,今亦有時而判乎?

聖人之於天下,大其眼以觀之,平其心以參酌之,不使當道
有棄物而道旁有不厭於心者。九轉丹砂,點鐵成金,不應學
力到後,反以銀爲鐵也。前書所謂攬金銀銅鐵鎔作一器者,
蓋措辭之失耳。新婦急欲爲其父遣人,一夕伸紙,引筆而
書,夜未半而書成,不能一一盡較語言,亦望秘書察其大意
耳。〔案:九轉丹砂,點鐵成金,同甫不能作到。詳論見
下。〕

王通有言:〈皇墳〉、〈帝典〉,吾不得而識矣。不以三代
之法統天下,終危邦也。如不得已,其兩漢之制乎?不以兩
漢之制輔天下者,誠亂也已。仲淹取其以仁義公恕統天下,
而秘書必謂其假仁借義以行之。心有時而泯,可也,而謂千
五百年常泯可乎?法有時而廢,可也,而謂千五百年常廢可
乎?至於全體只在利欲上之語,竊恐待漢唐之君太淺狹,而
世之君子有不厭於心者矣。匡章通國皆稱其不孝,而孟子獨
禮貌之者,眼目既高,於駁雜中,有以得其眞心故也。
〔案:匡章于駁雜有眞心,漢唐卻只于風光中有駁雜。〕

波流奔逆,利欲萬端,宛轉於其中,而能察其眞心之所在
者,此君子之道所以爲可貴耳。若于萬慮不作,全體潔白,

而曰真心在焉者，此始學之事耳。一生辛勤於堯舜相傳之心法，不能點鐵成金，而不免以銀爲鐵，使千五百年之間成一大空闕，人道泯息而不害天地之常運，而我獨卓然而有見，無乃甚高而孤乎？宜亮之不能心服也。〔案：以義理之光照察，漢唐真心只是私，不是天理無私之真心。以「真心在焉」爲始學，亦非。堯舜心法不可輕看。〕

來書所謂天地無心，而人有欲，是以天地之運行無窮，而在人者有時而不相似，又謂心則欲其常不泯，而不恃其不常泯，法則欲其常不廢，而不恃其不常廢，此明言也。而謂指其須臾之間，偶未泯滅底道理，以爲只此便可與堯、舜、三代並隆，而不察其所以爲之田地根本無有是處者，不知高祖、太宗何以自別於魏、宋二武哉？來書又謂立心之本當以盡者爲法，不當以不盡者爲準，此亦明言也。而謂漢唐不無愧於三代之盛時，便以爲欺罔者，不知千五百年之間，以何爲真心乎？〔案：此兩問請陳氏自答。〕

亮輩根本工夫，自有欠闕，來諭誠不誣矣。至於畔棄繩墨，脫略規矩，無乃通國皆稱其不孝，而因謂之不孝乎？此夷、齊所以蒙頭塞眼，柳下惠所以降志辱身，不敢望一人之或知者，非敢以淺待人也，勢當如此耳。亮不敢有望於一世之儒先，所深恨者，言以人而廢，道以人而屈，使後世之君子，不免哭途窮於千五百年之間，亮雖死而目不瞑矣。〔案：此書，朱子亦有答。〕

乙巳又書：

亮大意以為本領閎闊，工夫至到，便做得三代；有本領無工
夫，只做得漢唐。而秘書必謂漢唐並無些子本領，只是頭出
頭沒，偶有暗合處，便得功業成就，其實則是利欲場中走。
使二千年之英雄豪傑不得近聖人之光，猶是小事，而向來儒
者所謂只這些子殄滅不得，秘書便以為好說話、無病痛乎？
來書所謂自家光明寶藏者，語雖出於釋氏，然亦異於這些子
之論矣。天地之間，何物非道？赫日當空，處處光明。閉眼
之人，開眼即是。豈舉世皆盲，便不可與共此光明乎？眼盲
者，摸索得著，故謂之暗合。不應二千年之間，有眼皆盲
也。

亮以為後世英雄豪傑之尤者，眼光如黑漆，有時閉眼胡做，
遂為聖門之罪人；及其開眼運用，無往而非赫日之光明。天
地賴以撐拄，人物賴以生育。今指其閉眼胡做時，便以為
盲，無一分眼光；指其開眼運用時，只以為偶合，其實不離
於盲。〔案：當知所謂偶合，其意何在。〕嗟呼，冤哉！彼
直閉眼耳，眼光未嘗不如黑漆也。一念足以周天下者，豈非
其眼光固如黑漆乎？天下之盲者能幾？赫日光明，未嘗不與
有眼者共之。利欲汩之則閉；心平氣定，雖平平眼光，亦會
開得。況夫光如黑漆者，開則其正也，閉則霎時浮翳耳。仰
首信眉，何處不是光明？〔案：此語函義乃在表示全幅生命
健旺者之原始直覺。仰首信眉，何處不是光明？亦可「何處
不是利欲？」〕使孔子在時，必持出其光明以附於長長開眼
者之後，則其利欲一時浼世界者，如浮翳盡洗而去之，天地
清明，赫日長在，不亦恢廓洒落，宏大而端正乎？今不欲天

地清明，赫日長在，只是這些子殄滅不得者，便以爲古今秘寶，因吾眼之偶開，便以爲得不傳之絕學，三三兩兩，附耳而語，有同告密；畫界而立，一似結壇，盡絕一世之人於門外，而謂二千年之君子，皆盲眼不可點洗；二千年之天地日月，若有若無，世界皆是利欲，斯道之不絕者僅如縷耳。此英雄豪傑所以自絕於門外，以爲立功建業，別是法門。這些好說話，且與留着粧景足矣。若知開眼即是個中人，安得撰到此地位乎？

秘書以爲三代以前，都無利欲，都無要富貴底人。今《詩》、《書》載得如此清潔，只此是正大本子。亮以爲才有人心，便有許多不淨潔。革道止於革面，亦有不盡概聖人之心者。聖賢建立於前，後嗣承庇於後，又經孔子一洗，故得如此淨潔。秘書亦何忍見二千年間世界墮淪，而光明寶藏，獨數儒者自得之，更待其有時而若合符節乎？遷善改過，聖人必欲其到底而後止。若隨分點化，是不以人待之也。〔案：此句不明。「隨分點化」上疑脫一「不」字。〕點鐵成金，正欲秘書諸人相與洗淨二千年世界，使光明寶藏，長長發見，不是只靠這些子以幸其不絕，又誣其如縷也。最可惜許多眼光抹〔墨〕漆者，盡指之爲盲人；而一世之自號開眼者，正〔縱〕使眼無翳，眼光亦三平二滿，元靠不得，亦何力使得天地清明，赫日長在乎？

亮之說話，一時看得極突兀。原始要終，終是易不得耳。秘書莫把做亮說話看，且做百行俱足人，忽如此說。秘書終不成盡棄置，不以入思慮也。

〈與陳君舉書〉云：

> 亮與朱元晦所論，本非爲三代、漢、唐設。且欲明此道在天
> 地間如明星皎月，閉眼之人，開眼即是，安得有所謂暗合者
> 乎？天理人欲，豈是同出而異用？只是情之流乃爲人欲耳。
> 人欲如何主持得世界？亮之論，乃與天地日月爭冤；而尊兄
> 乃名以跳踉叫呼，擁戈直上。元晦之論，只是與二程主張門
> 戶，而尊兄乃名之以正大，且占得地步平正，有以逸待勞之
> 氣。嗟乎，冤哉！吾兄爲一世儒者巨擘，其論已如此，在亮
> 便應閉口藏舌，不復更下注腳。終念有懷不盡，非二十年相
> 聚之本旨，聊復云云。更錄元晦答書與亮前日再與渠書，更
> 爲詳復一看，莫更伸理前説。若其論終不契，自此可以一筆
> 勾斷矣。

葉適〈龍川集序〉云：

> 同甫既修皇帝王霸之學，上下二千餘年，考其合散，發其秘
> 藏，見聖賢之精微，常流行於事物，儒者失其指，故不足以
> 開物成務。其説皆今人所未講，朱公元晦意有不與，而不能
> 奪也。呂公伯恭居金華，同甫間往視之，極論至夜分。呂公
> 嘆曰：未可以世爲不能用，虎帥以聽，誰敢犯子？同甫亦頗
> 慰意焉。

下篇　疏通朱陳所爭論之問題之意義：道德判斷
　　　與歷史判斷之綜和之義理規模

引　言　綜述同甫之大意

　　葉適謂：「朱子意有不與，而不能奪也。」朱子誠有其所以不
與之故，而同甫自信如此其堅，亦誠有其不可奪之處。不可不察
也。同甫本意只是兩語：一、將學孔子之點化三代，彼亦欲點化漢
唐；二、爲天地日月雪冤。而其立論之基本精神，則在自生命上立
根基，不自理性上立基根，故重才氣、重英雄。天地常運，日月常
明，人心常在，閉眼之人，開眼即是。生命強烈之人，眼光如漆，
一開眼便赫日當空，目擊而道存，無所謂偶合。有此生命，即有此
眼光。所以常運、常明、常在者，皆賴生命之直覺也。道、光明之
表現賴英雄生命之直覺，此爲直覺的表現。三代聖人如此，漢唐英
雄之主亦如是。三代靠孔子點化洗刷，所以《詩》、《書》載得如
此清潔，實則一有人心，便有許多不潔處。三代之清潔，孔子之功
也。然則漢唐之不潔，何獨不可點化，使之歸於潔，一如孔子之點
化三代乎？道在三代，亦在漢唐。何獨對於漢唐，便使其永停於不
潔之境而深貶之於地獄？須知三代是英雄生命之直覺表現，漢唐亦
是英雄之直覺表現。何獨對三代如此其厚，對漢唐如此其薄？此所
謂爲天地日月伸冤，爲漢唐伸冤也。何謂爲天地日月伸冤？因天地
日月因生命之直覺而常運、常明，本未曾架漏過時也。何謂爲漢唐
申冤？因人心世運賴漢唐英雄之主而維繫於不墜，本未曾牽補度日

也。是以爲漢唐申冤即等於爲天地日月申冤也。三代因聖人點化而登天理之域，同甫亦欲點化漢唐而使之登天理之域。故云「莫當做亮說話，當做百行俱足人忽如此說」此其自信蓋如此其堅也。故云「原始要終，終是易不得耳」。

這其間亦確有易不得處。所謂易不得，乃是定然之實然。這定然之實然卻是生命的、直覺的，而不是理性的、批判的（理性是根于德性之理性，批判是根于理性之批判。朱子是此路）。它是生命如此如此開廓，直覺是如此如此照射。所謂如此如此，即生命之實然，直覺之實然。如是之生命即在其如是之實然中表現，如是之直覺即在其如是之聰明中呈現。生命是天定的，直覺亦是天定的。這裡沒有應當不應當之跌宕，亦沒有批判之撐架與抑揚。所以都是定然的，而且是充實飽滿之定然：這裡或是全，或是無。「全」是充實飽滿之全，所謂有本領，本領宏大，開廓得去。這開廓得去是天定的，沒有理由的。你不能說是依照什麼路數或教訓而開廓得去。所以要是充實飽滿之全，便須是閉眼之人，開眼即是，安得所謂暗合？無本領開廓不去，便就開廓不去，這裡沒有什麼巧妙或方法可以使他有本領，開廓得去。巧妙或方法的助益是有限度的。本錢不夠，巧婦難爲無米之炊。所以要是「無」，便永是「無」了。恢廓不開，便永無法「開物成務」。天工開物便是生命之創造。無此生命，便永遠貧乏，無辦法。此即或全或無：非此即彼也。葉水心說：「同甫修皇帝王伯之學，上下二千餘年，考其合散，發其秘藏，見聖賢之精微，常流行於事物，儒者失其指，故不足以開物成務」。此簡單數語亦足發同甫之蘊，其意指即在英雄之生命與直覺也，仍舊是非全即無者。所謂秘藏即是這個秘藏，所謂聖賢之精

行。此非從理性上立根基而來之流行也。因從生命上立根基，故千五百年有英雄之生命與直覺，即有其實事與實物。有其實事與實物，則道即流行于其中而不息，不得謂爲架漏過時，牽補度日也。「儒者失其指，故不足以開物成務」。此非儒者失其指，乃所立之根基不同也。儒者自理性上立根基，其最高嚮往爲聖神功化之極，至此德性與生命合一，亦歸于生命之眞實，故亦有功化之創造。然此談何容易？此既非易，則拘拘小儒以及章句經生更不足以言開物成務，此所謂失其指也。實則非失其指，乃一有跌宕有批判而極不易奏效之迂曲之路耳。此爲理性之路。此理性之路，宋明儒皆肯定之，然其中曲折萬端，宋明諸老未能通透無礙，足以使人喻解心服也。同甫對此路全摸不著，故于朱子所說終心不服，而憑其生命與直覺，對于生命一路，感覺特銳，此其所以特彰著生命一路，直就生命而言開物成務，而修皇帝王伯之學。夫開物成務本屬創造，創造本屬生命。此一要點，爲同甫所把住，目擊而道存，確乎有不可易處。創造屬于生命，此無可疑。然言生命之創造本有兩路：一是直接的，此即自生命上立根基；一是間接的，此自理性上立根基。前者爲英雄主義，後者爲理性主義。同甫是前者，朱子是後者。彼確有所見，故自信如此其堅。朱子不善合會，故不能令彼心服。此其所以鬧成對立也。朱子于理性一路比較透澈圓熟，而同甫于生命一路，不甚自覺得透澈，此見兩人學力工夫有優劣。然彼矇矓中確是代表一路。若不能善予合會，縱使服其口，亦不能服其心。此所以彼總望朱子「更高著眼」也。要善合會，第一步是須要「更高著眼」。徒善守以對立，並不濟事。眼目既高，復有合會之經路，則可以消融此對立，而足以使人喻解心服矣。試言其略如下。

一、生命之創造性

生命是實現道而成就功業的動力：本領闊大，開廓得開，這是生命的溶解力，莫之為而為，所以是天才。生命之向外冒是天。因為是天，所以常不是因「理性的自覺」而冒開：一、在生死鬥爭之際，能冒出不能冒出，除幸運機遇外，全靠其生命的潛力，這裡沒有任何理性的考量與設計；二、在「見幾而作」之際，能不能見，見而能不能作，亦完全靠其發自生命的直覺與躍動，這裡亦不是任何理性所能安排與使令，所以是天才。生命愈強烈的、這種生命的創造性愈大。

二、生命外冒不經理性之自覺：程朱所謂「暗合」之切義

生命之冒非理性的自覺所能引導，故生命之冒中所帶的渣滓亦非其理性的自覺所能控制。實然的生命之冒，不是經過德性超化後的功化，所以其夾雜是不可避免的。生命本身就是「非理性的」。此言「非理性」因其冒非經「理性的自覺」而定，此初是消極的。因其冒出非經「理性的自覺」，故其表現道而成功業，便名曰暗合或偶合，亦曰「天資之美」，並非內在地依德性之萬與理性之定而然。此是程朱說偶合之切義、本義。陳同甫於此不能解。英雄豪傑，眼光如漆，開眼即是：有此生命，即有此天才；有此天才，即有此命中。此好像不是偶合，而是必然。須知此必然亦是直覺的必然，而非理性的必然，因其非經理性自覺與德性超化故。此直覺的必然全繫於實然的生命，與繫於德性生命的直覺不同。生命充沛，則有此命中，及其衰也，則一堆枯朽，全成毫無道理之死物質。即

依此而言其命中生命為偶合。偶合者因天資之美，偶然合於道，並非因德性理性而定然合於道，亦即並無真實的必然性。

三、生命之為「非理性的」之積極的意義

生命之冒，因非經理性的自覺，就此言「非理性」，是消極的，故就此言天才。然從實然的生命之冒中之必有夾雜以言「非理性」，則此「非理性」是積極的，而亦由其渣滓非「理性的自覺」所能控制而定。若能控制便非天才的活動，亦非生命事。原始生命愈強，渣滓愈多。此黑格爾名英雄為偉大的情欲；其生命全副是情欲鼓蕩，全副是氣機鼓蕩；好色、好名、好權、好勝、貪瞋癡三毒俱全。但他有強烈生命上的原始直覺，有聰明敏銳的目擊：他所看中的那一點，由全幅情欲以赴之，犧牲一切在所不惜。他只為他自己，不為別的。但他所目擊的那一點，卻是公的，卻是時代之所需，天下之所欲。此即是以其私實現公，所謂「理性之詭譎」是也。依中土學語說，便是天道以英雄之私而實現天運之公也。此方是天道常運，光明常在，人心常存之所以，而非陳同甫直接由生命一路所說之意也。以上為黑氏說。

四、朱子純以主觀道德論英雄：不能正視生命之獨特處

由朱子說，則謂：所以為之「田地根本」者全是利欲之私，並無是處。此固然也。然不能因其個人生命之不潔抹殺其客觀之價值。若純以主觀道德論英雄，非真能正視生命者也。朱子之蔽在此。所謂「儒者失其指，不足以開物成務」，失其指，實即是純以主觀道德衡一切。這裡若分辨不諦，則孔子之稱管仲與小其器，永

遠可引作一偏說。如陳同甫說：「管仲儘合有商量處，其見笑於儒
家亦多，畢竟總其大體，卻是個人，當得世界輕重有無。」此即說
管仲雖不知禮，然卻有本領，能擔當世運，此即有客觀價值，故引
孔子曰：「微管仲，吾其被髮左衽矣。如其仁，如其仁。」但朱子
轉過來說：「孔子固稱管仲之功矣，不曰小器而不知禮乎？」但同
甫仍可轉過來說：「孔子固謂管仲不知禮矣，然不曰如其仁如其仁
而大其功乎？」這將永遠可以輕重說。重主觀道德，則看重其「不
知禮」，雖有功業，亦不算大器。重客觀功業，則看重其本領，雖
有小疵，不掩大體。

五、主觀道德與客觀功業之矛盾相

　　主觀道德與客觀功業常不直接相函。如能直接相函，則朱子無
蔽矣。即因不能直接相函，生命遂得插其中而有獨立之作用。道德
理性固須首先有主觀之表現，即見之於個人之心身。否則，道德理
性便無真切之印證處。道德理性首先須見之於個人之存心、個人之
自覺。一有此自覺，道德理性即呈現，照察自己之罪惡而念念克服
之。一有非禮，即覺非心之所能安。這裡亦儘有無限之莊嚴與雄
偉。故由此，直接說成聖成賢，說道德宗教。這裡亦可帶出某些客
觀的德業，但不能是一定形態的功業。故說到國家政治的客觀功
業，常非其直接所能函。而成就一定形態之客觀功業常是英雄情欲
生命之所至。客觀功業直接爲英雄情欲生命所函，而常不是直接爲
聖賢德性生命所函。德性生命亦並非無閎大之本領，但其本領自
別，與英雄生命實不同類。在發展過程中，主觀的德性自覺愈強，
其原始生命之膨脹即隨之而愈弱，而其去客觀的功業亦愈遠，此如

一人若眼光常反觀內照，則常見到內面而見不到外面。反之英雄的膨脹生命愈強，則去客觀的功業愈近，而主觀的德性自覺亦愈弱。此如一人若常是高視闊步，神采洋溢，則常能外衝而不能內省。此爲德性與功業之本質的矛盾相。亦即理性與生命之矛盾相。依辯證的發展說，凡矛盾的皆是一時之現象，依理應可克服而使之歸于眞實。

六、生命與理性之矛盾之克服：主觀的克服

從個人之實然狀態說，表現理性的，就在理性上成就，雖于功業有局限，就讓他局限；表現生命的，就在生命上成就，雖于德性有欠缺，就讓他欠缺。各作各的，亦無所謂矛盾。此即陳同甫所謂：「諸儒自處者曰義、曰王，漢、唐做得成者曰利、曰霸。一頭自如此說，一頭自如彼做。說得雖甚好，做得亦不惡。如此，卻是義利雙行，王霸並用。」惟不安于此雙行，而有更高之嚮往，則始見出有矛盾。因爲道德理性並不應局限于個人；生命開不出，道德理性之實現即受局限。此是德性一面之需要超越。同樣，生命之膨脹亦不應安于非理性之實然狀態中；理性貫不到，利弊各半，雖有成就，亦有夾雜。不要說生命本身，即就其所成就者說，亦總是一半一半，不是全合理的。有價值之實現，亦有罪惡預伏于其中。因爲天才生命之解決問題常是在實然境遇中而爲實然之當機的，並不能從理性上有一根本的批判的安排。如此英雄只能革命、打天下，並不能從道德理性上根本反省打天下家天下之非是：此是生命一面之需要超越處。如果我們不安于此實然之雙行，而有更高之嚮往，要求理性之更高的實現，則生命與理性之矛盾即見。要克服此矛

盾，必先肯定理性為標準。要求理性之更高的實現，即已肯定理性
為標準。既已肯定理性為標準，則在要求理性之更高的實現下，即
可引生出更高的理性的智慧、心量與識量。克服此矛盾，主觀地
說，必賴此更高的理性智慧與心量識量之引出。引出智慧、心量、
識量，陳同甫所謂高著眼目，則可知理性表現者之限度，生命表現
者之限度，且可肯定生命之獨立性，而不只是為其獲禽多也，亦不
可只以主觀之存心而貶視其價值。蓋客觀問題有關民命甚鉅：物不
得其生，人不遂其性，亦非仁者所能忍。能解決此問題，使物得其
生，人遂其性，豈不是更高價值之實現？豈不是道德理性之更大的
實現、客觀的實現？吾有純然之存心，然而不能開廓得去，吾之德
性生命一循于禮，然而無閎大本領以旋轉乾坤，則亦徒望生民之苦
難而興嘆耳。倘有開廓得去者，以其宏大本領旋轉乾坤，雖其根本
田地只是自私，則其功德亦不小矣。如此，焉可只以獲禽多而卑視
之？漢高、唐太，以及明太，自個人存心與德性上說，皆無足取，
然對于民族國家、歷史文化，都有客觀的功德。此站在理性之客觀
的實現上說，當承認其生命本領之宏大。此種承認即為一種更高的
心量與識量。進而復知英雄只是實現道之工具，其情欲之私總在其
命運機括中相抵消，理性藉之以實現其自己而終歸消除之。黑格爾
所謂理性之詭譎，即是一種更高的理性的智慧。此是承認英雄而又
克服英雄之眼目也。此種克服是主觀地說，即從心量、識量、智慧
上說。心量只是容得下，識量只是見得到，智慧只是看得徹。尚不
能在主觀客觀上作存在的克服，有客觀妥實性的克服。故云是主觀
的。

七、生命與理性之矛盾之客觀的克服

要作到客觀的克服，就個人說，須是聖雄；既是聖人，又是英雄，儒者所謂內聖外王也。但此百年不一遇，談何容易？降格以求，不就個人兼備說，則退而就衆志成城之共業說。此亦須先有作理性表現而能見得到之思想家，次須有能認識而承認此理性表現之行動家。衆志成城，合而爲一聖雄，合而爲一內聖外王。此即今日之人權運動、社會運動等，所採取之方式也。在運動方式下，於過程中求實現。無論就個人說，或就共業說，皆須肯定理性一路爲標準，由此可以提得起，鑒別開，澄清本源，樹立綱維，而不止於英雄一路也。此爲理性與生命之統一。而不是「一頭自如此說，一頭自如彼做」之義利雙行也。人類歷史大體總是向此統一而進。因爲唯此統一，方是價值與理性之更高的實現。黑格爾所謂：東方世界只知一人是自由的，希臘、羅馬世界知一部分人是自由的，日耳曼世界則知一切人是自由的，此亦是依此統一之實現而有此鑒別也。

八、陳同甫只是英雄主義：只落於生命強度之實然狀態中

陳同甫亦不是義利雙行王霸並用，而是想縮歸一路。故云：「如亮之說，卻是直上直下，只有一個頭顱做得成耳。」惟其縮歸一路之底子卻是英雄主義，偏重生命一路，而對於理性卻不能有積極的正視。如此，則所謂直上直下只是英雄之開廓得去耳。英雄雖是情欲生命，但不可以小人論，自含有理性的成分。但其理性是附帶的，不是本體的。如此直上直下之一路，不能算是正視理性與生命之矛盾與統一問題。只落於生命強度之實然狀態中。故總說爲漢

唐申冤。「諸儒之論爲曹孟德以下諸人設可也。以斷漢唐，豈不冤哉？高祖、太宗豈能心服於冥冥乎？」同甫此意卻甚積極。實則曹操只是本領差點（所謂「曹孟德本領一有曉欿，便把捉天地不定，成敗相尋，更無著手處。此卻是專以人欲行。」），高祖太宗只是更英雄些。若說人欲，都是人欲。並非本領一有曉欿，便是人欲；本領更英雄些，便不是人欲也。高祖太宗並不能在本質上有別於曹操。他們只是生命強度之差，並非本體之別。陳同甫於此不審，而卻積極爲漢唐申冤，此其所以只落於生命強度之實然狀態中也。但其縮歸一路，在語言上，又不純是英雄主義。故又欲類比孔子之點化三代，而亦欲點化漢唐。故云：「只如太宗，亦只是發他英雄之心。誤處本杪忽。而後斷之以大義，豈右其爲霸哉？發出三綱五常之大本，截斷英雄差誤之幾微。」又云：「亮之本意，豈敢求多於儒先？蓋將發其所未備，以窒後世英雄豪傑之口而奪之氣，使知千塗萬轍，卒走聖人樣子不得。」所謂「點化」，所謂「截斷英雄差誤之幾微」，所謂「卒走聖人樣子不得」，正已函著肯定理性爲標準矣。然則在根本處已與朱子無異，何至有如此不相契之爭論？足見此等話頭只是語言，同甫未能正視其切義也。此亦如司馬遷論商鞅：「跡其欲干孝公以帝王術，挾持浮說，非其質矣。」而朱子答以「此等議論，正是推波助瀾，縱風止燎，使彼益輕聖賢而愈無忌憚，又何足以閉其口而奪之氣乎」，此不誤也。故同甫不自覺之本質實只是英雄主義、生命強度之一路。所謂「斷之以大義」，「窒其口而奪之氣」，亦只是順俗之浮說耳，非其質也。不能正視理性而開出綱維，無法超越生命強度而涵蓋駕臨于其上，以斷之以大義，亦不足以窒其口而奪之氣，更不足以使其知聖人樣子究若何。

此即不足言生命與理性之統一，以期理性、價值之更高的實現。

九、「九轉丹砂，點鐵成金」所以可能之根據：同甫是從生命立場上，直下平鋪，教人承認凡是英雄皆有價值：此只是英雄主義、直覺主義，此不足以言點化

所謂「九轉丹砂，點鐵成金」，自有其深義。此亦是消融生命與理性之矛盾一問題所函，亦即要求生命與理性統一之轉語也。「不應學力到後，反以銀為鐵」，足見點鐵成金，並非易事，直須九轉丹砂而後可。然則此中之學力未易言也。既須九轉，則曲折多矣。自非直線思維、直接反應，所能點成。然要必以理性為本體。孔子點化三代，不管三代事實究如何，以及其究如何之事實之因緣何在；孔子要是重德性、理性者，不是英雄主義者。且孔子雖不抹殺「三代之英」，然究不以家天下為合理。此是其理性綱維之大眼目。不似陳同甫之以為「不總之於一家，則人心何所底止」之曲說也。同甫於此真見其陋矣。孔子所盛稱者為堯、舜、禹，不見其甚稱湯、武也。從周是從其文備，不是從其家天下也（朱子堯、舜、三代並稱亦如孔子之稱堯、舜，俱是理想主義的，託古以寄義）。孔子之點化使之清潔，亦只點化而見其個人之積德，與其治民之比較王道，成為小康局面下之可觀，然而「家天下之大私」不可掩也。又孔子稱管仲是本仁者之心量，識量而大其客觀之功，是站在較高之德性與理性上通權以稱之，不是從生命立場上直接就其本領之大而稱羨之也（如陳同甫謂「畢竟總其大體，卻是個人，當得世界輕重有無」，便是直接就其本領之大而稱羨之）。若依孔子，管

仲本領，並不算大。謂其「器小」，即示其本領並不大也。孔子語
脈是站在較高層次上降格通權以容之（如其仁如其仁，是就客觀功
業說，是說仁之客觀表現。仁之主觀表現雖差，而有功業，使人免
於被髮左衽，亦是仁也。仁之客觀表現亦甚重要。故就弟子疑其不
死公子糾之不仁而移就客觀面以解之）。不是積極與之也。故到孟
子即瞧不起管仲，而曰：「管仲、曾西之所不爲也，而子爲我願之
乎？」（孟子：「曾西艴然不悅曰：爾何曾比予於管仲？管仲得君
如彼其專也，行乎國政如彼其久也，功烈如彼其卑也。爾何曾比予
於是？」）同甫不能正視理性以爲本體，而冒然言點化，試問以何
者爲根據而行點化乎？無根據之點化，乃魔術之幻象，實際上仍是
鐵也。或不然，則乃因鐵之功用甚大而教人直下承認其爲金耳。此
烏乎可？然同甫之意實即從生命立場上，直下平鋪，教人承認英雄
皆有價值耳。此即其所謂點化也。故勸朱子云：「願秘書平心以
聽，惟理之從。盡洗天下之橫豎、高下、清濁、黑白，一歸之正
道，無使天地有棄物，四時有剩運。」又曰：「使孔子在時，必持
出其光明，以附於長長開眼者之後，則其利欲一時溺世界者，如浮
翳盡洗而去之，天地清明，赫日常在，不亦恢廓、洒落、宏大，而
端正乎？」此所謂洗刷一切，一歸之正道，以及浮翳盡洗，天地清
明，即直下平鋪教人承認凡是英雄皆有價值。此固是心量識量之洒
落宏大。然平鋪下、承認凡英雄皆有價值、即已足乎？此不是點化
也。乃只吾人心境之寬平。「一歸之正道」，亦虛說耳。平眼以
視，英雄自有價值，朱子亦非必無此平視之慧。唯不以此爲滿足，
而要求理性價值當有更高之實現，遂見出有差等，而有批判之鑒
別。所謂偶合，所謂天資之美，所謂獲禽之多，所謂田地根本僅是

利欲之私等等，皆是在此批判鑒別中所引生之詞語。而如此云云，便是希望更能提升一步。平視之，皆價值也。然一有批判之鑒別，則見出有差等之質別，非只平鋪承認所能渾同也。點化，只有在以理性為本體之批判鑒別中始可能，只是平鋪承認，非點化也。言點化，乃虛語耳。同甫之言點化，其旨歸實只此耳。

十、就「九轉丹砂」以言點化之曲折：「天地無棄物，四時無　剩運」之切義與真實義

　　點鐵成金，須以理性為本體。此既無疑，茲再進而就「九轉丹砂」以言點化之曲折。所謂點化當該就是淘濾、磨練。點鐵成金者，在淘濾、磨練中使鐵的價值轉成金子的價值。這只是個譬喻。在磨練中，依所磨練者之不同，各有不同的解析。如煉精化氣，煉氣化神，在修煉的過程中，把精化成氣。精只是精，並不是氣。但依一種工夫，使精之本質結構溶化而轉成氣。在溶化中，精之本質動盪了，精之結構鬆解了，而要向著氣趨。它捨其自性，提升其自己而為氣。此便是一種淘濾。淘汰其本質結構中之某物（譬如物質性），而提升至氣。但依精之為精，亦只能升至氣。只能升至氣，即是煉精之長度。再加工夫，使氣之本質結構溶化而為神。氣捨其自性，提升而為神。氣不是神，但加上工夫，可以使之變質而轉化為神。至乎神，其本質便不可說結構，因為它已全無物質性。要煉精化氣，必有駕臨乎精以上者而可以控制之，始能使之捨其自性而升舉至高級。此駕臨乎精以上者，即工夫也。工夫不是原始之生命，而是基于理性而來者。練氣化神，亦復如此。此即所謂點化

也。點化不是一下子之魔術,必須在一發展過程中。在發展中,對氣而言,精有轉化爲氣之價值,不是精本身之價值;對神而言,氣有轉化爲神之價值,不是氣本身之價值:步步升舉轉化,向高級而趨,即是步步價值化其自己。如此方是「天地無棄物,四時無剩運」,天地常運,光明常在也。不是從原始生命之實然狀態中,平鋪以視,而謂金銀銅鐵各有價值也。平視,則無棄物,無剩運,是實然之平擺,是靜態的,實無所謂運也,故只能直接撲著原始價值。而在步步升舉轉化,向高級而趨中,則無棄物,無剩運,是應然之發展,是動態以觀的,如是方眞有所謂運。故不是直接說一物之原始價值,而是說它在天運升舉中之價值,在工夫中說它精神上的價值,說它實現理性的價值,故是間接的,離乎其原始的自然而爲精神的、人文的,黑格爾名之曰「第二自然」。即依此間接,方可說是「九轉丹砂」之點化。陳同甫的點化,只是原始的平鋪的自然價值。了此價值,是原始的直覺,不足與語升舉、天運,以及更高的實現。

十一、生命之原始價值與升舉轉化中之價值:引進歷史判斷以眞實化歷史

用於歷史上,英雄的情欲生命恢廓得開,有所成就,自然有其原始的價值。但難說此原始的價值已盡美盡善,不再須提煉與升舉,不應再有更高的實現。在升舉轉化中,一切英雄的活動,無論正面或反面,皆有其「理性之更高的實現」之轉化上的價值。漢高、唐太有其原始的正面價值,即秦政、共黨,當下予以道德的判

斷，是壞的，純是反面的，可以說毫無價值，但若從升舉轉化向高級而趨的發展過程以觀，則亦有其轉化過程上的精神上的價值。王船山即說天假秦政之私以實現天理之公。此已類乎黑格爾所謂「理性之詭譎」矣。人類歷史搖擺至共產主義之出現，豈無故哉？共黨之惡惡喪德，固已陷於罪惡之至極，但亦足以磨練人類使之既正視共黨所發之問題，又可重新覺悟正面之德性與理性，以期於問題眞正有解決。此即升舉轉化之價值也。惟了解升舉轉化中之價值，方可說天地無棄物，四時無剩運，天地常運，而光明常在，而可眞言歷史矣。人類歷史即是其精神磨練之過程。落在個人上，存在地言之，聖賢豪傑、仁人志士，批判英雄利欲之私，鑒別是非善惡，正所以顯理性，以駕臨乎情欲生命之上，以備磨練工夫之進行。猶如煉精化氣煉氣化神者之基於其修道之理性而開出修煉之工夫。人類歷史即是人類修煉工夫之過程。在修煉過程中，人類理性要向更高的實現而趨，但不是一下子空頭實現，亦不是空說實現。空說只是理上應當，還是在抽象的、非存在的階段。它須是在具體的、存在的過程中實現，亦即落實了，在磨練中實現。因此始有「存在的轉化」而演生歷史。而在轉化中，對更高實現言，每步轉化皆有價值。即被轉化之破銅爛鐵亦有價值。天地無棄物，四時無剩運，每一物，每一運，在升舉轉化中，提練其自己，價值化其自己，而歷史成矣。此即所謂九轉丹砂之點化也，不是從原始生命上平視其原始價值也。陳同甫之爭漢唐，本意是在說天地常運，並非架漏過時，光明常在，人心並非牽補度日。漢唐英雄本領宏大，自有其價值，即是天地賴以常運，人紀賴以不墜，並非漏過。此意即函：對治朱子之惟是道德判斷，而欲引進歷史判斷以實化歷史（「歷史判

斷」意即從發展作用中看一歷史事實之價值）。但思之不透，自己
所欲說之義理，究是什麼，亦弄不清楚，而自己之立場究何所在，
亦不能自覺得透澈。故欲引進歷史判斷以實化歷史而未能得其機
要，只落得靜態平視，只能直覺原始價值。雖填滿歷史，而非真實
化歷史。抑且亦有填不上者，如曹操、劉裕，是則仍是架漏牽補度
時日，仍有棄物剩運也。雖填滿亦不可得矣。此其徒有豪情，而無
實力，本不足以擔當精鑒歷史之大任。所謂修皇、帝、王、伯之
學，亦只是浮光掠影，略有一開始之直覺。九轉丹砂，彼一步尚未
轉也。故朱子目之為粗豪，非誣言也。朱子固有不足以服同甫之心
處，然朱子畢竟比他多轉了一步。此即朱子之高一籌。

十二、朱子具備「九轉丹砂」之第一步：道德判斷與批判的鑒別，理性本體只停於知性之抽象階段中：知性與直覺之對立

朱子之所以比他多轉了一步，是因朱子能正視理性、德性，並
以之為本體。宋儒自二程以來，其講學之本質的價值，即在自覺地
要使人從原始自然生命中超拔，通過一道德的自覺而肯定一理性、
德性為本體。如是，落在個人身上說，人始真正有其精神生活上的
成德過程，即人完成其自己為一真正的人之過程，而不只是自然生
命之生長。這是使人自覺地要從第一自然進到第二自然的學問，使
人要從自然生命之原始價值進到精神生命之德性價值的學問。見道
不見道，有本源沒有本源，以及所謂堯舜相傳之心法等，全在這裡
說。用在歷史上，即要以此理性為本體，對于古往今來英雄人物之

情欲生命予以批判的鑒別。此批判的鑒別必然要引發理性之更高的
實現之要求，在此要求中，當然不能安于英雄生命實然狀態中之原
始的價值。故有此批判的鑒別，始可引生淘濾修煉的工夫過程而實
化歷史，此與個人完成其自己爲一眞正的人之過程同。個人在完成
其自己爲一眞正的人之過程中，眞實化其所有的經歷；歷史亦在此
淘濾修煉過程中眞實化其自己。故從宋儒之學起，始能至精鑒歷史
爲精神之發展史，並由之而始眞能開始創造那自覺地實現理性之精
神發展史，自覺地創造眞實化之歷史，並由之反而精鑒以往只是原
始生命之不自覺的創造之精神發展史。但是理學家對于歷史用心不
多，不能將其所提煉之本體引用于歷史，從動的升舉轉化之觀點精
鑒歷史爲一淘濾修煉之過程。其引用于歷史，只是作到肯定理性爲
本體，作到批判之鑒別，此只是預備說淘濾修煉之開端一步，爲九
轉丹砂之第一步。尙未至從動的升舉轉化之觀點以眞實化歷史之境
界。故由其批判的鑒別，對于歷史只能作道德的判斷，而不能引進
歷史的判斷。不能引進歷史的判斷，即不能眞實化歷史，歷史只成
爲表現經之正反事例。而在道德判斷中所表現之理性本體，亦只是
理性本體之停止于知性之抽象階段中，尙未至恢復其爲踐履中之具
體的理性本體，此即道德理性在此方面，未能眞正復活而自見其自
己。理性本體是在抽象掛空狀態中，此所以陳同甫有架漏過時、牽
補度日之譏也。朱子即停于此知性之抽象階段中，故于九轉丹砂之
第一步雖言之極精透，而終不足以服同甫之心。反之，陳同甫想作
到天地無棄物，四時無剩運，而又只停于原始之直覺主義，只能見
到原始生命之價值，此亦不足以言九轉丹砂之點化，且尙未至說淘
濾修煉之開端一步，此所以終爲朱子所瞧不起也。一個停于直覺主

義,一個使理性停于知性之抽象階段,故兩不相服,而形成對立也。知性與直覺本是相反對立的,欲克服此相反之對立而至統一,必皆能淘濾轉化其自己而至從動的升舉轉化之觀點以眞實化歷史始可能。然而彼兩人皆未至此。其所接觸之問題極豐富而重大,千餘年來未得解人,亦無人過問。豈不惜哉?此或亦與千餘年來中國學術文化之發展有關也。

十三、宋明儒對于歷史大體只具備道德判斷:理性只停于知性之抽象階段中

何以言朱子唯是道德判斷,只停于知性之抽象階段中?此觀其與同甫往復之辯言,即可知之。朱子答陳同甫書云:

> 夫人只是這個人,道只是這個道,豈有三代漢唐之別?但以儒者之學不傳,而堯舜禹湯文武以來轉相授受之心不明於天下,故漢唐之君,雖或不能無暗合之時,而其全體卻只在利欲上。此其所以堯舜三代自堯舜三代,漢祖唐宗自漢祖唐宗,終不能合而爲一也。〔案:此先根據德性本體予以批判的鑒別。〕
>
> 今若必欲撤去限隔,無古無今,則莫若深考堯舜相傳之心法,湯武反之之功夫,以爲準則,而求諸身,卻就漢祖唐宗心術微處,痛加繩削,取其偶合,而察其所自來,黜其悖戾,而究其所從起。庶幾天地之常經,古今之通義,有以得之於我。〔案:此只透顯本體,藉以對于漢祖、唐宗之心術

微處，作道德的判斷，並以歷史視作印證本體（常經、通義）之事例。至于此本體在歷史方面如何實現以眞實化歷史，則置而不論。此即本體在歷史方面只停于知性之抽象階段中。〕

不當坐談既往之跡，追飾已然之非，便指其偶同者以爲全體，而謂其眞不異於古之聖賢也。〔案：同甫亦不是追飾已然之非，只是站在生命立場，正視其原始價值。而朱子從批判的鑒別上，對其利欲之私作道德的判斷，此亦並非不是，只是不能引進歷史判斷以眞實化歷史。故德性本體只停在主觀狀態中，而于歷史方面，則見本體只停在知性之抽象階段中。〕

且如約法三章固善矣，而卒不能除三族之令，一時功臣無不夷滅〔此指漢祖說〕。除亂之志固善矣，而不免竊取宮人，私侍其父。其他亂倫逆理之事，往往皆身犯之〔此指唐宗說〕。蓋舉其始終而言，其合於義理者常少，而其不合者常多，合於義理者常小，而不合者常大。但後之觀者，于此根本功夫自有欠缺，故不知其非而以爲無害于理，抑或以爲雖害于理，而不害其獲禽之多也。〔案：此即對于英雄情欲生命作道德判斷。殊不知英雄本不能十分清潔。不必說私生活之亂倫逆理，即就其打天下治天下之措施言，在以往之政體下，其不合理者蓋多至不可勝言，總其根源，在「家天下」之大私。而「家天下」之大私是客觀的政治上的制度問題。道德理性要作批判的表現，首先應對此而言。如是，對于政治與歷史方見切題。今不於此措思，徒就英雄情欲生命于私

生活方面之亂倫逆理，以及就群雄角逐、利欲膠漆場中，散
見之悖戾無道之事象，作道德的判斷，而期望其正心誠意，
作愼獨自律的工夫，宜其隔靴搔癢，被譏爲迂闊也。此並非
不對，乃是不切。不切，則人淡漠視之矣。此同甫所以說：
「一頭自如此說，一頭自如彼做。說得雖甚好，做得亦不
惡。」同甫如此說，已是萬分客氣了。此爲兩不相應。道德
判斷而至于兩不相應，則道德理性即退縮而停于主觀狀態
中。而情欲生命亦停于其原始狀態而自行氾濫。所謂相應不
相應，是因問題層面不同而說。朱子要批判漢唐，固不應只
就散見的主觀之私說，當客觀地就家天下政體之大私說。這
裡一私，無往而不私。爲此一私，可以無惡而不作。不在這
裡說話，而只就散見的主觀之私說，縱使這裡做得十分好，
亦不過如三代，而三代卻仍是「大道旣隱，天下爲家」也。
義理之光照察利欲之私，不照則已，一照，當無往而不照。
散見的主觀之私固應照及，而家天下之大私更應照及。「大
道之行，天下爲公」，「大道旣隱，天下爲家」，不亦聖人
之所已說者乎？從政治歷史方面說，此是天理之公之總綱。
以往儒者在君主專制政體下，壓縮旣久，遂不復向此措思
矣。或偶有憶及，亦不敢直伸其辭，只能縱脫空言。若能正
視而蓄之于心，則一遇此問題自能中肯切要而談矣。即不敢
明談，亦可于微言寄大義。而況聖訓固在乎？今迂泛不切，
可見已不能正視而蓄之于心矣。至若同甫，則又想察其情而
曲爲之說，已根本視爲當然。（所謂「不總之於一家，則人
心何所底止？」）可見諸儒當時固已不能公之于辭，且亦不

能默逆于心。故宋儒講學只能立教，退而向內聖方面發展，以對治佛老。此則能暢所欲言，而無禁忌。至若歷史、政治，則根本是消極的，而亦甚隔也。〕

案：朱子義理之光之照察似已能意識及君主專制、家天下之大私、尊君卑臣之不合理與非禮。彼在語錄中，已時有提及。如弟子問變法，朱子答以後世一味尊君卑臣如何能變法？在君主專制家天下之大私下，根本處是不能動的，如何能變得？此吾所以說只有革命，而無變法。朱子之稱三代，貶漢唐，亦如孔子之稱堯舜，俱為理想主義的。蓋中國君主專制政體自秦用法家以後具其形，漢繼之而不能變。惟西漢儒生猶爭論此問題，俱不以家天下為然，可見尚未成定局（至少在意識上）。故有禪讓五德終始之說，而釀成王莽之不流血而轉移政權。王莽之乖謬陰私，是中國歷史之大不幸。至東漢光武後，專制政體始成定局，亦無有再議之者矣。凡此詳解俱見吾《歷史哲學》。宋明儒者以能大展義理之光，故時能照及，而不敢暢其辭。壓縮既久，則淡然矣。又以道德意識強，只重綱常人道人倫之大本，而於政治歷史處之曲折，則不甚措意，重內聖而忽外王，如二程便不甚意識及此，此亦其講學本質之所函。而意識及此，亦為其講學本質之所函，蓋義理之光、天理之公之照察，原則上固不應有局限也。其局限之因緣是事實上的、偶然的。而依理想主義稱堯舜三代，則是其本質。重王道，重禮樂，反專制，反刑罰，嚴理欲之辨，貶視五伯漢唐，其中之函義皆有託古之微言，甚深之委曲，吾人固不應表面視之也。

又案：黃宗羲云：「止齋〔陳傅良〕謂功到成處，便是有德；

事到濟處，便是有理，此同甫之說也。如此則三代聖賢，枉作工夫。功有適成，何必有德？事有偶濟，何必有理？此晦庵之說也。如此則漢祖、唐宗賢於僕區不遠。蓋謂二家之說，皆未得當。然止齋之意，畢竟主張龍川一邊過多。夫朱子以事功卑龍川，龍川正不諱言事功。所以終不能服龍川之心。不知三代以上之事功，與漢唐之事功迥乎不同。當漢唐極盛之時，海內兵刑之氣必不能免。即免兵刑，而禮樂之風不能渾同。勝殘去殺，三代之事功也。漢唐而有此乎？其所謂功有適成，事有偶濟者，亦只漢祖唐宗一身一家之事功耳，統天下而言之，固未見其成且濟也。以是而論，則言漢祖唐宗不遠於僕區，亦未始不可。」（《宋元學案‧龍川學案》案語）。宗羲已提到漢祖、唐宗之事功只是其一身一家之事功，未見其能是「成濟天下」之事功，足徵宗羲已意識到天下之大私矣（宗羲抱亡國之痛，著《明夷待訪錄》，對此感之最切，故言之亦較宋儒為甚）。在家天下之大私下，無真正事功可言。道德理性之為批判的表現，首先應在此客觀的政體問題上具備事功之模型，如此方為切要。蓋此是成濟天下之事功也。

又案：葉適云：「堯、舜、三代之統既絕，不得不推漢、唐。然其德固難論，而功亦未易言也。湯、武不忍桀、紂之亂，起而滅之，猶以不免用兵有慚德。謂之功則可矣。光武宗室子，志復舊物，猶是一理。漢高祖、唐太宗與群盜爭攘競殺，勝者得之，皆為己富貴，何嘗有志於民？以人命相乘除，而我收其利，猶可以為功乎？今但當論其得志後，不至於淫荒暴虐，可與為百姓之主刑賞足矣。若便說向湯、武，大義一差，無所準程，萬世之大患也。」（〈習學記言〉，《宋元學案‧水心學案上》載）。準此，則水心

亦不以漢唐為真有功業者也。已意識到其「皆為己富貴，何嘗有志於民」，此即朱子所謂根本田地全體只是利欲之私。「何嘗有志於民」一語，在此，不可輕看。上言「為己富貴」，算不得功業，則「有志於民」方可成客觀的真功業。「有志於民」即公心也。此等處，同甫全不顧及：不管什麼功，反正有本領。此即其撥開批判的鑒別，唯是重自然生命之原始價值也。故云：「眼光如漆者，開眼即是。」不管其「所是」的是什麼，亦不管其「能是」的「田地根本」是什麼。同甫說「人欲如何主持得世界」，言外漢唐能主持得世界，故不會完全是人欲。殊不知無真功業，即不能真主持得世界也。

又案：象山云：「秦不曾壞了學脈，至漢而大壞。」象山說此話之底子，其眼目當然很高。儒者繼承孔子之稱堯舜，當然不會看得起秦漢以下。但何以說學脈至漢而大壞？歸根結柢還是君主專制、家天下之大私一問題。秦不過一時之硬來，其惡顯。至漢反不上去，遂落下來而成定局。堯、舜、禹、湯、文、武相傳之心法不明，而禮樂王道之盛亦不可復致。此所以至漢而始大壞也。儒者以聖王為政治上之最高格，此在根本上是反英雄情欲生命之非理性，故賤視五霸以及漢高馬上得天下所開之英雄。此吾於政治神話中已論之詳矣。當然孔孟以及宋明儒者之稱堯、舜、三代是理想主義的，而現實歷史則是實際之演進，堯、舜、三代事實上固不必如儒者之所稱。但此理想實表示對于政治、歷史作一批判的鑒別，先從理性上立一理想之規模，然後始期以更高之實現。縱事實上實際演進是另一線，從頭起即並無如此之理想，儒者不過把理想放在歷史之開端，託古以言之。這是把理想置于後，而不置于前，實際上是

應置于前而須自覺奮鬥以實現之。縱然如此,儒者對于現實之批判的鑒別而要求理性之更高的實現,總是對的,問題只在「如何能引進歷史判斷以眞實化歷史」。不能進至此,則批判的鑒別只表示一道德的判斷,而理性本體亦只停于知性之抽象階段中。此所以爲消極的也。若認堯、舜、三代事實上即已如此,而又只停在知性之抽象階段中而不進,則三代後之歷史即無法講。只緬懷過去,鄙薄後來,此同甫所以有「架漏過時」之譏也。故必須從批判的鑒別進到「眞實化歷史」之階段,然後對于政治、歷史始能有積極的思量。有積極的思量,然後始能自覺地創造歷史,向理性之更高的實現而趨。宋明儒講學,內聖方面爲積極的,對治佛老可以暢行無阻,故其大成只在立敎,而對于政治、歷史之外王方面,則爲消極的。只作到批判的鑒別一步,此爲九轉丹砂之預備階段。而眞正「眞實化歷史」之工作,則有待于今日。能自覺眞實化歷史,始能自覺地創造歷史,而「歷史爲精神實現之過程」一義亦于焉極成而無疑。

十四、對于政治與歷史作積極的思量:不自英雄與聖賢之「作用」處想,而要自客觀政體方面作架構地想

吾這裡所謂積極地思量政治與歷史,旣不是著重于英雄情欲生命之恢廓得開,亦不是企求于聖賢德性生命之功化。因爲這都是自「作用」處想。看重英雄或聖賢之作用,此都落在直覺主義、主觀主義、命定主義,此對于自覺地眞實化歷史與創造歷史乃是不切的。故吾所謂積極的,不是從「作用」處想,因爲這是主觀的,而是從「架構」處想,因爲這是客觀的。要積極地正視政治與歷史,

而成濟眞正之事功，不能不是客觀的。道德理性要作批判的表現，對于政治歷史要作批判的鑒別，首先應在「家天下」之大私處說話。而此大私乃是歷史演進中客觀的政體問題。鑒別此大私是「天理之公」之客觀表現之總綱。其次關于國計、民生、社會、經濟、禮樂、敎化各方面，都應當先從制度方面當作客觀問題而鑒別之。此梨洲所謂「統天下而言之」，葉水心所謂「有志於民」是也。此都是「天理之公」之客觀的表現。如自由、平等、正義、公道等都是客觀表現的大眼目。總得先掌握住幾個有關全體人民幸福的大眼目，然後天理之公方可有客觀的表現，而由之以作批判的鑒別（鑒別其究是天理之公，抑是人欲之私），亦方可說是客觀的。從客觀方面，作批判的鑒別、問題的形成，而期在實踐過程中求解答，方可算眞正的客觀的事功。這從客觀方面作批判的鑒別與問題的形成，便是吾所謂從「架構」處想，而不是從「作用」處想。

　　所謂「架構」，依以下兩義定：一、從自己主位中推開而向客觀方面想，自己讓開，推向客觀方面，依此而說架構；二、推向客觀方面，要照顧到各方面，而爲公平合理之鑒別與形成，依此而說架構。在如此方式下表現道德理性與天理之公，亦可說是道德理性之架構的表現，而重英雄之本領或聖賢之功化，則可說是理性之「作用的表現」。由英雄本領而來的作用，則是自然生命之原始的，非批判的、有夾雜的；由聖賢功化而來的作用，則是精神生命之神通，雖是精純，然亦非批判的，故皆爲直覺主義、主觀主義、命定主義，而不可以與民共之，由客觀的實踐以實現。此批判的，架構的表現，甚爲重要，此則能多方撐開，多方承認，而共成一是。而作用的表現則皆是渾全的、整一的，而不能撐開「多」，又

皆是「非全即無」的，故不能「與民共之」，「與時偕行」：不能
與民共之，即不能「傳」，不能「與時偕行」，即不能「繼」。故
從「作用」處想，不能眞實化歷史，亦不能積極地自覺地創造歷
史，而架構的表現，則是直接跟「理性本體」來，而卻是暫從主位
讓開而爲一「曲」。由這一曲，客觀義成。此客觀的架構表現對聖
賢德性生命之作用表現言，爲次級的，但此次級的一曲而可以通出
去，以完成一大作用，此亦可說是德性的作用之客觀形態（聖賢的
作用是主觀的形態）。對英雄情欲生命之作用表現言，則是籠罩
的，期以此架構表現納英雄生命于軌範之中而不使之氾濫，此眞作
到陳同甫所謂「千塗萬轍，卒走聖人樣子不得也」，如此方可「窒
英雄豪傑之口而奪之氣」。此架構表現爲積極地解決政治問題，自
覺地在實踐過程中以引生歷史，眞實化歷史，以成濟眞正事功之總
樞紐。中國文化中，自墨子起即有要求事功一暗流，陳同甫其一相
也，顏習齋、李恕谷，又其一相也。乾嘉考據，則其變形也。今之
科學方法又其一變形也。而皆一方引不出事功，一方又反對理性本
體，反對堯舜相傳之心法，故皆不知事功形成之關鍵，故亦不能實
現其要求。陳同甫是英雄主義的作用表現，顏、李是事務主義的表
現，墨子是直接反應的原始的實用主義之表現。此中惟顧、黃、王
能得其正。顧雖反陽明，而不反程朱。其精神雖有與顏李相似處，
然比較爲正大。故顧、黃、王列爲一系，而與顏李不同也。宋明儒
者肯定理性本體，肯定堯舜相傳之心法，但于事功則是直接期望聖
賢德性生命之作用表現。而以二帝三王爲實際上之見證。吾總說，
孔孟稱堯舜是理想主義的，現在宋儒再益之以三代，亦仍是理想主
義的，而置其家天下之私于不問。至于聖賢之作用表現，境界固

高，然吾已謂其不能「與民共之」，「與時偕行」。而聖賢之本
質，事功之作用其餘事也，因非其本質之重心所在，亦非其中心所
在。故明道云：雖堯舜事業，亦如太空中一點浮雲過目。而由此路
以言事功，若不能眞至聖賢之作用，則人必譏其迂闊而無用。故顏
習齋謂北宋出如許聖人，不能免徽欽之北狩；南宋出如許聖人，不
能免帝昺之投海。聖人固如此乎？此固無理之譏，然可知徒由聖賢
作用以言事功，不足以成事功，則無疑。此其故即在缺架構表現之
一環。然一言架構表現，則不能不肯定理性本體，不能抹殺宋明儒
所講之堯舜相傳之心法。此種本源之學仍須講，因爲此是義理之光
之發源。謂其「不足」可，謂其「不必須」則不可。此義陳同甫不
知，顏、李不知，顧亭林且亦不知也。等檜以下，則無論矣。茲仍
就同甫而言之。

十五、精鑒歷史須通三關：道德判斷與歷史判斷之綜和，生命 與理性之統一

同甫答朱子云：「一生辛勤於堯舜相傳之心法，不能點鐵成
金，而不免以銀爲鐵，使千五百年之間成一大空闕，人道泯息而不
害天地之常運，而我獨卓然而有見，無乃甚高而孤乎？」宜亮之不
能心服也。不能點鐵成金，只表示朱子只是道德判斷，尙不能引進
歷史批判以眞實化歷史。至於「不免以銀爲鐵」，實非「以銀爲
鐵」，乃只是從批判的鑒別而有所抑揚，不以自然生命之原始價值
爲滿足。至於「我獨卓然而有見，無乃甚高而孤乎」，實不可輕看
此「卓然有見，甚高而孤」。若誠卓然有見，則必甚高而孤。「甚

高而孤」是見道之第一關，所謂「截斷衆流」關是也。此只是未能
通出去。然要通出去，必先經此第一關。不經此第一關而云通，皆
是自然生命之原始價值，皆是「第一自然」中事，不足語於精神生
命之建立。堯舜相傳之心法，雖經孔孟之一點，然澈底澄清，而自
覺地要透認此「性體」之自己，則始自宋儒。故宋儒此步提煉實可
說是「得不傳之絕學」。此實是歷史中一件大事，實應鄭重而寶貴
之。雖只「唯是提煉此性體」，而未至通出去，然只作到此第一
關，已是不凡。唯是提練此性體，依黑格爾之思維說，便是透顯此
性體之「純普遍性自己」，此雖在抽象階段中，尚未至與特殊者合
一之具體圓融境界（此就政治、歷史言，是如此，若就主觀實踐
說，則宋明諸大儒實皆不只停在「純普遍性之自己」一階段中）。
然此性體要必先經過此抽象階段（截斷階段）而後始能「自見其自
己」，此是遮撥一切葛藤牽連，而唯是認證此「性體自己」之一
步。遮撥一切葛藤牽連，即是從感覺經驗界中提煉出來，將一切感
覺成分刷洗淨盡，而唯是呈現此性體之自己。此是逆反之功夫。剝
落一切感覺成分即是不與特殊經驗相牽連，故云是抽象，而逆反而
證之一「性體自己」即是一「純普遍性之自己」。此即爲性體之
「在其自己」。從歷史上說，當人類能自覺地印證其「性體之自
己」，從習慣中、自然生命中、不自覺中、渾淪中，超拔出來，而
印證此本體，以自覺地進到精神生命，使道德實踐，創造眞實的人
生，成爲可能，這當然是人類的躍進，不平凡的一步。說是「得不
傳之絕學」，亦是實語。因爲在習慣中、自然生命中、不自覺中，
即是「不傳」也。誰能透此一關，誰即獨卓然而有所見，此當然是
一種孤高的卓然。凡是逆反之透顯皆是「孤高」，問題只在如何能

由此再進到第二關（涵蓋乾坤），乃至第三關（隨波逐浪），而歸
於平平耳（理性與生命之統一）。即就政治、歷史言，依此理性本
體以爲批判的鑒別，「統天下而言之」，「有志於民」，從客觀方
面而爲架構的表現，那便是進到第二關（以義理之光，批判的與架
構的，涵蓋乾坤）。再從動的觀點，升舉轉化的立場，引進歷史判
斷以眞實化歷史，成濟眞正之事功，那便是進到第三關（理性與生
命之統一，理性之實現）。宋明儒者對此第二關只停在批判的鑒別
之主觀形態中，未至架構的表現之客觀形態，此即第二關有所不
盡。因第二關不盡，故第三關亦是停在聖賢之作用表現、主觀形態
中，而不能引進歷史判斷以眞實化歷史，此即不能有眞正之第三
關，此即前文所說朱子唯是道德判斷，理性本體只停於知性之抽象
階段中之意也。朱子未能至第二、三關，此是其不足處。然若謂論
政治、歷史，以濟眞正之事功，而可不經此第一關，輕視堯舜相傳
之心法，宋儒所得之不傳之絕學，則決斷然不足以與論政、史與事
功。陳同甫不能正視此理性本體，故只落於自然生命之原始價值而
不自知其非也。故理性之架構表現足以完成德性生命之作用，反過
來，聖賢德性生命之學之講求，所謂心性之學、義理之學之講求，
雖其本質只在成聖成賢成德立敎，不在成事，然亦足以使義理之光
常在，使理性本體能常「自見其自己」，而不走失，則亦足以爲一
切光明之源泉，護住一切批判的鑒別、架構的表現，使之常自見其
自己爲從理性本體而來，而不悖於天理之公。（否則，理性走失，
則架構表現亦可墮落平沈，往而不返，其弊亦不可勝言。見拙作
〈理性之內容的表現與外延的表現〉一文）。然則雖不言事功，而
唯是護住此心性本體。令自家生命常惺惺，心地常清和，照察常分

明，則其爲功已不少矣。而可妄肆譏責乎？

十六、儒學、心性之學、成人成聖之學是一，亦決不可輕忽

同甫云：「向來儒者所謂只這些子殄滅不得，秘書便以爲好說話，無病痛乎？」又曰：「今不欲天地淸明，赫日長在，只是這些子殄滅不得者，便以爲古今秘寶，因吾眼之偶開，便以爲得不傳之絕學，三三兩兩，附耳而語，有同告密；畫界而立，一似結壇。盡絕一世之人於門外，而謂二千年之君子，皆盲眼不可點洗，二千年之天地日月，若有若無，世界皆是利欲，斯道之不絕者，僅如縷耳。此英雄豪傑所以自絕於門外，以爲立功建業，別是法門。這些好說話，且與留著粧景足矣。若知開眼即是個中人，安得撰到此地位乎？」此皆輕薄反動話，不知「理性本體」之重要也。只要「這些子殄滅不得者」能護得住而使之常在常見，則即是「光明寶藏」，足爲一切價值之標準（明道云：「只有這點子秉彝，卒殄滅不得。」）。有何病痛可言？只要理性本體常在，義理之光常照，雖當未能進至架構表現時，英雄豪傑可一時「自絕於門外」，然而總範圍而照察之而不令其終絕。及至控勒部署以見天下之公是，則雖欲自絕而不可得矣。同甫急切于功利，以提煉護持此「泯滅不得者」，一時重在收斂，而未能通出去以成濟事功，便輕視此「泯滅不得者」，認爲有病痛，只是粧景之好說話，並認爲「氣力」所在，便是道之所在，除此以外，別無所謂「卓然泯滅不得者」。故曰：「漢唐之賢君，果無一毫氣力，則所謂卓然泯滅不得者，果何物耶？」道固賴人以存，但只是「氣力」一層，只注意自然生命之原始價值，則道之存在只偶然耳，亦不能有眞正的實現。人類精神

之表現、歷史之發展,不如此之直接平鋪也。同甫雖重功業,而不知功業之艱難,只知氣力之可愛,而不知英雄之病痛。將道只推向氣力之一層,以爲如此可以納英雄豪傑于門內。殊不知如此知解,只是把人類全放蕩而爲外,亦無所謂內也。「壇宇坊表」皆泯滅矣。如此,則「光明寶藏」、「卒殄滅不得者」之提煉與護持,在人類歷史上,誠有其必要而且必然也。而此步提煉之爲「卓然」,亦誠有其卓然也。同甫又云:「人生只是要做個人。聖人,人之極則也。如聖人方是成人。〔……〕謂之聖人者,於人中爲聖;謂之大人者,于人中爲大。才立個儒者名字,固有該不盡之處矣。學者所以學爲人也。而豈必其儒哉?」又曰:「蓋擔當開廓不去,則亦何有于仁義哉?氣不足以充其所知,才不足以發其所能,守規矩準繩而不敢有一毫走作,傳先民之說而後學有所持循,此子夏所以分出一門而謂之儒也。成人之道,宜未盡於此。故後世所謂有才而無德,有智勇而無仁義者,皆出于儒者之口。才德雙行,智勇仁義交出而並見者,豈非諸儒有以引之乎?故亮以爲學者,學爲成人。而儒者亦一門戶中之大者耳。秘書不敎以成人之道,而敎以醇儒自律。豈揣其分量,則止于此乎?不然,亮猶有遺恨也。」同甫以爲「人生只是要做個人」,「學者,所以學爲人也」。又云「學者,學爲成人」,何必爲儒?此亦是揀好聽的說,而于儒之本質不解也。以儒由子夏而分出,此亦只是同甫說,非孔孟荀之所謂儒也。亦非程朱陸王之所謂儒也。子夏傳經,只是傳儒書之經生耳,或亦曰儒生。兩漢魏晉人言儒只就此傳經之儒而言儒。今同甫亦如此。此豈儒之本質哉?以此定儒,則孔孟荀皆非儒也,程朱陸王亦皆非儒也。惟經生博士、馬融、鄭玄,方可爲儒耳。此可乎?學爲人,

學爲成人，此是抽象之泛說。若一落實，則「學爲人」，「學爲成
人」之道即儒道耳。儒者點出「人成其爲人」，「成人成其爲成
人」之途徑，以爲必自覺地印證自家生命中之理性本體，然後人始
能從自然生命轉爲精神生命，而有眞實的人生，眞實的人之完成，
眞實的成人之完成。儒之所以爲儒即在能代表而實踐此途徑。凡肯
認而又實踐此途徑者，皆儒耳。不肯認此途徑，而泛言學爲人，學
爲成人，則其爲人，爲成人，或爲異端，或爲庸衆，或只爲習慣中
人。同甫欲學成人，而又云如聖人方是成人。如是，學成人即學聖
人。學聖人而又不必其爲儒，則儒與聖人兩失之矣。旣不解儒之本
質，又不明成人聖人之何所是。故要學爲「成人」，便不可反對爲
儒。至于造詣深淺高低，則視諸其人。汝可反對子游、子夏，隨荀
子而目之爲賤儒、陋儒，然不必反對儒也。同甫鄙儒，不以儒自
居，以爲「拳能擎得，足能舉得，獨來獨往，本非儒也。」此其鄙
儒，不以儒自居，亦如劉邦之鄙儒，酈食其之不以儒自居也。劉邦
曰：「乃公方馬上得天下，無暇見儒。」食其曰：「予非儒也，予
乃高陽之酒徒也。」同甫所知不能高于酈食其也。須知儒之體則
一，而其相與用本非一也。孔子不云乎「言必信，行必果，硜硜然
小人哉」？不又云乎「汝爲君子儒，無爲小人儒」？此則隨分施
設，隨機轉撥，豈拘于一格哉？菩薩不只低眉，亦有怒目也。定儒
于子夏，此同甫之自限之，儒者不如此限之也。只要頂得住，則或
狂或狷，或豪或俠，或酒或色，皆不礙其爲儒。惟一般施教，接引
大衆，不能不予以規矩準繩使有所持循耳。同甫云：「擔當開廓不
去，何有於仁義？」明道亦說：「推拓得開，則天地變化，草木
蕃；推拓不開，則天地閉，賢人隱。」此字面上與同甫同。然明道

所說之推拓得開，是指眞實的德性生命言，不是英雄的自然情欲生命也。自然情欲生命開廓得去，未必有仁義，而非自然情欲生命之眞實德性生命之開廓得去，方是眞仁義。同甫言之如此急促，不亦率乎？

《牟宗三先生全集》總目